TRIATHLON-TRAININGSEINHEITEN FÜR BERUFSTÄTIGE

MICHAEL KRELL

TRIATHLON-TRAININGSEINHEITEN FÜR BERUFSTÄTIGE

EFFIZIENT TRAINIEREN MIT WENIG ZEIT

spomedis

Dank
Bei den folgenden Personen möchte ich mich bedanken, ohne sie wäre das Buch nicht das geworden, was es ist. Danke an Julia, Thomas und meine Familie für die kontinuierliche Unterstützung. Danke an Sven Bergner, Michael Reiwe, Andreas Dreitz, Georg Potrebitsch, Sebastian Reinwand, Michael Göhner, Ralf Ebli, Philipp Büttner, Joachim Weinbrenner, Bennie Lindberg, Sebastian Müller, Thomas Lurz, Christoph Schwerdt, Stephan Tietze, Thomas Graf und Christian Ruttor für den Input. Danke an meine Fotomodelle Jan Prchlik, Michael Janousch, Sonja Steffl und Robert Müller.

Bibliografische Information der Deutschen Nationalbibliothek
Die Deutsche Nationalbibliothek verzeichnet diese Publikation
in der Deutschen Nationalbibliografie; detaillierte bibliografische
Daten sind im Internet über http://dnb.dnb.de abrufbar.

9. Auflage
ISBN 978-3-667-12936-9

Fotos: Michael Rauschendorfer soweit nicht anders angegeben;
Frank Wechsel: S. 124, 156/157
Marco Eckstein: S. 63
Adobe Stock/Maridav S. 54, Adobe Stock/Pavel1964 S. 120,
Adobe Stock/Naypong Studio S. 124, Adobe Stock/Dusko S. 132
Getty Images/Josef Bollwein: Cover
Piktogramme: Anna Schult: S. 5–161, 190–191 sowie auf der Umschlagrückseite;
dreamstime.com (Valeriya Smidt): S. 169–183, 191

Lektorat: Anna Gutjahr
Korrektorat: Manfred Pötzscher
Layout und Satz: Melanie Trommer
Umschlaggestaltung: Felix Kempf, www.fx.de
Lithografie: Mohn Media, Gütersloh
Gesamtherstellung: Print Consult, München
Printed in the Slovakia 2025

Delius Klasing Verlag GmbH
Siekerwall 21, D - 33602 Bielefeld
Tel.: 0521/559-0, E-Mail: info@delius-klasing.de
www.delius-klasing.de

FSC www.fsc.org MIX Papier | Fördert gute Waldnutzung FSC® C106855

Inhalt

Vorwort

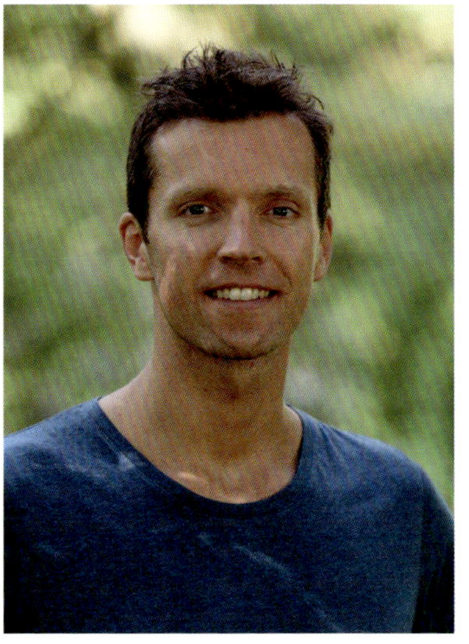

Neugier und Experimentierfreude sind wichtige Voraussetzungen, wenn Sie Ihre sportliche Entwicklung vorantreiben und Ihr Leistungsvermögen optimieren wollen. Das Abspulen immer gleich gestalteter Trainingseinheiten führt zwangsläufig irgendwann zu Langeweile – und nicht nur die Motivation sinkt, sondern auch die Leistung stagniert, weil der Körper sich erstaunlich schnell an Trainingsreize gewöhnt. Wenn Sie langfristig ausdauernder, kräftiger und schneller werden wollen, müssen Sie Ihren Körper immer wieder verschiedenen und auch anspruchsvolleren Trainingsreizen aussetzen. Das bedeutet allerdings nicht, dass Sie jeden Tag neue Einheiten absolvieren müssen. Ihr Körper benötigt ungefähr sechs bis acht Wochen, um sich an neue Trainingsreize anzupassen. Diese Zeit sollten Sie sich unbedingt geben, wenn Sie neue Elemente in Ihr Training einbauen, um realistisch abschätzen zu können, wie diese sich auf Ihre Leistung auswirken. Oft kann man beobachten, dass Athleten viel zu schnell wieder zur bekannten Trainingsroutine übergehen, weil sich das andere Training nicht so gut „anfühlt".

Was sich in der Theorie einfach anhört, sieht in der Praxis jedoch häufig anders aus. Auch wenn die individuellen Ziele am Anfang einer Saison noch hochgesteckt sind, so kollidiert der Wunschtrainingsplan spätestens nach einigen Wochen mit der Realität und ist häufig kaum mehr umzusetzen. Denn fast alle Hobby-Athletinnen und -Athleten stehen vor der Schwierigkeit, Beruf, Familie und Sozialleben mit ihrem zeitaufwendigen Sport vereinbaren zu müssen – und haben in der Regel viel weniger Zeit für das Training, als ihnen lieb ist. Doch wenn Sie Ihr Training gut planen und kurze, aber intensive Einheiten absolvieren, können Sie Ihre Leistungsfähigkeit im Schwimmen, Radfahren und Laufen trotz chronischen Zeitmangels verbessern. Tatsächlich ist ein intelligent durchgeführtes Training von einer Stunde Dauer oft effektiver und vor allem effizienter als ein unstrukturiertes Training über zwei oder mehr Stunden.

In diesem Buch finden Sie die besten Trainingseinheiten für Triathletinnen und Triathleten mit knappem Zeitbudget. Der Fokus liegt auf kurzen, aber äußerst wirkungsvollen Einheiten. Für die meisten benötigen Sie nicht mal eine Stunde, sodass Sie auch kleine Zeitfenster zwischen Ihren beruflichen, familiären und sozialen Verpflichtungen nutzen können. Sie werden nicht länger das Gefühl haben, ständig die eigene Triathlonleidenschaft zurückstellen zu müssen, sondern können Ihr persönliches Leistungspotenzial voll ausschöpfen.

Die übersichtlich strukturierten Einheiten sind intensiv und wettkampforientiert gestaltet und beinhalten nicht nur die klassischen Triathlondisziplinen Schwimmen, Radfahren und Laufen, sondern auch Kraft- und Athletiktraining. Sie sind sowohl für Anfänger als auch für Fortgeschrittene geeignet.

Die trainingstheoretischen Aspekte des Triathlons beleuchte ich in diesem Buch bewusst nicht in aller Tiefe und Vollständigkeit. In Kapitel 1 gehe ich jedoch kurz auf die Trainingssteuerung und -planung ein, um eine gemeinsame Verständnisgrundlage zu schaffen. Alles, was darüber hinausgeht, finden Sie in diversen anderen empfehlenswerten Büchern auf dem Markt, die die Trainingstheorien des Ausdauersports von A bis Z erläutern.

Dieses Buch ist praxisorientiert, es enthält eine Sammlung von äußerst effizienten Trainingseinheiten, die Spaß machen und mit denen Sie Ihre kostbare Trainingszeit gut nutzen können. Sie können sich einzelne Einheiten herausnehmen und damit ihr Training erweitern und aufwerten. Wählen Sie bewusst Einheiten aus mit denen Sie an Ihren Schwächen arbeiten können.

Viel Spaß beim Lesen, Trainieren und Schnellerwerden!

Michael Krell
www.michael-krell.com

„Seit über 10 Jahren bin ich hauptamtlicher Triathlon Coach. Wer Interesse am Training oder an Trainingslagern hat, immer zur Winterzeit leite ich Camps in Zypern und Dubai, gern jederzeit über meine Homepage melden."

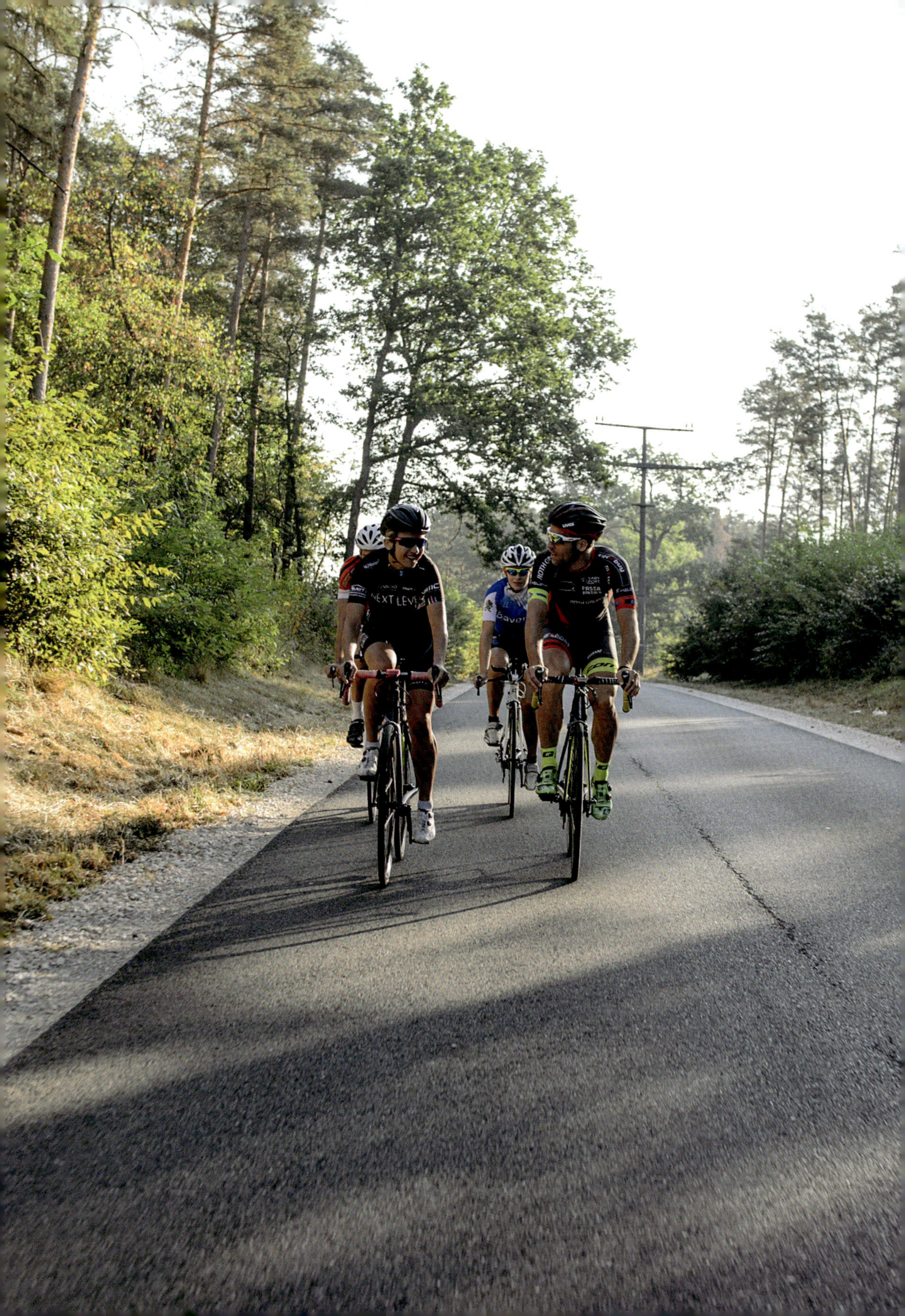

Basics

Für Sie als Berufstätige kommt es darauf an, die Ihnen zur Verfügung stehende – und meist sehr begrenzte – Trainingszeit gut zu nutzen und das Richtige zu trainieren. Umso wichtiger ist es, dass Sie sich mit den Grundvoraussetzungen für erfolgreiches Triathlontraining auseinandersetzen: mit der Trainingssteuerung und der Trainingsplanung. Und genau darum geht es auch in diesem ersten Kapitel. Für die Beschreibung der unterschiedlichen Intensitätsstufen im Ausdauersport gibt es zahlreiche Modelle und wir sollten sicherstellen, dass wir von denselben Voraussetzungen ausgehen, um Missverständnisse bei der Beschreibung und der Ausführung der Trainingseinheiten zu vermeiden.

Die Trainingssteuerung

Belastungsbereiche

Ihr Training wollen Sie natürlich Ihrem Leistungsstand und Ihrem (Wettkampf-)Ziel anpassen – dazu müssen Sie wissen, mit welcher Belastungsintensität Sie welchen Trainingsreiz erzielen. Wichtig ist zunächst die Unterscheidung in die folgenden drei Belastungsbereiche:

- aerober Bereich
- anaerober Bereich
- Übergangsbereich

Die Intensität im aeroben Bereich rangiert gefühlsmäßig von niedrig bis mittel. Unser Körper bezieht den Großteil der notwendigen Energie aus den körpereigenen Fettdepots, der dafür benötigte Sauerstoff wird in ausreichender Menge über die Atemluft aufgenommen. Prinzipiell kann unser Körper eine solche Belastung stundenlang ertragen. Triathleten aller Distanzen verbringen in diesem Bereich die meiste Trainingszeit. Für Langdistanzler spielt dieser Trainingsbereich eine besonders große Rolle: Nur im aeroben Bereich kann eine mehrstündige Belastung aufrechterhalten werden. Je höher die obere Grenze des aeroben Bereichs (die aerobe Schwelle) liegt, desto höher ist das schnellstmögliche Wettkampftempo beziehungsweise die Wettkampfintensität im Langdistanztriathlon. Die Intensität im anaeroben Bereich reicht von anstrengend bis hin zu akuter Übelkeit. Der Körper bezieht seine Energie bei steigender Intensität neben der Fettverbrennung zunehmend aus Kohlenhydraten, da diese mit weniger Sauerstoff verstoffwechselt werden können. Die untere Grenze des anaeroben Bereiches (die anaerobe Schwelle) entspricht in etwa dem Tempo oder der Intensität, die der Körper, je nach Trainingszustand des Einzelnen, bis zu 60–90 Minuten aufrechterhalten kann, also zum Beispiel bei einem 10-Kilometer- bis Halbmarathon-Lauf oder einer Triathlon-Sprintdistanz. Alle Intensitäten, die darüber liegen, kann der Körper hingegen nur sehr kurz aufrechterhalten. Beim Übergangsbereich handelt es sich um den Übergang vom aeroben zum anaeroben Intensitätsbereich. Der Körper bedient sich aus einem Mix an Fetten und Kohlenhydraten, um seinen Energiebedarf zu decken, dabei ist der Kohlenhydratanteil an der Energiebereitstellung höher. Im Allgemeinen gilt: Je höher die Intensität, desto mehr verschiebt sich der Mix in Richtung Kohlenhydrate. Dieser Bereich ist nicht ganz ungefährlich, denn zu viel Training im Übergangsbereich birgt folgendes Risiko: Die Belastung ist zu hoch, um regelmäßiges oder sogar tägliches Training in dieser Intensität über eine längere Zeit aufrechtzuerhalten. Gleichzeitig ist die Intensität auf Dauer zu niedrig, um maximale Reize zu setzen, denn intensiveres Training im anaeroben Bereich können Sie dann nicht mehr durchführen, weil hierfür die nötige Erholung fehlt.

Für die individuelle Trainingssteuerung müssen Sie nun noch wissen, bei welcher Trainingsintensität Sie sich in welchem Belastungsbereich befinden. Erfahrene Athleten, die ihren Körper sehr gut kennen, können durchaus nach Gefühl trainieren, schließlich kann man jedem Belastungsbereich ein subjektives Anstrengungsgefühl zuschreiben. Dennoch birgt das Training allein nach Gefühl auf Dauer selbst für erfahrene Athleten das Risiko der Überlastung oder auch Unterforderung. Deshalb ist es ratsam, während des Trainings einen Pulsmesser zu tragen und die Herzfrequenz zu kontrollieren, diese gibt Ihnen nämlich zuverlässig Auskunft darüber, in welchem Belastungsbereich Sie gerade trainieren. Die Voraussetzung dafür ist allerdings, dass Sie ihre maximale Herzfrequenz (HFmax) kennen (siehe Seite 13), oder ihre FTP-Schwelle, denn davon leiten Sie Ihre individuellen Trainingsbereiche ab. So ist beispielsweise eine Belastung bei 65 Prozent Ihrer maximalen Herzfrequenz ein sehr leichtes Training im aeroben Bereich, während eine Einheit bei 85 Prozent Ihrer maximalen Herzfrequenz schon im Übergangsbereich und damit sehr anstrengend ist. Der Kasten unten und auf der folgenden Seite gibt Ihnen eine Übersicht über die verschiedenen Trainingsintensitäten und die zugeordneten Herzfrequenzbereiche.

regeneratives Training, aerober Bereich

- **Intensität: <60 Prozent HFmax bzw. <65% FTP-Schwelle (functional treshold power)**
sehr leichtes Training, regeneratives Training oder für sehr lange Einheiten
- **subjektives Anstrengungsgefühl:** Die Sonne scheint, um Sie herum ist alles herrlich. Sie können sich an den Blumen am Wegesrand erfreuen und den Duft der Kiefern in sich aufnehmen. Die Unterhaltung mit Ihrem Trainingskollegen ist überaus amüsant. So könnte es den ganzen Tag weitergehen.

Grundlagentraining, aerober Bereich

- **Intensität: 60–75% HFmax bzw. ca. 65–80% FTP-Schwelle**
normales Ausdauertraining, Grundlagentempo
- **subjektives Anstrengungsgefühl:** Sie treffen sich mit den Freunden zur gemeinsamen Radtour. Die Sonne scheint und die Stimmung ist gut. Nach ein paar Stunden schleicht sich langsam Müdigkeit ein – Sie halten beim Lieblingsbäcker und machen sich wieder auf den Rückweg. Am Abend merken Sie, dass Sie heute in der Tat gut trainiert haben.

effektives Ausdauertraining, aerobe Schwelle

⊠ **Intensität: 75–80% HFmax bzw. ca. 80–85% FTP-Schwelle**
in etwa Langdistanztempo
⊠ **subjektives Anstrengungsgefühl:** Das alleinige Atmen durch die Nase ist kaum mehr möglich. Und jetzt zieht Horst schon wieder an, langsam nervt es! Das macht der doch absichtlich! Sie lassen sich dennoch nichts anmerken, holen ihn wieder ein und trällern ein Liedchen vor sich hin, sobald Sie neben ihm sind. Soll er ruhig denken, dass Ihnen das nichts ausmacht. Am Horizont ziehen langsam Gewitterwolken auf. Mann, sind Sie froh, wenn Sie wieder zu Hause sind!

Übergangsbereich

⊠ **Intensität: 80–90 Prozent HFmax bzw. ca. 85–95 % FTP-Schwelle**
extensive Intervalle etwas unterhalb der anaeroben Schwelle, Tempoausdauereinheiten bis zu einer Stunde, Tempo Mitteldistanz oder klassischer Marathon
⊠ **subjektives Anstrengungsgefühl:** Sie sind wieder mit Horst unterwegs. Der ist nicht nur trotz vorheriger Absprache mit seinem Wettkampfrad und Aerolaufrädern aufgetaucht (weil sein anderes Rad angeblich kaputt ist), jetzt legt er auch noch ein Höllentempo vor … NIE WIEDER! Ihnen wird richtig warm und Sie spüren nicht nur Ihren hohen Puls, sondern auch wie die Sympathie für den langjährigen Trainingspartner schlagartig nachlässt.

anaerobe Schwelle oder etwas darüber

⊠ **Intensität: 90–95 Prozent HFmax bzw. ca. 100–105 % FTP-Schwelle**
intensive Intervalle, 10-Kilometer-Wettkampftempo
⊠ **subjektives Anstrengungsgefühl:** Ihr Puls ist diesmal richtig hoch, so schnell unterwegs sind Sie selten. Langsam können Sie das Laktat im Mund schmecken. Innerlich zählen Sie die Minuten bis zum Schluss. Selbst die allerleichtesten Dinge fallen Ihnen schwer: „Okay, ich bin den ersten Kilometer in 4:17 gelaufen, den zweiten nun in 4:32, bei wie viel bin ich jetzt – verdammt! Noch mal von vorn … " Abends sind Sie richtig platt und gehen freiwillig schon um 21 Uhr ins Bett. Aber Sie haben Horst geschlagen!

submaximaler bis maximaler Bereich, anaerober Bereich

⊠ **Intensität: 95–100 Prozent HFmax bzw. ca. 115–130 % FTP-Schwelle**
Maximalbelastung, nur über einige Minuten aufrechtzuerhalten
⊠ **subjektives Anstrengungsgefühl:** Ihr Atem rasselt und Ihr Puls ist gefühlt im vierstelligen Bereich. „Wer oder wo bin ich? Ich weiß nur, dass ich sofort hinter den nächsten Busch rennen muss, wenn das auch nur noch drei Sekunden so weitergeht – Hilfe!"

Ermittlung der maximalen Herzfrequenz

Um Ihre maximale Herzfrequenz zu ermitteln, müssen Sie sich – wie die Bezeichnung bereits vermuten lässt – maximal ausbelasten. Wollen Sie Ihren Maximalpuls zum ersten Mal bestimmen oder ist Ihre letzte sportärztliche Untersuchung etwas länger her, dann sollten Sie ein Belastungs-EKG beim Sportmediziner machen lassen. Gesunde und erfahrene Athleten können auch selbst einen kleinen Test durchführen. Zu beachten ist dabei, dass Sie Ihren Maximalpuls in der Regel erst nach ungefähr vier Minuten unter maximaler Belastung erreichen. Suchen Sie sich eine circa 1.000 bis 2.000 Meter lange Teststrecke mit abschließender Steigung. Wärmen Sie sich vorab ausreichend auf. Laufen Sie dann mit hohem Tempo los, als wenn es ein Wettkampf wäre. Nach der Hälfte der Strecke beschleunigen Sie nochmals und geben alles. Zum Schluss sprinten Sie 60 bis 90 Sekunden lang bergauf. Oben angekommen sollten Sie Ihren Maximalpuls für die Disziplin Laufen erreicht haben. Im Schwimmen und Radfahren haben Sie wahrscheinlich einen anderen Maximalpuls – wählen Sie hier für den Test eine zeitlich ähnliche Belastung wie beim Laufen. Anfänger oder untrainierte Sportler sollten diese Tests allerdings mit Vorsicht genießen!

Neben Ihrem Maximalpuls ist übrigens auch Ihr Ruhepuls von Bedeutung. Letzterer ist leicht zu ermitteln: Zählen Sie dafür Ihren Puls (Schläge pro Minute) am Abend, nachdem Sie fünf bis zehn Minuten lang im Bett gelegen haben, oder am Morgen vor dem Aufstehen. Sämtliche gängige Sportuhren werten Ihnen heute selbstverständlich auch den Ruhepuls aus. Kontrollieren Sie Ihren Ruhepuls regelmäßig. Die Werte können wertvolle Rückschlüsse auf Ihren körperlichen Zustand geben. Sollte der Ruhepuls erhöht sein, dann ist das ein Warnsignal Ihres Körpers, das nicht ignoriert werden darf.

Die Trainingsplanung

Eine Top-Form am Wettkampftag setzt eine sorgfältige Trainingsplanung voraus. Schließlich können Sie nicht von Anfang an mit Vollgas trainieren, sondern müssen Ihre Form zum einen langsam und zum anderen gezielt aufbauen.

Trainingsperioden und -inhalte

Üblicherweise teilt man das Trainingsjahr in verschiedene Trainingsperioden ein. In den einzelnen Perioden setzen Sie unterschiedliche Trainingsschwerpunkte, dabei bauen die Trainingsinhalte aufeinander auf. Trainingsumfang und -intensität steigern sich langsam bis kurz vor dem Wettkampf. Zunächst beginnen Sie mit der Grundlagentrainingsperiode, während der Sie eine Basis für die folgenden Monate schaffen: Sie arbeiten an Ihrer Grundlagenausdauer, Athletik und Technik. Die Intensität ist in dieser Periode noch verhältnismäßig gering. Als nächstes steht Kraftausdauertraining auf dem Plan, Sie trainieren aber weiterhin Ihre aerobe Grundlage und Ihre Athletik. Darauf folgt das aufbauende Triathlontraining: Sie absolvieren immer noch Einheiten für Ihre Grundlagen- und Kraftausdauer, erhöhen allerdings die Intensität des Trainings. Während der Wettkampfvorbereitungsperiode stehen Tempotraining, das wettkampforientierte Training und Tapering im Vordergrund. Direkt nach Ihrem Hauptwettkampf betreiben Sie am besten lediglich Bewegungstherapie. Nun steht die Übergangsperiode an: Wenn Sie sich wieder bewegen möchten, tun Sie dies locker, und probieren Sie ruhig auch einmal neue Sportarten aus. Beim Schwimmen, Radfahren und Laufen arbeiten Sie vor allem an Ihrer Technik. Nach der Übergangsperiode beginnen Sie dann wieder von vorn mit dem Aufbau Ihrer Grundlage.

Trainingswoche und Trainingstag

Für den Aufbau Ihrer Trainingswoche gilt ebenfalls: Planen Sie die Abfolge der Trainingsinhalte. Die Inhalte, für die Sie ausgeruht sein müssen, sollten zuerst auf dem Trainingsplan stehen. Legen Sie nach Ihrem Ruhetag also den Schwerpunkt auf das Training von Technik und Schnelligkeit – nur wenn Sie frisch sind, können Sie eine saubere Bewegungsausführung üben. Erst danach folgen Kraft- oder Kraftausdauereinheiten und anschließend Ausdauerschwerpunkte. Diese Prinzipien wenden Sie natürlich auch bei jeder einzelnen Trainingseinheit an. Technikblöcke führen Sie zu Beginn eines Trainings aus. Im Anschluss daran bietet sich das Schnelligkeitstraining an, um erlernte Bewegungsmuster gleich umzusetzen. Kraft- oder Kraftausdauereinheiten sollten Sie nach einem Technik- und/oder Schnelligkeitstraining absolvieren. Ausdauertraining kommt zuletzt an die Reihe. Tempoeinheiten werden typischerweise mit Ausdauer kombiniert, sollten aber vor dem Ausdauertraining durchgeführt werden. Ausdauereinheiten können im Prinzip mit jedem Training kombiniert werden – vorzugsweise sollten aber eben alle anderen Trainingsinhalte vorher abgeschlossen sein.

Zum Gebrauch dieses Buchs

Die Ordnung der Trainingspläne entspricht der üblichen Jahresperiodisierung im Triathlon. Eine kurze Übersicht über die einzelnen Kapitel und ihre Trainingsinhalte finden Sie auf Seite 15. Erläuterungen zum Training in den drei Disziplinen und der jeweiligen Periode lesen Sie zu Beginn der einzelnen Kapitel. Der größte Teil der in diesem Buch vorgestellten Einheiten gehört in die Kapitel 3 bis 6, da diese Phasen im Jahresverlauf des Triathlontrainings die umfangreichsten sind. Dennoch sollten Sie auch den in den restlichen Kapiteln vorgestellten Einheiten ausreichend Zeit in Ihrer Trainingsplanung einräumen. Nur wenn Sie alle Trainingsinhalte berücksichtigen und Ruhe- und Erholungsphasen einhalten, werden Sie im Triathlon Erfolg haben und langfristig verletzungsfrei bleiben.

Anmerkungen zu den Trainingsplänen

- Intensitätsangaben in Prozent beziehen sich immer auf die maximale Herzfrequenz (HFmax), beim Radfahren zusätzlich auf die FTP-Schwelle (in Watt).
- Bei den Schwimmeinheiten schwimmen Sie Kraul, wenn nicht ausdrücklich anders erwähnt.
- *Locker* bedeutet eine Belastung von unter unter 60% der maximalen Herzfrequenz.
- *Steigerung:* Sie beginnen sehr langsam und steigern das Tempo bis zum Sprint.
- *Steigerungssprint:* Sie beginnen flott und steigern das Tempo bis zum Sprint.
- *Sprint:* Sie geben sofort Vollgas.

Leistungstests (Kapitel 2)

Zunächst ermitteln Sie Ihren Leistungsstand für die Trainingsplanung und überprüfen dann regelmäßig Ihre Fortschritte.

Grundlagentraining (Kapitel 3)

Sie schaffen eine fundierte Basis an aerober Grundlagenausdauer. Je breiter Ihr Fundament, desto mehr Umfang und Intensität vertragen Sie im weiteren Saisonverlauf.

Kraftausdauertraining (Kapitel 4)

Sie trainieren Ihre Kraftausdauer am Berg (Radfahren und Laufen) bzw. mit Widerständen (Schwimmen).

Tempotraining (Kapitel 5)

Sie erhöhen Ihre Geschwindigkeit in allen drei Disziplinen. Die Intensität orientiert sich am geplanten Wettkampftempo.

Wettkampforientiertes Training (Kapitel 6)

Sie simulieren die Wettkampfsituation und absolvieren intensive Einheiten im Renntempo und darüber, außerdem Koppel- und Wechseltraining.

Tapering (Kapitel 7)

Sie erholen sich vor dem sportlichen Höhepunkt und spitzen Ihre Form zu. Faustregel: deutliche Reduzierung des Umfangs bei Erhaltung der Intensität!

Übergangstraining (Kapitel 8)

Sie erholen sich körperlich und mental und gewinnen Abstand vom Triathlon. Sie trainieren lediglich locker, gern in alternativen Sportarten.

Techniktraining (Kapitel 9)

Sie erlernen und festigen technisch saubere, effiziente Bewegungsabläufe in allen drei Disziplinen.

Athletiktraining (Kapitel 10)

Sie verbessern Ihre Rumpfstabilität, trainieren Ihre Kraft, Koordination und Beweglichkeit.

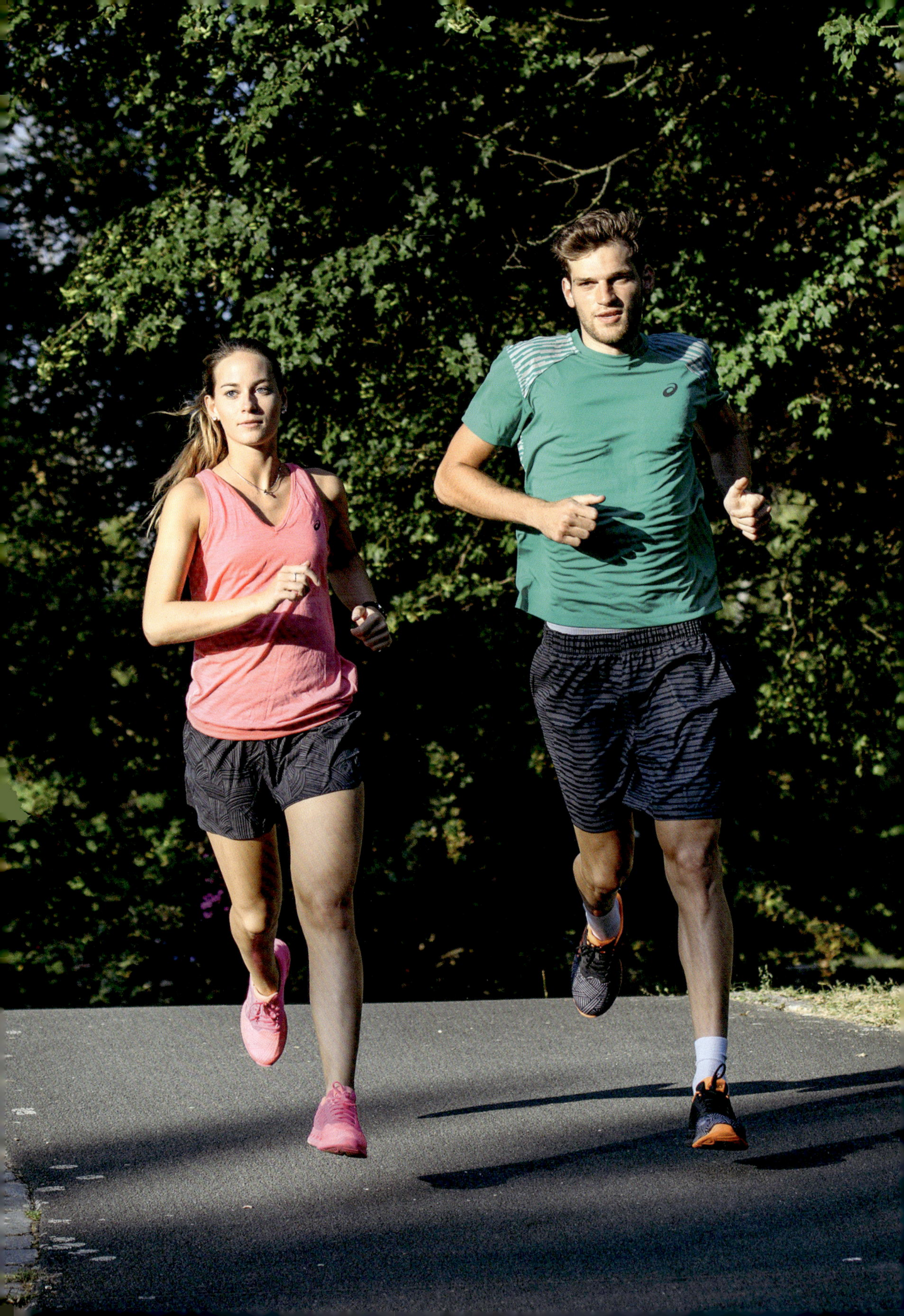

Leistungstests

Wenn für Ihr Triathlontraining lediglich ein begrenztes Zeitbudget zur Verfügung steht, ist es umso wichtiger, dass Sie Ihren aktuellen Leistungsstand kennen und die eigenen Fortschritte einschätzen können. Zu Beginn des Trainingsjahrs sollten Sie deshalb in jeder Disziplin Ihren Leistungsstand ermitteln. Auf diesen Erkenntnissen bauen Sie Ihre weitere Trainings- und Wettkampfplanung auf. Alle vier bis acht Wochen wiederholen Sie dann die Tests, um Ihre Fortschritte zu dokumentieren. Nur so können Sie kontrollieren, ob Ihr Leistungsvermögen sich wirklich in die gewünschte Richtung entwickelt, ob es stagniert oder gar nachlässt. Und nur wenn Sie Ihre Leistungsfähigkeit in so kurzen Abständen überprüfen, können Sie noch im Training gegensteuern, sollte beispielsweise eine Leistungsstagnation eingetreten sein. Sind die Abstände zwischen den Tests zu lang, laufen Sie Gefahr, wertvolle Zeit mit den falschen Trainingsreizen zu verschwenden. Zu Ihrem Repertoire sollten drei Standardtests gehören. Führen Sie die Tests immer nur in ausgeruhtem Zustand aus, also am besten nach einem Ruhetag.

Auch ein Wettkampf kann als Test fungieren. Wenn Sie bei einem Wettkampf bereits im Vorjahr gestartet sind, kann es sehr interessant sein, die neuen Zeiten mit denen aus dem Vorjahr zu vergleichen. Beachten Sie aber, dass die Aussagekraft der Zeiten von vor einem Jahr begrenzt ist; ein Rennergebnis hängt auch von vielen nicht beeinflussbaren Faktoren wie beispielsweise dem Wetter und dem Rennverlauf ab.

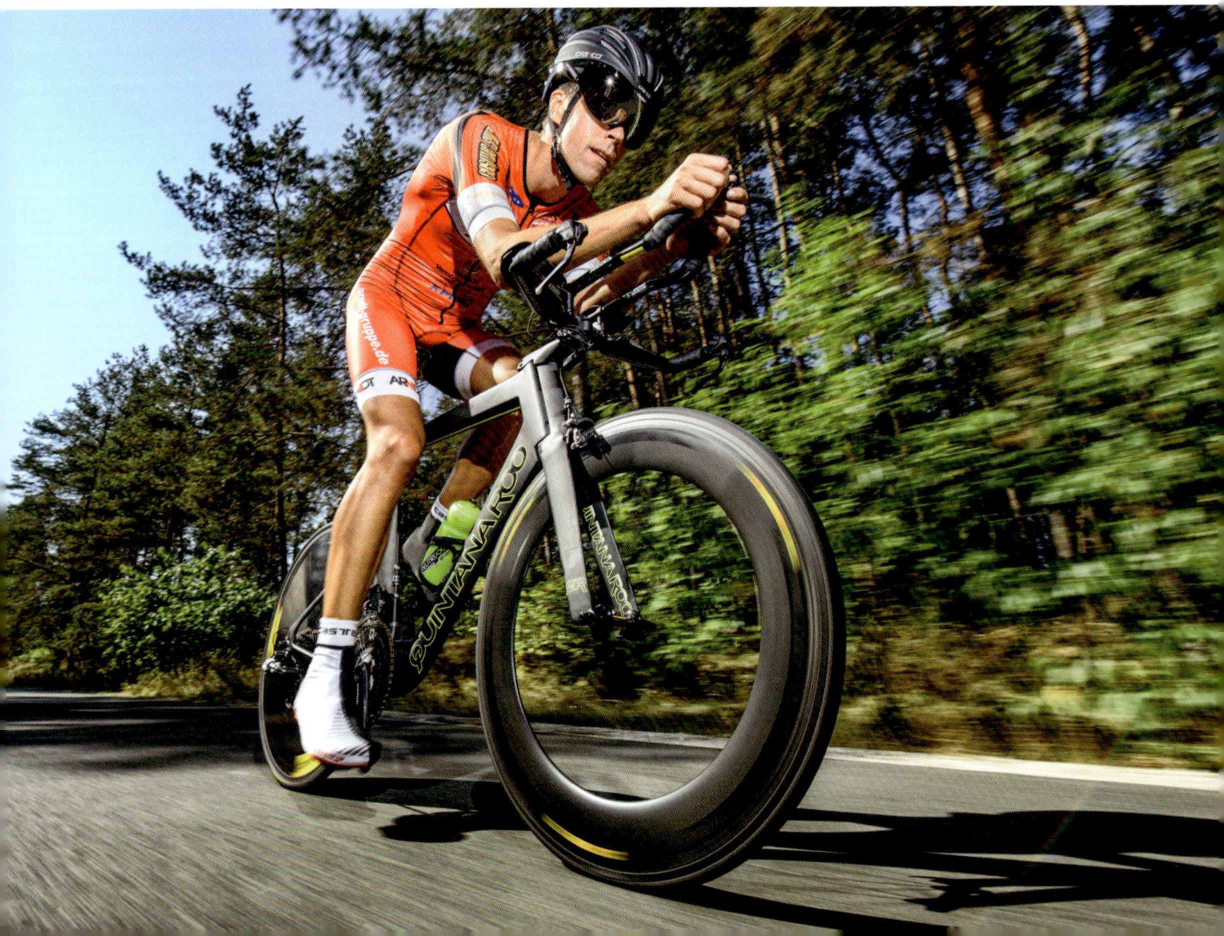

Einheit 1 Schwimmtest

- Intensität: **90–95 % HFmax**
- Umfang: **30 min**

Ein Standardtest, den wohl jeder ambitionierte Schwimmer schon etliche Male durchgeführt hat, ist der 400-Meter-Test. Dieser Test sagt viel über Ihre Leistungsfähigkeit im Wasser aus – auch auf langen Strecken – und deswegen sollten Sie ihn regelmäßig durchführen. Erfahrungsgemäß drücken sich die meisten Triathleten so lange wie möglich vor diesem Test. Warum? Ganz einfach: Weil er anstrengend ist. Bauen Sie diesen Test in regelmäßigen Abständen in Ihr Training ein und die Durchführung wird Ihnen von Mal zu Mal leichter fallen – versprochen! In dem Maße, in dem sich Ihr Körper an lange Einheiten gewöhnt, wird er sich auch an intensive Einheiten gewöhnen. Und sobald Sie feststellen, dass Sie von Test zu Test schneller werden, wird sogar der Spaßfaktor beim Testen zunehmen.

500 m locker und beliebig einschwimmen

4 × 50 m Steigerungen (langsam beginnen und mit Sprint beenden), Pause jeweils 30 s

1–3 min Pause am Beckenrand bis zur vollständigen Erholung

400-Meter-Test, 90–95 %
(nicht vergessen, die Zeit zu nehmen, z. B. an der Schwimmbaduhr)

3 min Pause am Beckenrand

300 m locker und beliebig ausschwimmen

Die kurzen Steigerungen vor dem Test bringen Ihren Körper auf die notwendige Betriebstemperatur und erhöhen Ihre Armzugfrequenz. Beim Test fällt es Ihnen dann leichter, sofort voll durchzustarten.

Tipp

Die meisten Athleten beginnen zu schnell: Schwimmen Sie die ersten 200 Meter sehr zügig, aber kontrolliert – erst auf den letzten 200 Metern geben Sie alles!
Am besten kontrolliert jemand am Beckenrand Ihre 100-Meter-Zwischenzeiten und gibt Ihnen anschließend Feedback. Daran können Sie erkennen, wie es um Ihre Tempoeinteilung bestellt war.

Einheit 2 Zeitfahrtest (FTP-Test)

- Intensität: **90–95 % HFmax**
- Umfang: **60 min**

Auch für das triathlonspezifische Zeitfahren sollten Sie Tests absolvieren. Wenn Sie die folgende Einheit regelmäßig durchführen, kennen Sie nicht nur Ihre aktuelle Form auf dem Rad, sondern führen gleichzeitig auch ein sehr intensives und effektives Training durch. Es gibt kaum eine Trainingseinheit auf dem Rad, die in einer so kurzen Dauer einen solch hohen Trainingsreiz setzt. Aufwärmen ist hierbei besonders wichtig – je intensiver ein Training ist, desto gründlicher sollten Sie sich vorher aufwärmen. Ansonsten werden Sie kaum Ihre bestmögliche Leistung erbringen und darüber hinaus Verletzungen riskieren.

Suchen Sie sich eine flache, nicht windanfällige und verkehrsarme Strecke in Ihrer Nähe. Dies wäre das Optimum – wenn Ihre Strecke nicht alle drei Punkte erfüllt, bedenken Sie jedoch, dass Sie dieselbe Route bei jedem weiteren Leistungstest fahren müssen, denn nur so können Sie Ihre Zeiten miteinander vergleichen. Wenn Sie nach der Hälfte einen Wendepunkt einbauen, eliminieren Sie den Windeffekt.

20–30 min locker einfahren, in den letzten 5 min bei ca. 80 %
3 × 300 m Steigerungssprints, Rollpause jeweils 60 s
20-Minuten-Zeitfahren, 90–95 % (Distanz, Puls- und ggf. Wattwerte aufnehmen)
20 min locker auskurbeln

Starten Sie nicht zu schnell! Teilen Sie die 20 Minuten gedanklich in vier Abschnitte ein. Der erste Abschnitt sollte sich noch gerade angenehm anfühlen, der zweite schon deutlich härter. Beim dritten Abschnitt müssen Sie bewusst weiterdrücken, da in dieser Phase oft die Geschwindigkeit absinkt – dies ist auch der härteste Teil. Denken Sie dabei an die jubelnden Massen am Streckenrand im Wettkampf, trällern Sie ein Lied oder was auch immer Ihnen hilft, schneller zu fahren. Im letzten Viertel haben Sie schon das Ziel vor Augen, geben Sie aber trotzdem noch einmal alles.

Mein ehemaliger Trainer Bennie Lindberg sagte einmal, es sei völlig egal, auf welche Distanz man sich vorbereite – wenn man 20 Minuten schnell fahren könne, dann könne man sowohl auf kurzen als auch auf langen Wettkampfstrecken schnell fahren. Über die Jahre habe ich festgestellt, dass meine Wettkampfzeiten erstaunlicherweise mit dem Ergebnis des 20-Minuten-Zeitfahrtests korrelieren, und ich kann inzwischen ziemlich genau vorhersagen, welche Zeit ich im nächsten Wettkampf fahren werde.

Tipp

Zu Beginn des kraftorientierten Trainings im Frühjahr können Sie diesen Test auch alle zwei Wochen als feste Trainingseinheit in Ihren Plan einbauen. So lernen Sie, sich bereits im Training intensiv zu fordern. Die Geschwindigkeiten im Wettkampf verkraften Sie dann deutlich besser – ein mentaler Vorteil, den Sie nicht außer Acht lassen sollten. Idealerweise führen Sie diese Einheit an einem Nachmittag nach der Arbeit durch, dann waren Sie zumindest noch kurz radeln, bevor die Sonne untergegangen ist.

Um Ihre anaerobe Schwelle zu bestimmen, nehmen Sie Ihren durchschnittlichen Puls- bzw. Wattwert über die 20 Minuten und multiplizieren Sie ihn mit 0,95. Den damit errechneten Puls- bzw. Wattwert können Sie über 60 bis maximal 90 min aufrechterhalten. Dies entspricht Ihrer FTP-Schwelle bzw. anaeroben Schwelle.

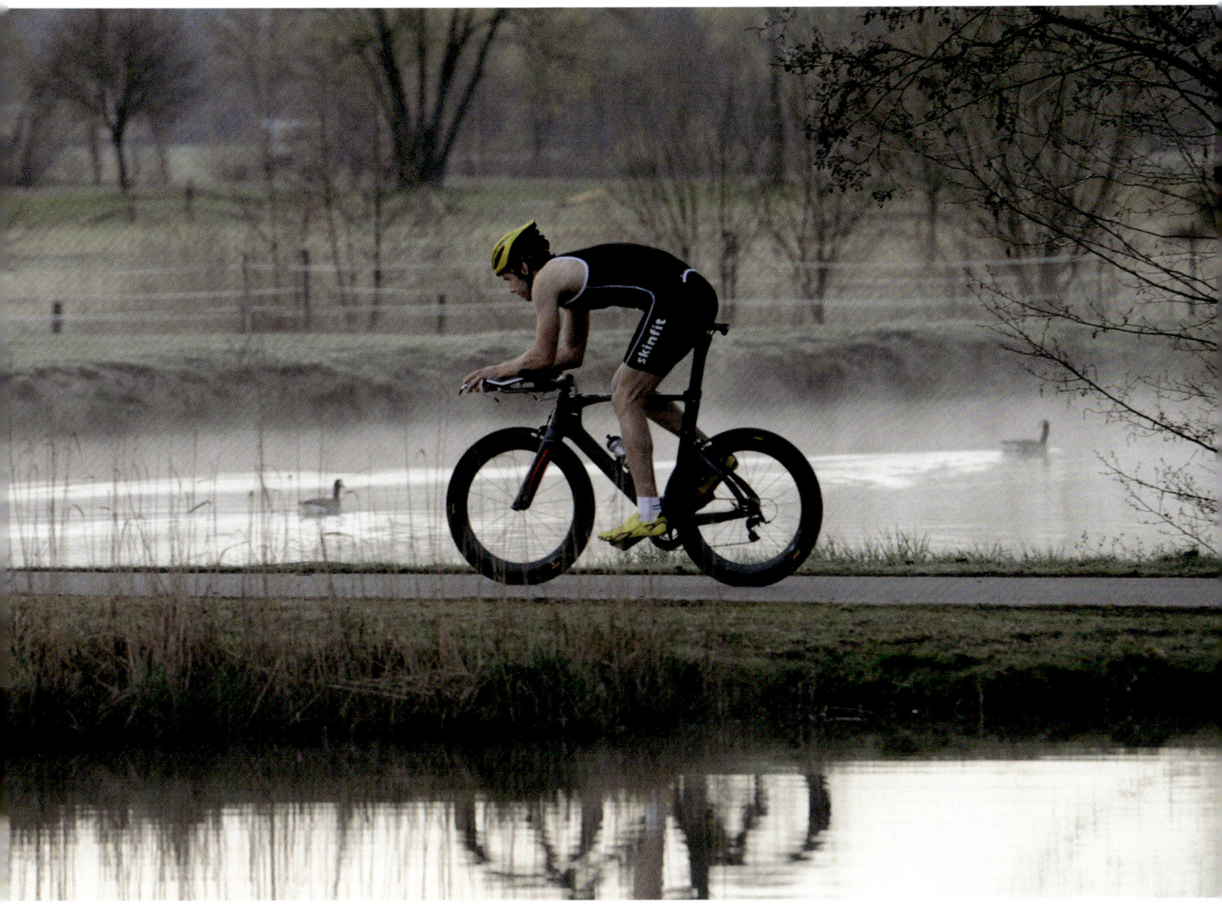

Einheit 3 Lauftest

- ☒ Intensität: **bis 100 % HFmax**
- ☒ Umfang: **60–80 min**

Der Lauftest ist im Vergleich zum Schwimm- und zum Radtest ein wenig anspruchsvoller in der Durchführung. Absolvieren Sie auch diesen Test in regelmäßigen Abständen, um Ihre Leistungsfortschritte zu dokumentieren. Messen Sie eine flache, 500 Meter lange Strecke ab – denn auch in diesem Fall gilt, dass Sie nach der Hälfte der Teststrecke von 1.000 Metern wenden sollten, um etwaige Windeffekte zu neutralisieren, die das Ergebnis beeinflussen können.

15 min locker einlaufen, bauen Sie anschließend noch ein paar Steigerungen ein, um die Schrittlänge zu erhöhen
6–7 × 1.000 m, jeweils in verschiedenen Intensitäten: ❶ Herzfreqenz 130, Pause 2–3 min ❷ Herzfreqenz 140, Pause 2–3 min ❸ Herzfreqenz 150, Pause 2–3 min ❹ Herzfreqenz 160, Pause 2–3 min ❺ Herzfreqenz 170, Pause 2–3 min ❻ HFmax
15 min locker auslaufen

Falls Ihre maximale Herzfrequenz unter 190 Schläge/min liegt, sollten Sie die Stufen nach unten anpassen. Wenn Ihre maximale Herzfrequenz beispielweise 180 beträgt, dann beginnen Sie bei 120HF und weiter 130, 140, 150, 160 und HFmax. Falls sie deutlich darüber liegt, dann können Sie die Stufen entsprechend nach oben anpassen.

Nach einem Warm-up beginnen Sie mit dem ersten 1.000-Meter-Intervall. Laufen Sie kontrolliert langsam los. Das Ziel ist es, im Durchschnitt einen 130er-Puls zu laufen. Nach 200 bis 300 Metern sollte sich die gewünschte Herzfrequenz eingestellt haben, die Sie von nun an nur noch halten. Orientieren Sie sich nicht an dem von Ihrer Uhr errechneten Durchschnittspuls. Dieser ist zu niedrig, da Sie immer ein paar Meter brauchen, um Ihren Puls in die gewünschte Höhe zu bringen. Stoppen und notieren Sie die benötigte Zeit für jedes Intervall.

Bevor Sie das nächste Intervall beginnen, sollte sich Ihr Herzschlag allerdings wieder beruhigt haben und fast auf das Ausgangsniveau zurückgekehrt sein. Gönnen Sie sich also zwei bis drei Minuten Pause. Wenn Sie bereits nach dem fünften Intervall erkennen, dass zwei weitere schnellere kaum mehr möglich sind, dann absolvieren Sie das sechste Intervall bei maximaler Herzfrequenz. Dies trifft speziell auf Athleten mit großem Herzvolumen zu, deren Puls nicht allzu sehr in die Höhe schnellt. Wenn Sie zu dieser Gruppe gehören, dann müssen Sie eventuell mit einer niedrigeren Belastungsstufe beginnen. Achten Sie darauf, dass Sie sich ausgehend von der Anfangsbelastung sechs- bis siebenmal steigern können. Beim Maximalintervall rennen Sie wirklich am absoluten Leistungsmaximum. Dennoch sollten Sie nicht zu schnell beginnen, denn 1.000 Meter können lang sein! Notieren Sie sich für dieses letzte Intervall nicht nur die Zeit und den nach 200 bis 300 Metern erreichten durchschnittlichen Pulswert, sondern auch Ihren erreichten Maximalpuls.

Hier finden Sie ein Beispiel für eine solche Notiz:

Herzfrequenz Soll (S/min)	Herzfrequenz Ist (S/min)	Zeit (min)	Bemerkungen
130	130	6:21	
140	141	5:39	
150	152	4:48	
160	163	4:11	
170	172	3:37	
180	179	3:25	
HFmax	189	3:19	Maximalpuls: 193

Anhand einer solchen Tabelle können Sie sehr gut feststellen, in welchen Herzfrequenzbereichen Sie sich im Vergleich zu den letzten Tests verbessert haben oder in welchen Bereichen es noch Nachholbedarf gibt. In Kapitel 1 habe ich erwähnt, welche Leistungsbereiche für die einzelnen Wettkampfformate ausschlaggebend sind. Natürlich sollten Sie sich auch daran orientieren. Wenn Sie beispielsweise eine Langdistanz absolvieren wollen, dann sind für Ihren Zielwettkampf Verbesserungen der Maximalgeschwindigkeit weniger wichtig als vielmehr der mittlere Bereich um 70 bis 80 Prozent der maximalen Herzfrequenz.

Tipp

Wenn Sie den Test auf einer 400-Meter-Bahn absolvieren, wechseln Sie beim Auslaufen die Laufrichtung, um eine einseitige Belastung des Bewegungsapparats zu vermeiden.

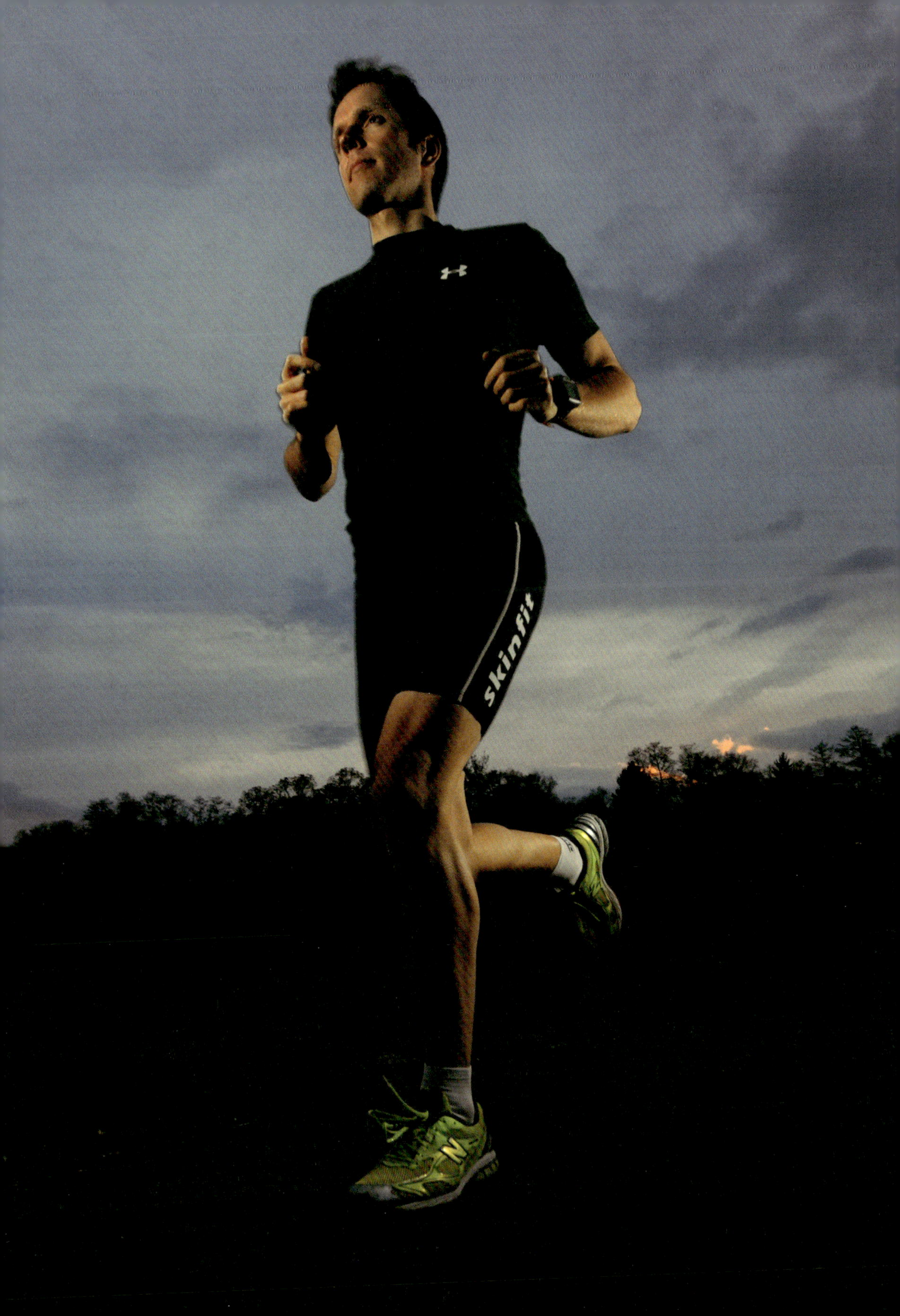
skinfit

Grundlagen-training

Das Grundlagentraining bildet die Basis für das Training in jeder Ausdauersportart, so auch für das Triathlontraining. Diesem Block sollten Sie im Jahresverlauf die meiste Trainingszeit widmen. Führen Sie sich folgendes Beispiel vor Augen: Wenn wir ein Haus bauen, benötigen wir zuerst ein Fundament – erst danach ist es möglich, überhaupt Stockwerke zu errichten. Ist das Fundament zu schwach, stürzt früher oder später das komplette Bauwerk in sich zusammen. Genauso verhält es sich mit der Form im Triathlon: Während der Vorbereitung legen wir die Basis für das kommende Training und die Wettkampfsaison. Man könnte auch sagen: Wir trainieren, um irgendwann im Frühjahr und Sommer überhaupt richtig trainieren zu können. Der Zeitpunkt für die Vorbereitung oder das Grundlagentraining liegt zwischen Januar und April. Sollte der Wettkampfhöhepunkt erst im August oder September sein, dann verschiebt sich auch die Grundlagenperiode entsprechend nach hinten. Insgesamt sind allerdings drei bis vier Monate völlig ausreichend, denn auch alle darauf folgenden Trainingsphasen beinhalten Anteile von Grundlagentraining.

Grundlagentraining sollte prinzipiell unterhalb der aeroben Schwelle stattfinden: Sie bleiben dabei also großzügig unter 80 Prozent Ihres Leistungsmaximums. Eine Ausnahme bildet hierbei das Schnelligkeitstraining, das in der Grundlagenphase hauptsächlich zum Vor- oder Nachbereiten der Einheiten genutzt wird. Durch mehrere kurze Sprints am Ende einer Grundlageneinheit lassen Sie den Grundlagentempotrott für kurze Zeit hinter sich und erinnern Ihren Körper an die hohen Bewegungsfrequenzen und schulen entsprechend ihre Motorik, die für hohe Geschwindigkeiten notwendig ist.

Wichtig in dieser Phase ist die Kontinuität des täglichen Trainings. Kontinuität ist immer wirkungsvoller als unregelmäßige Monstertrainingsblöcke mit längeren Trainingspausen dazwischen. Für Ihre langfristige Gesundheit und Fitness ist dieser Trainingsbereich wichtig und wirkungsvoll! Im Zweifel entscheiden Sie sich daher stets für Grundlagentraining.

Schwimmen

Wenn Sie beim Schwimmen Ihre Grundlagenausdauer trainieren wollen, sollten Sie darauf achten, dass Sie auch wirklich in diesem Trainingsbereich schwimmen. Häufig kann man beim klassischen Triathlon-Vereinstraining beobachten, dass das geschwommene Tempo für die meisten viel zu hoch ist. Dies liegt zum einen an der Gruppendynamik, die entsteht, wenn mehrere Schwimmer unterschiedlichen Leistungsniveaus auf einer Bahn schwimmen. Zum anderen prüfen die wenigsten Triathleten beim Schwimmen ihre Herzfrequenz und ihre Zwischenzeiten, was beispielsweise beim Training eines Schwimmvereins gang und gäbe ist. Konzentrieren Sie sich in der Phase auf ruhiges und konstantes Schwimmen. Beobachten Sie regelmäßig Ihre Technik und achten Sie auf eine saubere Bewegungsausführung – wenn Sie dies bei langsamen Geschwindigkeiten nicht beherrschen, dann können Sie es beim schnellen Schwimmen auf keinen Fall! Schwimmen Sie gerade in der Grundlagentrainingsperiode lieber öfter, aber dafür kurze Distanzen. Erstens werden Sie vor allem am Anfang eine saubere Technik noch nicht so lange aufrechterhalten können, und zweitens wird sich Ihr Wassergefühl eher verbessern, wenn Sie jeden dritten Tag kurz ins Wasser steigen, als wenn Sie einmal in der Woche bis zum Umfallen schwimmen.

Die im Folgenden beschriebenen Einheiten sind darauf ausgelegt, dass sie leicht auszuführen sind – ohne dass Sie sich vorher den Schwimmplan ausdrucken müssen, weil Sie sonst im Becken die Hälfte der Übungen vergessen würden. Absolvieren Sie die Einheiten stets im Kraulstil, es sei denn, andere Lagen werden explizit erwähnt. Ihre Werte in den verschiedenen Trainingsbereichen können Sie anhand eines Leistungstests über 400 Meter ableiten (siehe Kapitel 2). Nehmen Sie das Ergebnis Ihres Tests als 100-Prozent-Basis und berechnen Sie auf dieser Grundlage Ihr Trainingstempo.

Beispiel

Zeit des 400-Meter-Tests: 6:00 Minuten = **360 Sekunden**
Dies entspricht einem 100-Meter-Durchschnitt von 1:30 Minuten = **90 Sekunden.**
Bei Intensität im Grundlagenbereich (75–80 Prozent der HFmax) benötigen Sie 25 Prozent mehr Zeit als beim 400-Meter-Test (100 Prozent der HFmax):
90 × (1–0,75) + 90 = 112 Sekunden bzw. 108 Sekunden für 80 Prozent.
108–112 Sekunden entsprechen 1:48–1:52 Minuten auf 100m Meter.

Wenn Sie im Grundlagenbereich (75–80 Prozent der maximalen Herzfrequenz) trainieren möchten und 400 Meter in 6 Minuten schaffen, dann sollten Sie durchschnittlich um die 1:48–1:52 Minuten auf 100 Meter schwimmen.

Radfahren

Wie Sie eine aerobe Grundlage auf dem Rad aufbauen, ist ziemlich schnell erklärt: Fahren Sie jede Woche regelmäßig Rad – und das in einem moderaten Tempo. In keiner anderen Disziplin können Sie Ihre Langzeitausdauer und Ihren Fettstoffwechsel leichter und gelenkschonender verbessern. Gleichzeitig ist das Radfahren auch eine der Sportarten, in der fehlendes Talent zum Teil mit einem hohen Trainingsumfang erschlagen werden kann. Da es für uns Berufstätige aber oft schlichtweg unmöglich ist, so große Umfänge auf dem Rad zu absolvieren, müssen wir darauf achten, effizient zu trainieren. Fahren Sie lieber öfter und kürzer als beispielsweise nur einmal in der Woche fünf Stunden lang. Des Weiteren lohnt es sich, das Tempo innerhalb des aeroben Grundlagenbereichs etwas anzuheben. Bei einer Gruppenausfahrt wird in diesem Trainingsbereich nicht selten jeder (nicht ganz ernst gemeinte) Ausreißversuch, Etappensprint oder das allgemeine Anziehen des Tempos sofort unterbunden mit den Worten: „Hey, wir fahren heute GRUNDLAGE!" Das ist zwar schön und gut, muss aber nicht heißen, dass Sie sich montelang nur im Schritttempo vorwärtsbewegen. Der Grundlagenbereich ist groß, nutzen Sie ihn vollständig aus und orientieren Sie sich an der oberen Grenze, wenn Ihnen weniger Zeit für das Training zur Verfügung steht.

Ausfahrten im Grundlagenbereich sollten Sie das gesamte Jahr über durchführen, natürlich während der Grundlagentrainingsperiode häufiger als beispielsweise in der Wettkampfvorbereitung. Die hier vorgestellten Einheiten sind auf ein bis zwei Stunden ausgelegt, um dem knappen Zeitbudget berufstätiger Triathleten gerecht zu werden. Gerade im Grundlagenbereich können Sie diese Einheiten einfach verlängern, wenn Sie doch einmal mehr Zeit zur Verfügung haben sollten.

Laufen

Während beim Radfahren ein Trainingsrückstand oder fehlendes Talent zumindest zum Teil mit Umfang ausgeglichen werden kann, ist dies beim Laufen nicht ohne Weiteres möglich. Radfahrer und auch Schwimmer können ohne Probleme bis zu 30 Stunden in der Woche auf der Straße beziehungsweise im Becken verbringen, dagegen bewältigen Läufer kaum mehr als zwölf Stunden Training pro Woche, weil sonst das Überlastungs- und Verletzungsrisiko enorm ansteigt. Im Laufen ist es daher besonders wichtig, dass Sie über einen längeren Zeitraum kontinuierlich trainieren und Ihre Technik im Auge behalten. Anleitungen zum Techniktraining finden Sie in Kapitel 9. Die Kontinuität stellen Sie sicher, indem Sie Ihre Laufeinheiten in dieser Phase gerade so intensiv gestalten, dass Sie theoretisch jeden Tag laufen könnten – also nicht zu intensiv und nicht zu lang. Eine Ausnahme bilden hierbei Langdistanztriathleten, die mindestens alle zwei Wochen auch einen längeren Lauf einplanen sollten. Dieser wird aber ebenfalls gerade so intensiv gestaltet, dass die Trainingsregelmäßigkeit nicht gefährdet ist. Ein erfolgreicher Saisonaufbau besteht schließlich unter anderem auch darin, dass Sie diese Zeit verletzungsfrei überstehen.

Jeder Läufer weiß nach ein paar Jahren, wie viele Kilometer er pro Woche verträgt – je nach Körpergröße und Gewicht kann das durchaus unterschiedlich sein. Wenn ich beispielsweise mein Laufmaximum von 80 Kilometern pro Woche überschritt, dann häuften sich sofort kleine Wehwehchen. Dies sind Signale, die der Körper aussendet, wenn die Grenze der Belastungsfähigkeit erreicht ist. Laufen ist das effektivste Trainingsmittel für Triathleten, in keiner anderen Disziplin erhält man in so kurzer Zeit einen derartigen Trainingsnutzen. Passen Sie daher besonders in dieser Phase auf, dass Sie die Intensität jenseits der aeroben Schwelle im Zaum halten.

Dennoch gibt es Alternativen für die Steigerung des Laufpensums, ohne den Körper zu überlasten. Trauen Sie sich auch einmal, wirklich extrem langsam zu laufen. Selbst kenianische Spitzenläufer, die knapp über zwei Stunden für die Marathondistanz benötigen, bewegen sich ab und zu auch im 6er-Schnitt auf den Kilometer. Nur so sind sie in der Lage, ein Laufpensum von 200 Kilometern pro Woche zu erreichen. Ebenso viel Potenzial sehe ich im Aquajogging, das gelenkschonend und gleichzeitig ein sehr gutes Herz-Kreislauf-Training ist. Last, but not least ist das Laufen auf dem Laufband oder auf Waldwegen gelenkschonender als auf dem Asphalt. Weichen Sie daher in dieser Trainingsphase auch ruhig einmal darauf aus.

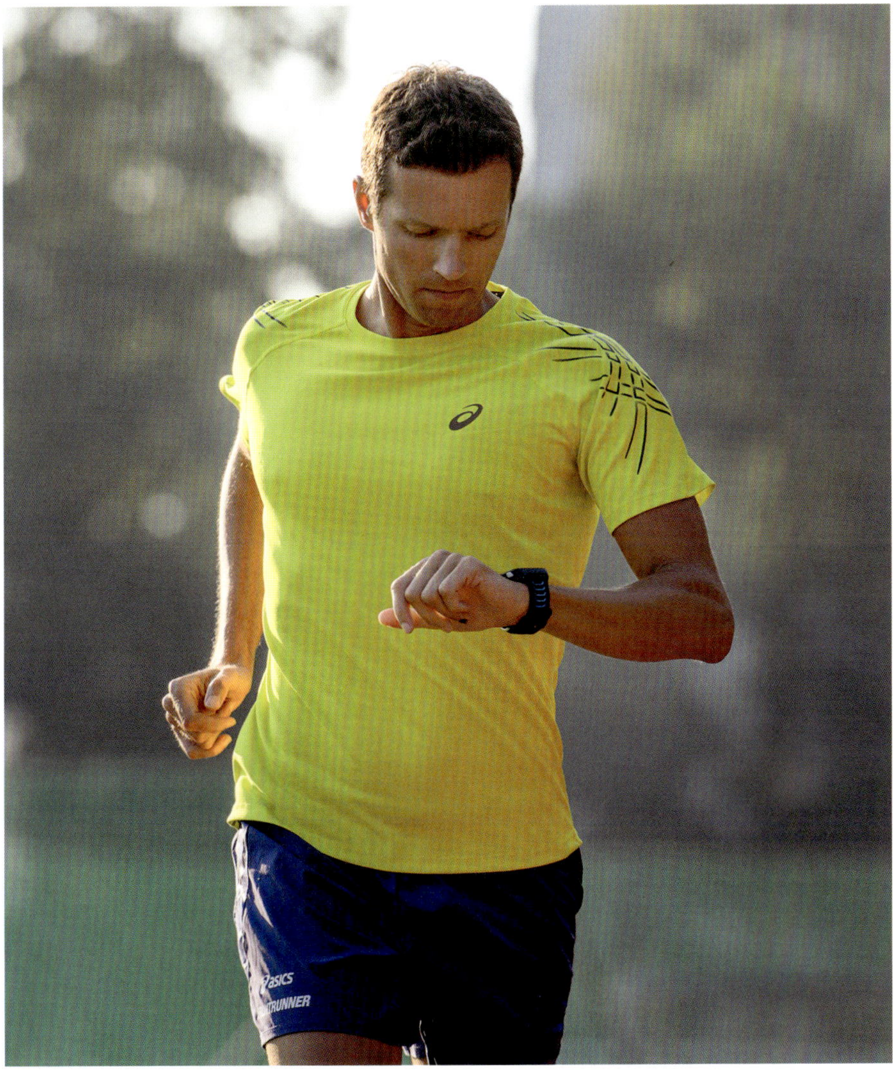

Tipp

Lange Läufe sollten Sie progressiv ausführen. Wenn Sie Langdistanzler sind und beispielsweise zwei Stunden laufen möchten, dann laufen Sie eine Stunde unter Ihrem geplanten Renntempo, 40 Minuten im geplanten Renntempo und 20 Minuten darüber. Im späteren Saisonverlauf steigern Sie dies: Sie laufen das erste Drittel unterhalb, das zweite Drittel auf und das letzte Drittel über dem geplanten Renntempo. Laufen Sie aber höchstens 2,5 Stunden lang beziehungsweise maximal 28 bis 32 Kilometer! Mehr ist wirklich nicht nötig.

Einheit 4 Sauberes Schwimmen

→ Intensität: **<75 % HFmax**
→ Umfang: **1.850–2.050 m**

200–300 m einschwimmen
10 × 25 m Technikblock (Einheit 99), Pause jeweils 20–30 s
100 m locker Brust/Rücken zur aktiven Regeneration
40 × 25 m oder 20 × 50 m oder 10 × 100 m <75 %, Pause jeweils bis zur vollständigen Erholung
4 × 25 m Sprint, Pause jeweils 60 s
200–300 m locker ausschwimmen

Probieren Sie beim Einschwimmen ruhig auch andere Lagen aus. Anschließend absolvieren Sie einen Technikblock. Achten Sie während der gesamten Einheit auf eine saubere Technik und einen kraftvollen Zug! Versuchen Sie bei jeder Bahn von Neuem, sich zu konzentrieren, und schwimmen Sie jede Wiederholung ausgeruht und ohne Hast. Beginnen Sie mit 25-Meter-Abschnitten. Erst wenn Sie diese sauber und kraftvoll schwimmen können, verlängern Sie die Strecken auf 50 beziehungsweise 100 Meter. Pausieren Sie so lange, bis Sie sich vollständig erholt haben. Beginnen Sie nicht zu früh mit langen Teilstrecken, da Ihre Technik sonst aufgrund der vorzeitigen Ermüdung leidet. Schwimmen Sie anfangs lieber kürzer und dafür öfter.

Geben Sie bei den Sprints Vollgas und beginnen Sie aus dem Beinschlag heraus! Achten Sie also auf einen kräftigen Beineinsatz und eine hohe Zugfrequenz. Durch die Sprints durchbrechen Sie die Bewegungsmonotonie längerer Grundlageneinheiten und erinnern Ihren Körper wieder an hohe Frequenzen. So erhalten Sie Ihre Grundschnelligkeit auch während der Grundlagenphase.

Streben Sie auf den anfangs kurzen Teilstrecken eine perfekte Schwimmtechnik an. Dies ist auf 25 Metern natürlich erheblich einfacher als auf längeren Strecken. Nach und nach werden Sie dieses Gefühl auf eine Strecke von 50, 100 und mehr Metern übertragen können. Tasten Sie sich deshalb nur langsam an längere Teilstrecken heran. Sie haben genügend Zeit bis zum nächsten Sommer!

Tipp

Ein gutes Wassergefühl und eine saubere Zugphase sollten Ihre wichtigsten Ziele beim Kraulschwimmen sein! Nutzen Sie den Widerstand des Wassers, um einen kraftvollen Zug aufzubauen – nur so werden Sie richtig schnell schwimmen können.

Einheit 5 Intervallmethode

→ Intensität: **<80 % HFmax**
→ Umfang: **40–65 min**

200 m beliebig einschwimmen
8 × 25 m Technikblock (Einheit 99), Pause jeweils 10–20 s
4–9 × 5 min <80 %, Pause jeweils 40–60 s
4 × 50 m Steigerung, Pause jeweils 30 s
200 m beliebig und locker ausschwimmen

Nach dem Einschwimmen absolvieren Sie einen Technikblock – achten Sie darauf, die Übungen von Training zu Training auch einmal zu variieren. Wenn Sie zu den Glücklichen gehören, die im Winter auf einer 50-Meter-Bahn trainieren, dann absolvieren Sie die technischen Übungen jeweils bis zur Hälfte der Bahn und schwimmen den Rest locker in Kraul, Brust oder Rücken.

Absolvieren Sie diese Einheit erst, wenn Sie Einheit 4 gemeistert haben. Beginnen Sie mit 4 × 5 Minuten, unterbrochen von einer kurzen Pause, und steigern Sie sich von Mal zu Mal auf bis zu 9 × 5 Minuten. Achten Sie darauf, verhalten zu beginnen, und schwimmen Sie die zweite Hälfte stets etwas zügiger als die erste. Um Ihr Tempo zu kontrollieren, schauen Sie am besten alle 200 Meter auf die Uhr. So bemerken Sie sofort, wenn Sie langsamer werden. Es geht nicht darum, möglichst schnell zu schwimmen – der Fokus liegt auf konstantem Schwimmen!

Die 4 × 50 Meter Steigerung zum Abschluss führen dazu, dass Sie aus dem Trott Ihrer gemütlichen Geschwindigkeit wieder herauskommen.

Durch das Schwimmen nach Minuten anstatt nach Metern schwimmt man automatisch kontrollierter, das heißt nicht zu schnell. Beim Schwimmen nach Metern haben Athleten meist eine bestimmte Zeit aus vergangenen Trainings im Kopf und versuchen – oft auch unbewusst – diese zu unterbieten. Fast immer wird dann zu schnell angeschwommen.

Tipp

Schwimmen Sie nur so lange am Stück, wie Ihre Technik halbwegs akzeptabel ist. Ansonsten üben Sie lediglich langes Schwimmen in unsauberem Stil und es verfestigen sich Fehler in Ihrer Technik. In diesem Fall absolvieren Sie lieber kürzere Abschnitte.

Einheit 6 Intervallmethode mit abnehmender Pausenlänge

→ Intensität: **70–80 % HFmax**
→ Umfang: **2.500 m**

150 m einschwimmen, alle 50 m Lagenwechsel (Rücken, Brust, Kraul)

6 × 25 m Technikblock (Einheit 99), Pause jeweils 10–20 s

Pyramide:
400 m 70–75 % mit 3er-Atemzyklus, Pause 60 s
300 m 70–75 % mit 4er-Atemzyklus, Pause 50 s
200 m 70–75 % mit 5er-Atemzyklus, Pause 40 s
400 m 70–75 % mit 3er-Atemzyklus, Pause 30 s
300 m 70–75 % mit 4er-Atemzyklus, Pause 20 s
200 m 70–75 % mit 5er-Atemzyklus, Pause 10 s
100 m 70–75 % mit 3er-Atemzyklus

passive Pause 60 s

2 × 50 m Steigerung, Pause jeweils 30 s

200 m beliebig und locker ausschwimmen

Nach dem Einschwimmen absolvieren Sie zunächst einen Technikblock; achten Sie darauf, die Übungen zu variieren. Bei der Pyramide kann sich der Körper trotz der stets kürzer werdenden Pausen relativ schnell wieder erholen. Wechseln Sie während der verschiedenen Teilabschnitte Ihren Atemrhythmus. So stellen Sie sicher, dass Sie tatsächlich nur im Grundlagenbereich schwimmen und nicht zu schnell – und das Training wird dadurch kurzweiliger.

Diese Einheit steigert Ihre Ermüdungsresistenz und fördert die Ausbildung einer guten Grundlage. Außerdem trainieren Sie auf diese Weise das Schwimmen unter Atemmangel, was im Wettkampf wertvoll ist, wenn Sie einen oder mehrere Atemzüge auslassen müssen – sei es im Startgerangel oder weil Sie Wasser geschluckt haben. Schwimmen Sie die kürzeren Intervalle tendenziell etwas schneller als die längeren. Orientieren Sie sich am Anfang der Saison eher an der 70-Prozent-Schwelle und steigern Sie sich über mehrere Wochen in Richtung der 80-Prozent-Schwelle.

Tipp

Technikübungen sollten immer am Anfang einer Trainingseinheit stehen. Nur dann sind Sie noch ausgeruht und können die Übungen korrekt durchführen. Sobald die Ermüdung zunimmt, wird die Bewegungsausführung schnell unsauber.

Einheit 7 Leichte Tempovariation

→ Intensität: **65–85 % HFmax**
→ Umfang: **2.050–2.450 m**

200 m einschwimmen, alle 50 m Lagenwechsel (Rücken, Brust, Kraul)
8 × 25 m Technikblock (Einheit 99), Pause jeweils 10–20 s
3–5 × 200 m Tempovariation, 65–85 %, Pause jeweils 30 s
4 × 200 m 70–80 %, Pause jeweils 60 s: 25 m nur Kraulbeinschlag + 150 m mit Pullbuoy + 25 m nur Kraulbeinschlag
2 × 25 m Zugfrequenz steigern, Pause jeweils 10–20 s
200 m beliebig und locker ausschwimmen

Nach dem Einschwimmen absolvieren Sie zunächst einen Technikblock; achten Sie darauf, die Übungen zu variieren.

Beginnen Sie die 200-Meter-Intervalle ruhig. Variieren Sie nun alle 25 Meter spielerisch das Tempo und wechseln Sie in verschiedene Geschwindigkeiten. Die Spitzen sollten noch nicht über 85 Prozent hinausgehen. Beenden Sie das Intervall immer in schnellerem Tempo.

Die anschließenden 4 × 200 Meter schwimmen Sie zum größten Teil mit Pullbuoy und konzentrieren sich dabei auf die Armtechnik. Beginnen Sie allerdings mit 25 Metern nur Kraulbeinschlag: Dazu strecken Sie die Arme nach vorn, spannen die Rumpfmuskulatur an und schauen nach unten zum Beckenboden – bewegen Sie sich nur mithilfe des Kraulbeinschlags voran. Zum Atmen drehen Sie den Kopf einfach zur Seite. Auch die letzten 25 Meter absolvieren Sie auf diese Weise mit Kraulbeinschlag.

Diese Einheit erhöht nicht nur Ihre Grundlagenausdauer, sie schult gleichzeitig Ihr Tempogefühl. Gute Schwimmer beherrschen viele verschiedene Geschwindigkeiten. Anfänger beherrschen meist nur drei: langsam, hart und Vollgas (wobei das Tempo der beiden letzten häufig identisch ist).

Tipp

Wenn Sie bei den Kraulbeinschlag-Abschnitten das Gefühl haben, überhaupt nicht vorwärts zu kommen, dann sollten Sie an Ihrer Beinschlagtechnik arbeiten. Oft wird das Knie zu stark bewegt und ein „Radfahrerbeinschlag" ausgeführt. Um dies abzustellen, schwimmen Sie in Rückenlage und halten mit Ihren Händen ein Schwimmbrett über die Knie. Das verhindert eine zu starke Kniebewegung. Der optimale Beinschlag kommt aus der Hüfte und ähnelt einem Peitschenschlag oder als ob Sie beim Fußball mit dem Spann schießen würden. Versuchen Sie außerdem Ihre Fußgelenke durchzustrecken. Sind diese angestellt, hat dies eine enorme Bremswirkung.

Einheit 8 Steigerungsschwimmen mit Beinschlagwechseln

→ Intensität: **65–85 % HFmax**
→ Umfang: **1.800–3.000 m**

200 m beliebig einschwimmen
8 × 25 m Technikblock (Einheit 99), Pause jeweils 10–20 s
3–6 × 400 m 65–85 %, Pause jeweils 40 s
200 m beliebig und locker ausschwimmen

Nach dem Einschwimmen absolvieren Sie zunächst einen Technikblock; achten Sie darauf, die Übungen zu variieren.

Beginnen Sie die 400-Meter-Intervalle langsam und fast ohne Beineinsatz. Erhöhen Sie nun nach jeweils 100 Metern das Tempo. Beim zweiten 100-Meter-Abschnitt wechseln Sie in einen 2er-Beinschlag, und auf dem dritten und vierten 100-Meter-Abschnitt erhöhen Sie den Beinschlag weiter. Das Schlusstempo sollte noch nicht über 85 Prozent hinausgehen. Diese Einheit schult neben der Ausdauer vor allem das Tempogefühl. Kontrollieren Sie besonders auf den letzten 200 Metern, ob Sie Ihre Geschwindigkeit überhaupt noch gesteigert haben oder ob lediglich die gefühlte Anstrengung gestiegen ist. Prüfen Sie ab der zweiten Wiederholung Ihre 100-Meter-Zeiten. Sie sollten jede 100-Meter-Strecke fünf bis zehn Sekunden schneller absolvieren als die vorhergehende.

Diese Einheit schult nicht nur Ihre Pacing-Fähigkeiten, sondern auch Ihre Geduld. Oft beobachte ich bei vielen – auch erfahrenen – Athleten, dass sie bei längeren Trainingsintervallen viel zu schnell starten und gegen Ende kaum mehr die Arme aus dem Wasser bekommen.

Tipp

Um die Langeweile bei längeren Schwimmeinheiten zu vertreiben, können Sie auch zum wasserdichten MP3-Player greifen. Player, die die Musik über den Wangenknochen übertragen, haben den Vorteil, dass Sie sich nicht mit Ohrstöpseln, die immer irgendwann aus den Ohren fallen, herumplagen müssen.

Einheit 9 Schwimm-Mix

→ Intensität: **70–80 % HFmax**

→ Umfang: **2.150–2.925 m**

300 m beliebig einschwimmen
2–3 × 75 m Technikblock, jeweils: 25 m nur linker Arm + 25 m nur rechter Arm + 25 m normal Kraul + Pause 20–30 s
2–3 × 600 m: 200 m Beine (mit Brett) + 200 m Arme (mit Pullbuoy) + 200 m Kraul, Pause 40–60 s
3–4 × 100 m Steigerung, Pause 30 s
200 m locker ausschwimmen

Diese Einheit empfiehlt sich um ein wenig Abwechslung ins Grundlagentraining zu bringen.

Nach dem Einschwimmen absolvieren Sie einen Technikblock: Schwimmen Sie die ersten 25 Meter nur mit dem linken Arm (der rechte Arm bleibt vorn), die nächsten 25 Meter nur mit dem rechten Arm (der linke Arm bleibt vorn) und die letzten 25 Meter mit beiden Armen, also ganz normal im Kraulstil.

Im nächsten Teil der Einheit schwimmen Sie zuerst mit Brett und konzentrieren sich dabei auf Ihren Beinschlag, dann schwimmen Sie mit Pullbuoy und achten auf Ihren Armzug und einen hohen Ellbogen. Anschließend schwimmen Sie ganz normal im Kraulstil und führen die Bewegungen so sauber aus wie auf den Bahnen zuvor, auf denen Sie sich auf die einzelnen Technikaspekte konzentriert haben.

Tipp

Achten Sie beim Schwimmen stets auf die Spannung im Rumpf. Das erreichen Sie, indem Sie den Bauch einziehen oder die Gesäßmuskeln anspannen.

Einheit 10 Grundlage mit Schnelligkeitsreizen

→ Intensität: **65–70 %, kurzzeitig maximal**
→ Umfang: **2.000–2.700 m**

Diese Einheit können Sie auch in der Grundlagentrainingsphase häufiger absolvieren, sie bietet sich direkt nach einem Ruhetag an. Da Sie im Grundlagentraining oft über einen relativ langen Zeitraum auf niedriger bis lediglich moderater Belastungsstufe unterwegs sind, tun Sie gut daran, ab und zu einmal maximale Bewegungsfrequenzen zu trainieren. Damit brechen Sie aus dem Grundlagen-Tempotrott aus und erhalten Ihre Grundschnelligkeit, der Übergang ins später folgende Tempotraining wird Ihnen deutlich leichter fallen.

300 m einschwimmen, alle 50 m Lagenwechsel (Kraul, Brust, Rücken)
10 × 25 m Technikblock (Einheit 99), Pause jeweils 10–20 s
4 × 25 m Steigerung, Pause jeweils 30 s
6–10 × 50 m, Pause jeweils 30–40 s: 15 m Sprint + 25 m locker + 10 m Sprint
150 m <65 %, alles außer Kraul
6–10 × 100 m <65 % *50-Meter-Bahn:* 15 m Sprint nach jeder Wende *25-Meter-Bahn:* 15 m Sprint nach jeder 2. Wende
300–400 m beliebig ausschwimmen, gern Lagen wechseln

Sie müssen übrigens nicht befürchten, dass Schnelligkeitsreize negative Auswirkungen auf die Ausbildung Ihrer aeroben Grundlage haben. Die Belastungsdauer beim Schnelligkeitstraining beträgt in der Regel nur wenige Sekunden und verursacht keine nennenswerte Laktatbildung im Körper, die der Ausbildung der aeroben Ausdauer entgegenwirken könnte.

Einheit 11 Der Klassiker

→ Intensität: **60–80 % HFmax bzw. 65–85 % FTP-Schwelle**
→ Umfang: **55–100 min**

Führen Sie diese Einheit eher auf flacherem Terrain durch. Bei bergigen Streckenabschnitten sollten Sie sich zurückhalten und kontrolliert fahren. Gestalten Sie die Einheit progressiv: Anfangs orientieren Sie sich am unteren Richtwert und gegen Ende hin am oberen.

5 min locker einfahren
45–90 min 60–80 % der HFmax bzw. 65–85 % FTP-Schwelle
5 min locker ausfahren, dabei 2–3 × 10 s Maximalsprint, jeweils kurze Pause

Tipp

Tipp: Der Bereich um 80 Prozent mag hier recht hoch erscheinen. Allerdings sollten Sie bei begrenzter Trainingszeit etwas intensiver (also durchaus auf der aeroben Schwelle) fahren, um den Trainingsnutzen zu erhöhen. Sie befinden sich trotzdem noch im grünen Bereich.

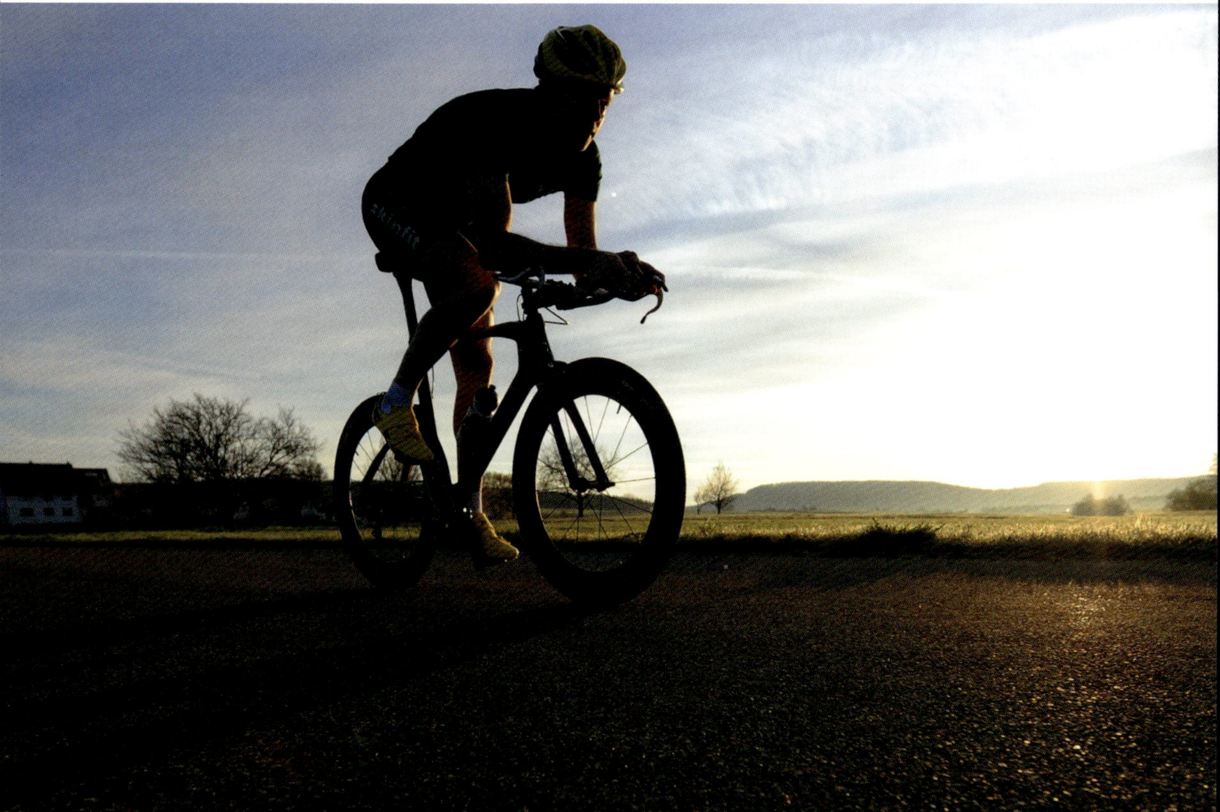

Einheit 12 Steigerungen

→ Intensität: **70–85 % HFmax**
→ Umfang: **45–75 min**

5 min locker einfahren
15–30 min 70–80 % bzw. 80–85 % FTP-Schwelle
15–30 min 80–85 % bzw. 85–90 % FTP-Schwelle
10 min locker ausfahren, dabei 2–3 × 10 s Maximalsprint, jeweils kurze Pause

Trainieren Sie auch in der Grundlagenphase häufiger mal an und etwas oberhalb der aeroben Schwelle. Wenn Sie dies in einer Einheit sparsam dosieren, dann spricht überhaupt nichts dagegen, und Sie werden bereits mit einem guten Raddruck aus der Grundlagenphase kommen.

Tipp

Steigerungen innerhalb einer Trainingseinheit fördern das Tempogefühl. Verinnerlichen Sie dieses Grundprinzip über einen längeren Zeitraum, so werden Sie sich auch im Wettkampf auf der zweiten Hälfte noch steigern können. Dieses Prinzip sollten Sie ebenso beim Laufen üben.

Einheit 13 Sprintkönig

→ Intensität: **60–70 % (kurzzeitig: 95–100 %) HFmax**

→ Umfang: **60–90 min**

Von Ortsschildsprints haben Sie bestimmt schon einmal gehört. Je mehr Athleten an dieser Einheit teilnehmen, desto kurzweiliger wird es. Natürlich können Sie auch gegen sich selbst sprinten, aber ob Sie dann wirklich alles geben, ist fraglich (ich spreche aus eigener Erfahrung). Diese Einheit können Sie auch problemlos in eine längere Ausfahrt integrieren – beispielsweise um gezielt Schnelligkeitsreize zu setzen oder aufkommende Langeweile zu vertreiben.

15 min locker einfahren
35–65 min 60–70 % HFmax bzw. 65–75 % FTP-Schwelle vor jedem (zweiten) Ortsschild sprinten, 95–100 % bzw. 150–250 % FTP-Schwelle
10 min locker ausfahren

Nach dem Aufwärmen fahren Sie 35 bis 65 Minuten lang bei ungefähr 60 bis 70 Prozent Ihrer maximalen Herzfrequenz. Der Fokus liegt dabei auf den Sprints zwischendurch: Vor jedem Ortsschild wird gesprintet, und wer zuerst das Schild passiert, gewinnt und bekommt einen Punkt. Beginnen Sie nicht zu früh mit dem Sprinten, wenn ein Ortsschild in Sicht ist, aber verpassen Sie auch nicht den Zug, wenn er einmal gestartet ist! Am Ende des Trainings wird der Sprintkönig oder die Sprintkönigin ermittelt.

Zu Beginn der Vorbereitungsphase sollten Sie es nicht gleich übertreiben und vielleicht nur bei jedem zweiten Ortsschild sprinten. Später, mit steigender Fitness, spricht jedoch nichts dagegen, sämtliche Ortseingangsschilder mit in die Wertung einzubeziehen – Landkreisschilder stellen eine Sonderwertung dar, hier gibt es die dreifache Punktzahl …

Dieses Training hat mehrere Vorteile: Sie verbessern spielerisch Ihre Sprintfähigkeiten, welche Sie, Hand aufs Herz, so gut wie nie trainieren – denn die kurzen Maximalsprints verbessern Ihre Schnellkraft. Obwohl Sie sprinten, werden Sie sich kaum im anaeroben Bereich aufhalten, dafür sind die Belastungsspitzen zu kurz. Außerdem haben Sie nach jedem Sprint eine längere Pause, während der Ihr Puls wieder absinkt. Nebenbei sammeln Sie auch Taktikerfahrung bei Radrennen, und die kommt Ihnen spätestens dann zugute, wenn Sie einmal in einem Wettkampf mit Windschattenfreigabe unterwegs sein sollten. Nicht zuletzt macht diese Einheit jede Menge Spaß!

Einheit 14 Indoorcycling-Style I

→ Intensität: **65–75 % HFmax bzw. 70–80 % FTP-Schwelle**
→ Umfang: **55–60 min**

Auch Triathleten, die im Wettkampf mit eher niedrigen Trittfrequenzen fahren, profitieren von dieser Einheit. Sie trainieren eine effizientere Kurbelbewegung, mit der Sie im Wettkampf wertvolle Energie sparen. Nach Kurven und Wendemarken werden Sie deutlich schneller wieder Geschwindigkeit aufnehmen und rechtzeitig auf Entwicklungen im Rennen – wie beispielsweise Ausreißversuche – reagieren können.

5–10 min locker einrollen
3 × 10 min 70–80 % mit hoher Trittfrequenz: ❶ 100–105 U/min, Pause 5 min mit normaler Trittfrequenz ❷ 105–110 U/min, Pause 5 min mit normaler Trittfrequenz ❸ >110 U/min, Pause 5 min mit normaler Trittfrequenz
5 min ausfahren

Versuchen Sie nach dem Aufwärmen, in einer ungewohnt hohen Frequenz zu treten und diese auch über einen gewissen Zeitraum aufrechtzuerhalten. Tasten Sie sich langsam nach oben, Sie werden nicht glauben, wie anstrengend eine solch ungewohnte Fahrweise zu Beginn sein kann. Daher starten Sie mit Intervallen. Zwischen den Wiederholungen fahren Sie jeweils 5 Minuten lang mit normaler Trittfrequenz, um sich zu erholen. Höchstwahrscheinlich wird Ihr Puls während der Intervalle ansteigen, da Sie diese Fahrweise nicht gewohnt sind. Wenn Sie keinen Trittfrequenzmesser am Rad installiert haben, oder auf Ihrer Trainingsuhr überwachen können, dann zählen Sie, wie oft sich Ihr rechtes Bein innerhalb von 20 Sekunden nach oben bewegt. Diesen Wert nehmen Sie dann einfach mal drei.

Achten Sie bei der Bewegung darauf, dass Ihr Gesäß fest im Sattel bleibt, spannen Sie Ihren Rumpf an und halten Sie Ihren Oberkörper ruhig. Sollten Sie sich unruhig auf dem Sattel hin- und herbewegen, dann ist diese Frequenz noch zu hoch für Sie. Wenn Sie zunächst die empfohlenen Werte nicht erreichen, dann machen Sie sich nichts draus – mit jeder Wiederholung dieser Einheit werden Sie besser. Zum Vergleich: Geschulten Radfahrern gelingt es über einen Zeitraum von mehreren Stunden, mit 110 und mehr Umdrehungen pro Minute zu fahren.

Tipp

Wenn Sie die Einheit auf einer leicht abschüssigen Straße durchführen, erreichen Sie die hohen Trittfrequenzen leichter.

Einheit 15 Indoorcycling-Style II

→ Intensität: **65–80 % HFmax**

→ Umfang: **90 min**

Auch für Ironman-Sieger Andreas Dreitz vom Team Erdinger, der für seinen Druck auf dem Rad bekannt ist, spielt die Trittfrequenz eine entscheidende Rolle im Winter- und Grundlagentraining. Diese Einheit können Sie im nahen Umland durchführen. Aufgrund des spielerischen Charakters ist sie sehr kurzweilig. Suchen Sie sich dafür eine Strecke, die in regelmäßigen Abständen von kleineren Ortschaften unterbrochen wird. Gleichzeitig können Sie diese Einheit auch sehr gut erweitern, wenn Ihre Zeit es zulässt – zum Beispiel auf 2 × 45 Minuten.

15 min locker einrollen, 60–70 % bzw. 65–75 % FTP-Schwelle

30 min
außerhalb der Ortschaften: Intervalle mit Trittfrequenz von 100–110 U/min
innerhalb der Ortschaften: normale Trittfrequenz zur Erholung

30 min
4 × 5 min mit Trittfrequenz von > 110 U/min, Pause jeweils 2 min bei 75–80 % HFmax bzw. 80–85% FTP-Schwelle

15 min ausfahren, < 65 %

Diese Einheit können Sie im Winter/Frühjahr einmal pro Woche und danach einmal alle zwei Wochen absolvieren. Der Vorteil: Sie haben eine starke Herz-Kreislauf-Belastung bei gleichzeitig niedriger muskulärer Belastung.

Tipp

Fortgeschrittene können diese Einheit verschärfen, indem sie während der zweiten halben Stunde die Pausen weglassen und die 20 Minuten am Stück fahren.

Einheit 16 **Krafttraining auf dem Rad**

→ Intensität: **70–80 % HFmax**
→ Umfang: **45–70 min**

Auch die Kraftausdauer ist im Triathlon von großer Bedeutung: Je länger die Wettkampfstrecken sind, desto mehr profitieren Sie von einer ausgeprägten Kraftausdauer.

10 min locker einrollen, zum Schluss 3 × 200 m Steigerung, Pause jeweils 30 s
3–8 × 4 min Kraftausdauerintervall, Trittfrequenz 60–70 U/min, im Bereich 85–95 % FTP-Schwelle, Pause jeweils 3 min lockeres Treten
10 min ausfahren mit hoher Trittfrequenz, > 110 U/min, zwischendurch 2–3 × 10 s Maximalsprint, jeweils kurze Pause

Schalten Sie für die Kraftausdauerintervalle in einen für Ihre Strecke ungeeignet scheinenden niedrigen Gang und treten Sie betont kraftvoll, aber gleichzeitig ruhig in die Pedale. Wählen Sie eine Trittfrequenz von 60 bis 70 Umdrehungen pro Minute. Versuchen Sie, nicht nur bewusst zu drücken, sondern ebenfalls bewusst den Fuß vom untersten Punkt nach oben zu ziehen, um trotzdem einen runden Tritt zu erreichen.

Achten Sie bei der Bewegung darauf, dass Sie im Sattel sitzen bleiben können. Wenn Sie aus dem Sattel gehen müssen, um vorwärtszukommen, schalten Sie in einen leichteren Gang, bis Sie problemlos im Sattel bleiben können. Idealerweise führen Sie die Kraftausdauerintervalle an einem leichten Anstieg durch (zwei bis drei Prozent Steigung). Sollten Sie keine Berge vor der Haustür haben, dann nutzen Sie einfach Gegenwindpassagen. Übertreiben Sie es zu Beginn nicht, denn diese Einheiten können mitunter belastend für die Knie sein. Absolvieren Sie zunächst drei Kraftausdauerintervalle und erhöhen Sie deren Anzahl mit der Zeit.

Während des Grundlagentrainings sollten Sie bei diesen Intervallen Ihre Herzfrequenz bewusst im moderaten Bereich halten – im Gegensatz zu einem späteren Zeitpunkt in der Jahresperiodisierung. Treten Sie daher vor allem ruhig und gleichmäßig. Gehen Sie bei dieser Übung maximal bis in den gefühlt 80-prozentigen Bereich. Die niedrige Trittfrequenz sorgt für einen hohen Kraftreiz, gleichzeitig reißt der Puls aber auch nicht nach oben aus. Am Schluss fahren Sie bei einer recht hohen Trittfrequenz Ihre Beine wieder locker.

Tipp

Halten Sie bei den Kraftintervallen unbedingt den Oberkörper ruhig. Die Kraft sollte vollständig in die Beinarbeit gehen. Wenn Sie mit dem Oberkörper mitarbeiten, dann geht ein Teil dieser Kraft verloren!

Einheit 17 Rollentraining

→ Intensität: **70–80 % HFmax**
→ Umfang: **55–65 min**

Das Leben in Mitteleuropa hat zahlreiche Vorteile – das Wetter zählt leider nicht immer dazu. Im Winter ist es mitunter schwierig, das Radtraining vollständig im Freien zu absolvieren. Diese und die nächste Einheit eignen sich vor allem für Schlechtwetter- oder Wintertage. Sollten Sie zu Hause weder eine Rolle noch einen Ergometer haben, dann können Sie diese Einheit auch im Fitnessstudio durchführen und eventuell vorher sogar noch ein Krafttraining einbauen. Dieses Training verbessert sowohl Ihre Tritttechnik als auch Ihre aerobe Ausdauer.

5 min locker auf der Rolle einkurbeln
Technikblock: **10 × 30 s** einbeinig treten (5 × nur links + 5 × nur rechts; Einheit 100), Pause jeweils 30–60 s beidbeiniges Treten
3–6 × 2 min mit hoher Trittfrequenz, 100–110 U/min, Pause jeweils 60 s mit normaler Trittfrequenz, 85–95 U/min
10 min 70–75 % bzw. 75–80 % FTP-Schwelle
10 min 75–80 % bzw. 80–85 % FTP-Schwelle
10 min locker ausfahren mit hoher Trittfrequenz, >105 U/min, zwischendurch 2–3 × 10 s Maximalsprint, jeweils kurze Pause

Beim einbeinigen Treten beginnen Sie beispielsweise mit dem linken Bein, absolvieren dann eine 30- bis 60-sekündige aktive Pause (beidbeiniges Treten) und wechseln anschließend auf das rechte Bein. Achten Sie darauf, den „Totpunkt“ zu überwinden, indem Sie aktiv den Fuß nach oben ziehen und nach vorn schieben. Sie können entweder das inaktive Bein ausklicken oder es auf passiv „schalten“.

Achtung: Wenn Sie bei der hohen Trittfrequenz beginnen, sich unruhig auf dem Sattel hin und her zu bewegen, ist die Frequenz zu hoch.

Tipp

Nutzen Sie unbedingt Ihre Radschuhe, wenn die Rollentrainer in Ihrem Studio damit gefahren werden können, da Sie ohne Klickpedale nur schwer ein sauberes Techniktraining absolvieren können.

Einheit 18 Schnelligkeitsreize auf der Rolle

→ Intensität: **65–80 % (kurzzeitig: 100 %) HFmax**
→ Umfang: **50 min**

10 min locker auf der Rolle einkurbeln
30 min konstante Steigerung: 60–80 % bzw. 65–85 % FTP-Schwelle alle 3 min einen 8-sekündigen Sprint absolvieren, dabei im Sattel sitzen bleiben und kurz vorher den Widerstand etwas senken
10 min locker ausfahren mit hoher Trittfrequenz, 95–105 U/min

Die Sprintintervalle im Bereich 150–250 % FTP sind so kurz gehalten, damit keine nennenswerte Menge Laktat in Ihrem Körper entsteht.

Tipp

Achten Sie darauf, dass Sie vor dem Sprint gern aus dem Sattel gehen, allerdings Lenker fest umklammert, etwas höheren Widerstand aufschalten und dann Vollgas!

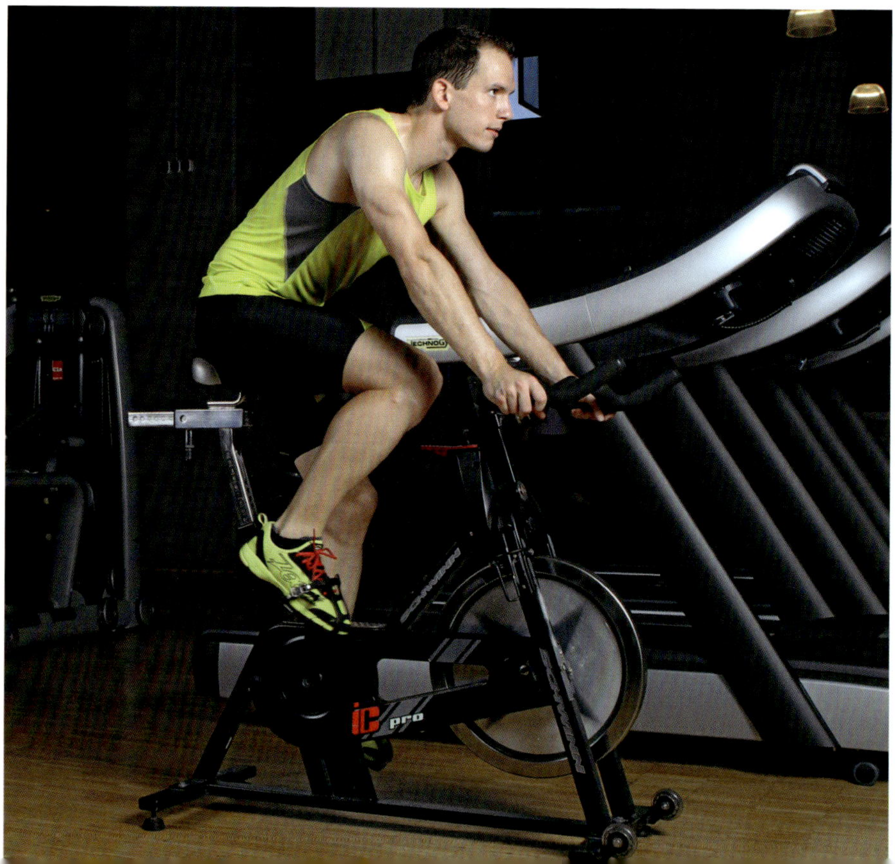

Einheit 19 Keep it rolling

→ Intensität: **65–75 % HFmax**
→ Umfang: **55 min**

5 min locker einlaufen
45 min progressiv laufen: 65–75 %
5–10 min locker auslaufen, zwischendurch 2–3 × 100 m Steigerungssprint, jeweils 30 s Pause

Ein Klassiker unter den Laufeinheiten. Wählen Sie ein lockeres Anfangstempo im aeroben Bereich und erhöhen Sie progressiv, aber konstant die Geschwindigkeit. In der Mitte der Cool-down-Phase führen Sie noch ein paar Steigerungen durch, um die Bewegungsmonotonie zu durchbrechen.

Tipp

Versuchen Sie ab und zu einmal, zu erspüren, mit welchem Pulswert Sie gerade unterwegs sind, und geben Sie zuerst eine Schätzung ab, bevor Sie auf Ihre Uhr schauen. Nach einer Eingewöhnungsphase werden Sie erstaunt sein, wie genau Sie liegen. Gute Läufer können Ihnen nicht nur jederzeit ihren Herzschlag genau mitteilen, sondern auch noch, wie schnell sie gerade laufen – und das alles ohne Messgeräte.

Einheit 20 Der tägliche Lauf

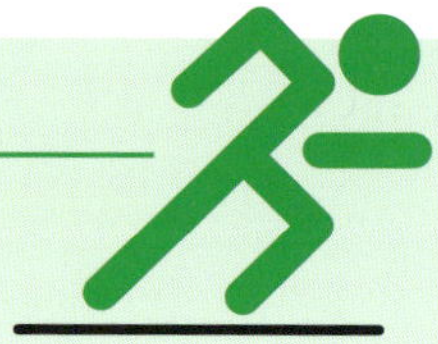

→ Intensität: **65–80 % HFmax**
→ Umfang: **60 min**

Dieses Training stellt eine Steigerung von Einheit 19 dar, welche Sie über zwei bis drei Wochen durchgeführt haben sollten, bevor Sie dieses Training absolvieren.

Ihre Laufzeit unterteilen Sie in vier gleichlange Phasen. Beginnen Sie im aeroben Bereich und steigern Sie alle 15 Minuten die Intensität. Zum Schluss laufen Sie in etwa an Ihrer aeroben Schwelle. Nach einer gewissen Zeit sollten Sie in der Lage sein, fast jeden Tag eine solche Einheit zu absolvieren. Sie werden über die Monate feststellen, dass Ihr Tempo sich deutlich erhöht, und zwar in allen Geschwindigkeitsbereichen.

15 min	65–70 %
15 min	70–75 %
15 min	75–80 %
15 min	80 %

Diese Einheit sollte zu den Standardläufen in Ihrem Trainingsplan gehören. Außerdem stellt diese Einheit das Rückgrat eines jeden Langdistanztrainings dar. Ab der zweiten Hälfte der Laufzeit bewegen Sie sich nämlich schon fast im Langdistanz-Wettkampftempo und erhöhen damit über die Zeit Ihre aerobe Schwelle, das heißt Ihr späteres Wettkampftempo.

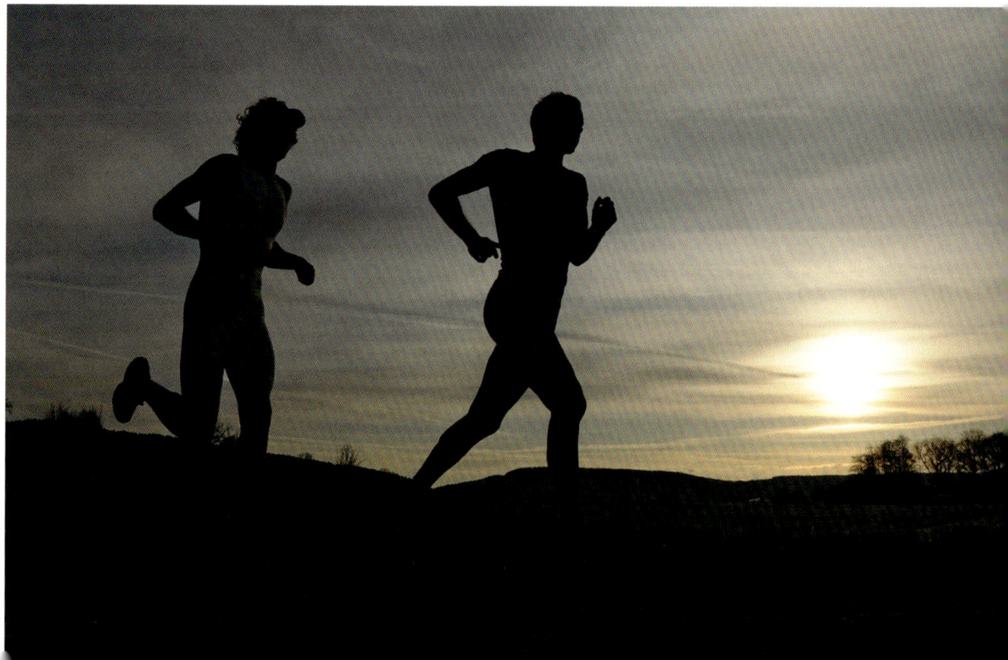

Einheit 21 Leichtes Fahrtspiel

→ Intensität: **60–80 % HFmax**
→ Umfang: **55–60 min**

5 min	locker einlaufen
45 min	Fahrtspiel, 60–80 %
5–10 min	locker auslaufen

Nach der Aufwärmphase beginnen Sie mit dem Hauptteil der Übung: Variieren Sie spielerisch alle paar Minuten die Geschwindigkeit. Laufen Sie in einem moderaten Tempo und bauen Sie Sprints und schnellere Passagen ein. Lassen Sie sich dabei ruhig von der Topografie der Laufstrecke inspirieren. Übertreiben Sie es anfangs nicht mit der Geschwindigkeit, diese Einheit kann sehr fordernd sein. Gehen Sie bei den Spitzen nicht über 80 Prozent Ihrer maximalen Herzfrequenz hinaus.

Diese Einheit stellt eine schöne Alternative zum manchmal recht eintönigen Bahntraining dar und erhöht den Spaßfaktor des Lauftrainings ungemein. Warum laufen Sie nicht auch einmal querfeldein, abseits der Ihnen bekannten Pfade?

Tipp

Wenn Sie den Lauf auf einer hügeligen Strecke absolvieren, steigert dieses Training auch Ihre Kraftausdauer.

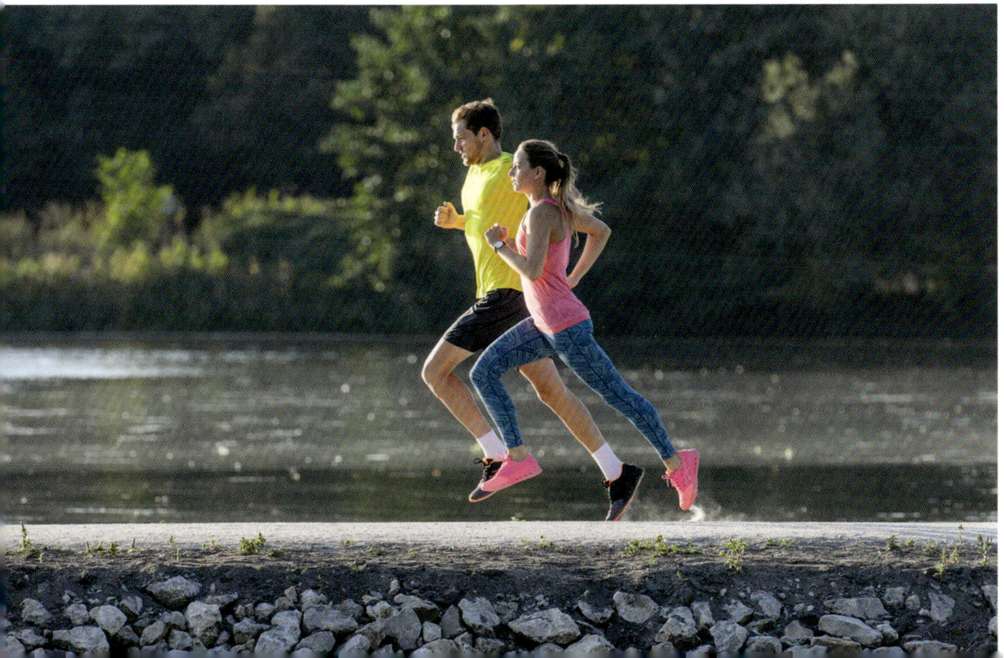

Einheit 22 **Leichte Bergläufe**

→ Intensität: **80–85 % HFmax**
→ Umfang: **45–55 min**

Das Bergauflaufen verbessert nicht nur Ihre Ausdauer, sondern auch Ihre Kraft. Da Bergläufe den Muskelapparat intensiver belasten als Läufe auf flachem Gelände, sollten Sie diese sparsam in den Trainingsplan einbauen. Zwischen zwei Bergläufen sollten mindestens 48 Stunden liegen, während der Sie keine intensive Einheit absolvieren, sondern maximal einen lockeren Lauf. Bergläufe haben mehrere Vorteile: Sie führen zu vorzeitiger Muskelermüdung, deshalb kann diese Einheit auch gelegentlich einen längeren Lauf ersetzen. Außerdem verbessern Bergläufe Ihre Tempofestigkeit in der dritten Disziplin bei langen oder schnellen Triathlonwettkämpfen.

10 min locker einlaufen, am Ende 3–4 Steigerungen absolvieren
3–6 × 3 min bergauf laufen, 80–85 %, die Passagen bergabwärts zum Erholen nutzen
10 min locker auslaufen

Suchen Sie sich einen leicht ansteigenden Berg oder auch mehrere Hügel. Die Steigung sollte aber unter zehn Prozent liegen. Alternativ können Sie auch einen längeren Treppenabsatz nutzen. Während der Cool-down-Phase führen Sie noch ein paar Steigerungen oder kurze Sprints durch, um die Bewegungsmonotonie zu durchbrechen.

Tipp

Wenn Sie wenig Zeit haben, ist Laufen das effektivste Training aller drei Disziplinen.

Einheit 23 Technik und Schnelligkeit

→ Intensität: **60–95 % HFmax**

→ Umfang: **45–55 min**

5 min einlaufen
15 min Lauf-Abc (Einheit 101)
2–3 × 5 min, Pause jeweils 5 min locker laufen: 10 s 95 % + 10 s 60–65 % im Wechsel
10 min locker auslaufen

Laufen Sie die schnellen 10 Sekunden in ungefähr dem Tempo, welches Sie über einen 800-Meter-Bahnlauf anstreben würden, also etwas unterhalb Ihrer maximalen Sprintleistung. Zwischen den 10-sekündigen Schnelligkeitsintervallen sollten Sie 10 Sekunden lang gehen oder traben, um sich aktiv zu erholen. Trotz der Erholungspausen ist diese Einheit fordernd und verbessert außerdem Ihre VO_2max.

Beginnen Sie mit 2 × 5 Minuten und steigern Sie sich nach einigen Wochen auf 3 × 5 Minuten. Sie verbessern so Ihre Grundschnelligkeit und erhöhen Ihre Schrittfrequenz, ohne sich dabei zu überfordern. Aus diesem Grund kann die Einheit bereits in der Grundlagentrainingsperiode sparsam eingebaut werden. Dabei genügt es, wenn Sie dieses Training alle ein bis zwei Wochen absolvieren.

Einheit 24 Notfallprogramm mit Hügelsprints

→ Intensität: **65–75 % (kurzzeitig 100 %) HFmax**
→ Umfang: **40–50 min**

Sollte es einmal einfach nicht laufen und an ein Durchführen der ursprünglich geplanten Einheit ist nicht zu denken, dann empfiehlt der ehemalige deutsche Marathonmeister Phillip Ratz (geb. Büttner; mit einer Zeit von 2:20 Stunden) Folgendes:

20–30 min progressiver Dauerlauf, 65–75 %
5 × 10 s Hügelsprints, 100 %, nutzen Sie jeweils den Rückweg bergab zum Erholen
1 km Dauerlauf zum Erholen, 65–75 %
5 × 10 s Hügelsprints, 100 %, nutzen Sie jeweils den Rückweg bergab zum Erholen
10 min auslaufen

Anstatt der geplanten Einheit führen Sie also einen kurzen, progressiven Dauerlauf durch. Anschließend suchen Sie sich einen kleinen Hügel mit einer Steigung von drei bis sechs Prozent, den Sie 5 × 10 Sekunden lang hinaufsprinten. Nach einem Kilometer Dauerlauf zum Erholen wiederholen Sie die Hügelsprints (5 × 10 Sekunden).

Die intensiven Akzente am Ende der Einheit steigern den Trainingsreiz deutlich: Die abschließenden Hügelsprints erhöhen nicht nur Ihre Laktattoleranz, sie sorgen auch für ein Oberschenkeltraining mit Maximalkontraktion des Muskels. Dies steigert Ihre Grundschnelligkeit, gleichzeitig sind die Sprints aber von so kurzer Dauer, dass Ihr Körper kaum zusätzliches Laktat aufbaut. Vergessen Sie dennoch das lockere Auslaufen nicht!

Tipp

Diese Einheit können Sie natürlich auch durchführen, wenn Sie keinen schlechten Tag haben. Halbieren Sie den Dauerlauf vor den Hügelsprints und erhöhen Sie die Anzahl der Sprints, zum Beispiel: 3–4 × (5 × 10 s Hügelsprints). Die Serienpause belassen Sie bei 1 km locker; vergessen Sie das Auslaufen von mindestens 10 Minuten nicht.

Einheit 25 Kurzfristige Wettkampfvorbereitung I

→ Intensität: **95–100 % HFmax**
→ Umfang: **40–45 min**

Bennie Lindberg, Triathlonprofi in den 1990er-Jahren, empfiehlt: Wenn Sie Sie spontan aus der Winterpause heraus eine gute 10-Kilometer-Zeit hinlegen wollen oder kurzfristig irgendwo einspringen sollen, versuchen Sie die folgende Einheit.

15 min locker einlaufen
3 km Vollgas, 95–100 %
15 min locker auslaufen

Einmal ausgeführt, die Einheit entspricht fast einem klassischen Cooper-Test – optimalerweise sieben bis zehn Tage vor dem 10-Kilometer-Wettkampf –, macht Sie diese Einheit zwei bis drei Minuten schneller im Rennen als ganz ohne spezifisches Tempotraining während der Vorbereitung.

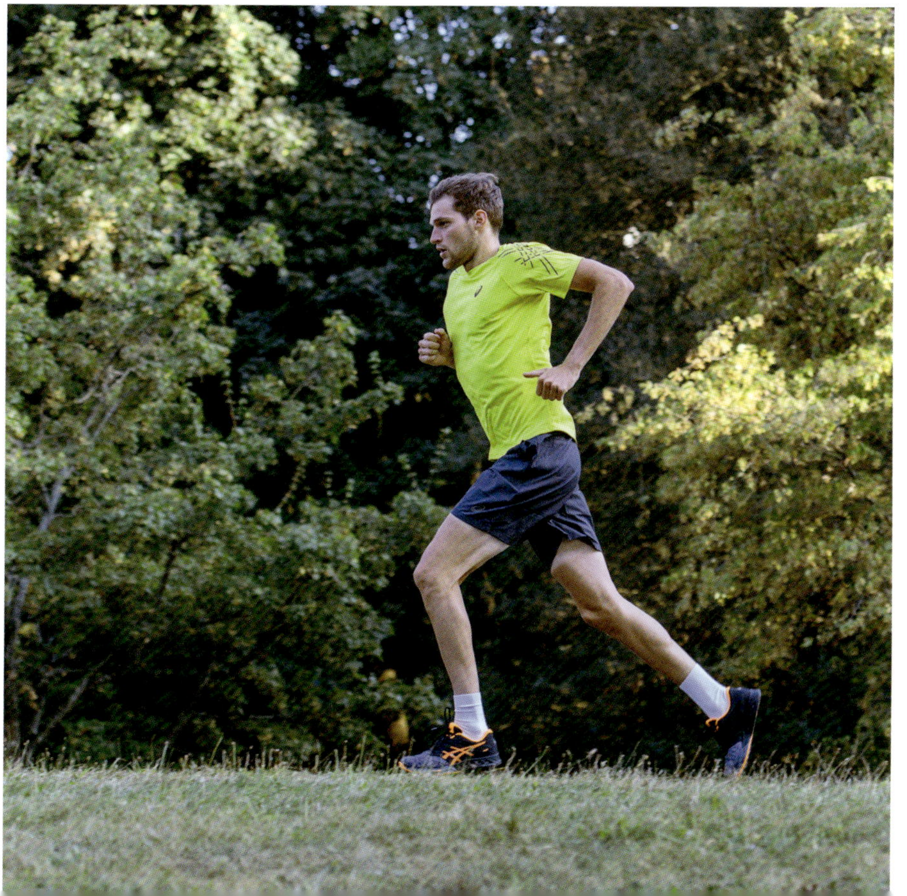

3

Grundlagentraining

Einheit 26 Kurzfristige Wettkampfvorbereitung II

→ Intensität: **85–90 % HFmax**
→ Umfang: **45–60 min**

Eine ähnliche Zielstellung wie Einheit 25 verfolgt auch dieses Training, empfohlen vom ehemaligen Läufer Sebastian Reinwand (Bestzeit 10.000 m 29:55 Minuten). Verbessern Sie damit Ihre 5- oder 10-Kilometer-Bestzeit.

15 min locker einlaufen
15 × 400 m 85–90 % (10-Kilometer-Wettkampf-Tempo oder knapp oberhalb der anaeroben Schwelle), jeweils Trabpause 100 m oder Pause 30 s, Serienpause nach 5 Wiederholungen: 200 m ganz langsam laufen
10–15 min auslaufen

Tipp

Diese Einheit können Sie auch zur Vorbereitung auf einen 10-Kilometer-Lauf einbauen, beispielsweise im Herbst in der Übergangstrainingsphase. Sorgfältig dosierte Belastungsspitzen in Form eines solchen Trainings oder eines Laufwettkampfs gefährden Ihre Grundlagenphase nicht, wenn der mit Abstand größte Teil Ihres Trainings unterhalb der aeroben Schwelle stattfindet. Anhand von solchen Einheiten oder Wettkämpfen können Sie Ihre aktuelle Form gut überprüfen.
Außerdem brechen Sie damit aus dem täglichen Trainingstrott aus und erhöhen den Spaßfaktor.

Einheit 27 Koppelläufe

→ Intensität: **70–90 % HFmax**
→ Umfang: **15–30 min**

Ein entscheidender Aspekt bei fast allen Triathlonwettkämpfen ist Ihre Laufleistung – und zwar, nachdem Ihre Beine auf dem Rad bereits ordentlich Gas gegeben haben. Im Idealfall können Sie unmittelbar nach dem Wechsel Ihr volles Laufvermögen abrufen, ohne sich erst zwei bis drei Kilometer einlaufen zu müssen. Dann ist so mancher Wettkampf nämlich fast schon wieder vorbei.

Machen Sie es sich zur Gewohnheit, an Ihre Radeinheiten einen kleinen Koppellauf anzuhängen. Das können Sie getrost auch schon in der Grundlagenphase tun – wenn Sie Koppelläufe erst in der unmittelbaren Wettkampfvorbereitung trainieren, kann dies mitunter zu spät sein!

Direkt nach dem Radfahren in die Laufschuhe
4 min 80–90 %, etwas schneller als Wettkampftempo – Tempo kann je nach geplanter Distanz variieren.
11–26 min locker, 70–80 %

Wenn Sie die ersten Minuten des Koppellaufs in hohem Tempo absolvieren, gewöhnt Ihr Körper sich sogar noch besser an den Koppelreiz. So verringern Sie die Zeit, die Sie nach dem Abstellen des Rads benötigen, um Ihr volles Laufvermögen zu erreichen, von Minuten auf wenige Sekunden. Auch bei dieser Einheit gilt: Kurze Belastungsspitzen gefährden Ihr komplettes Grundlagentraining nicht.

Tipp

Prinzipiell gilt: Je länger Ihre Radausfahrt ist, desto kürzer können Sie den Koppellauf halten. Um Ihren Körper an den Koppelreiz und das Laufen unter Vorbelastung zu gewöhnen, reichen 20 bis 30 Minuten vollkommen aus.

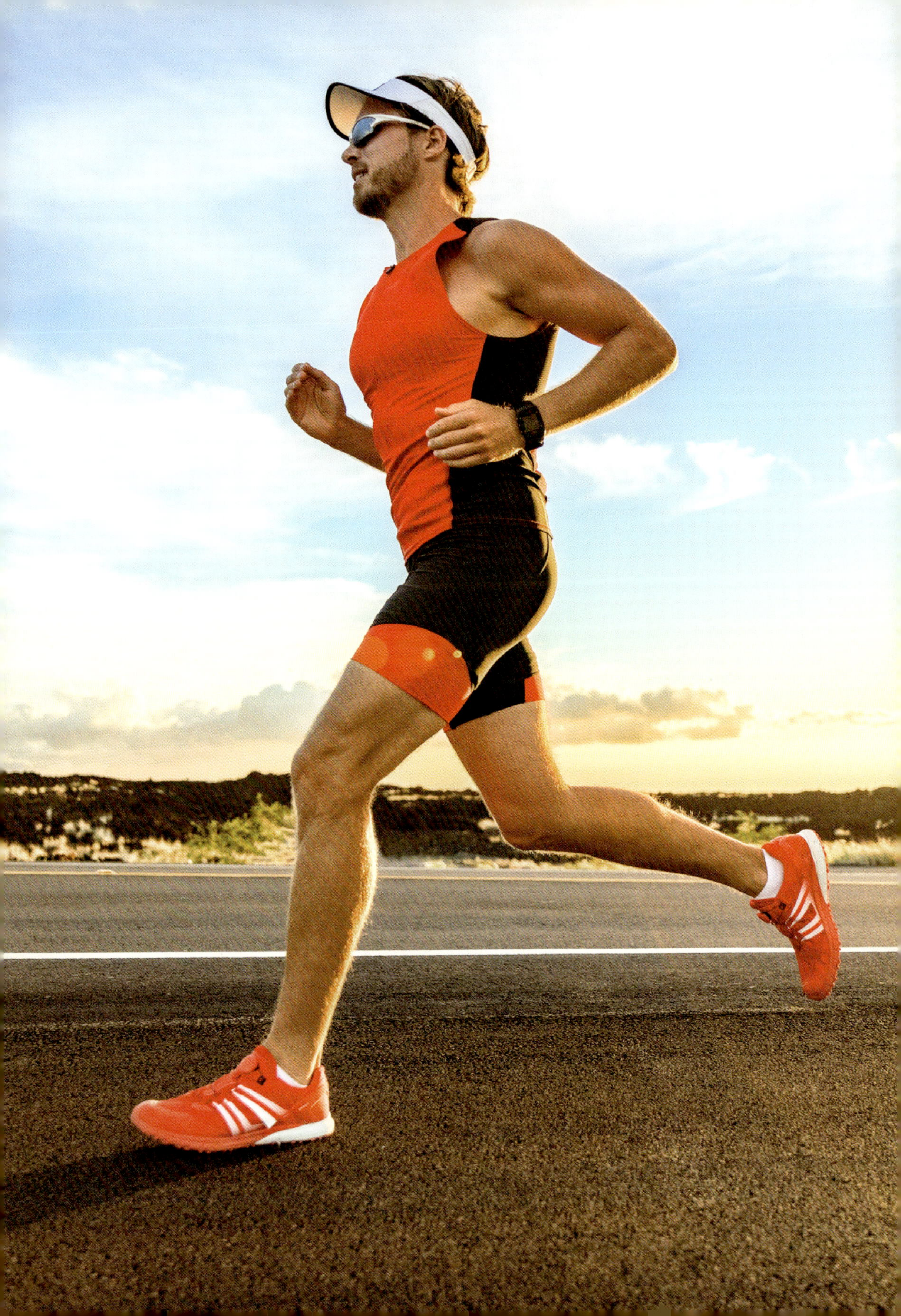

Kraftausdauer-training

Neben der reinen Ausdauer ist im Triathlon auch die Kraftausdauer entscheidend. Denn in den meisten Fällen ist es nicht die fehlende Ausdauer, die einen Triathleten gegen Ende des abschließenden Laufs langsamer werden lässt, sondern es ist die Kraft, die nachlässt. Auch für schnelles Radfahren in niedrigen bis mittleren Gängen über alle Wettkampfdistanzen hinweg benötigen Sie ein hohes Maß an Kraftausdauer. Im Schwimmen leidet die Technik bei vorzeitiger Ermüdung und Sie werden langsamer.

Kraftausdauertraining wird im Gegensatz zum reinen Krafttraining triathlonspezifisch durchgeführt, also im Wasser, auf dem Rad oder beim Laufen. Es begleitet oft das Grundlagentraining und wird klassischerweise von Februar bis Ende April durchgeführt. Achten Sie darauf, dass Sie dabei nicht in die höheren Trainingsbereiche kommen, sondern halten Sie Ihren Puls bei den Kraftintervallen bewusst im moderaten Bereich. Nach dieser Trainingsphase, in der Regel ab Mai, können Sie den Umfang des Kraftausdauertrainings reduzieren, sollten es allerdings nicht ganz einstellen. Der Unterschied liegt dann in der Intensität: Während Sie sich zunächst zurückhalten, so orientiert sich die Belastung späterer Kraftausdauereinheiten an der geplanten Wettkampfintensität oder leicht darüber.

Schwimmen

Schwimmer mit einer guten Kraftausdauer können eine hohe Geschwindigkeit über eine lange Strecke aufrechterhalten. Von einer langen Wettkampfdistanz spricht man im Schwimmen, wenn die Streckenlänge 800 Meter überschreitet. Im Triathlon liegen die Streckenlängen selbst bei den kürzeren Sprintdistanzen bereits in diesem Bereich. Neben einer sauberen Schwimmtechnik ist die Kraftausdauer daher auch im Triathlon eine entscheidende Voraussetzung für eine schnelle Zeit.

Um die Kraftausdauer beim Schwimmen zu erhöhen, gibt es verschiedene Wege. Das Lagenschwimmen stellt einen sehr guten und universalen Kraftreiz dar. Eine weitere effektive Methode ist die Erhöhung des Widerstands. Wie dies funktioniert, erfahren Sie in diesem Kapitel.

Radfahren

Wenn Sie ein guter Zeitfahrer werden wollen, kommen Sie um das Training der radspezifischen Kraftausdauer nicht herum. Schließlich benötigen Sie vor allem Kraftausdauer, um mitunter stundenlang niedrige bis mittlere Gänge fahren zu können. Zu diesem Zweck führen Sie idealerweise spezielles Krafttraining auf dem Rad und auch klassisches Krafttraining durch. Ein weiterer entscheidender Faktor für eine schnelle Radzeit ist die Tempohärte, die vor allem durch wettkampfsimulierende Trainingseinheiten in der Wettkampfvorbereitungs- und Wettkampfperiode verbessert wird. Die mit dem Radsymbol gekennzeichneten Einheiten in diesem Kapitel helfen Ihnen dabei, Ihre Kraftausdauer am Rad zu erhöhen.

Hier noch ein kleiner Trick aus dem Profi-Radsport: Sie können die Anzahl der an der Pedalleistung beteiligten Muskelfasern erhöhen, indem Sie vor Kraft- oder Sprinteinheiten mehrere Sätze Kniebeugen absolvieren – am besten unmittelbar oder bis maximal 20 Minuten vor dem Radtraining. Führen Sie 3 × 30 Kniebeugen durch, gegebenenfalls auch mit Zusatzgewichten in der Hand (dafür eignen sich auch alltägliche Gegenstände wie Milchtüten). Alternativ absolvieren Sie die gleiche Anzahl an Strecksprüngen.

Laufen

Bergläufe oder Hügelsprints sind sehr effektive Einheiten, die Ihr Trainingsplan das ganze Jahr über beinhalten sollte – unbedingt aber natürlich in der kraftorientierten Trainingsperiode. Die mit dem Laufsymbol gekennzeichneten Einheiten in diesem Kapitel zielen vor allem auf die Verbesserung Ihrer laufspezifischen Kraftausdauer ab.

Speziell bei der letzten Disziplin im Triathlon ist eine gut ausgeprägte Kraftausdauer vonnöten: Fehlende Kraftausdauer bewirkt eine Verkürzung des Laufschritts und einen Verlust der Stabilität – achten Sie bei einem Wettkampf einmal darauf, wie viele Athleten auf den letzten Laufkilometern richtiggehend in sich zusammensacken. Neben schlechtem Pacing und falscher Wettkampfernährung ist eine unzureichende Kraftausdauer ein Grund, warum Athleten auf der Langdistanz bei der zweiten Hälfte des Laufs langsamer werden. Auch für Kurzdistanzler ist eine gute Kraftausdauer beim abschließenden Lauf von großer Bedeutung. Nicht nur bei hügeligen Strecken haben kraftausdauernde Athleten Vorteile gegenüber der Konkurrenz.

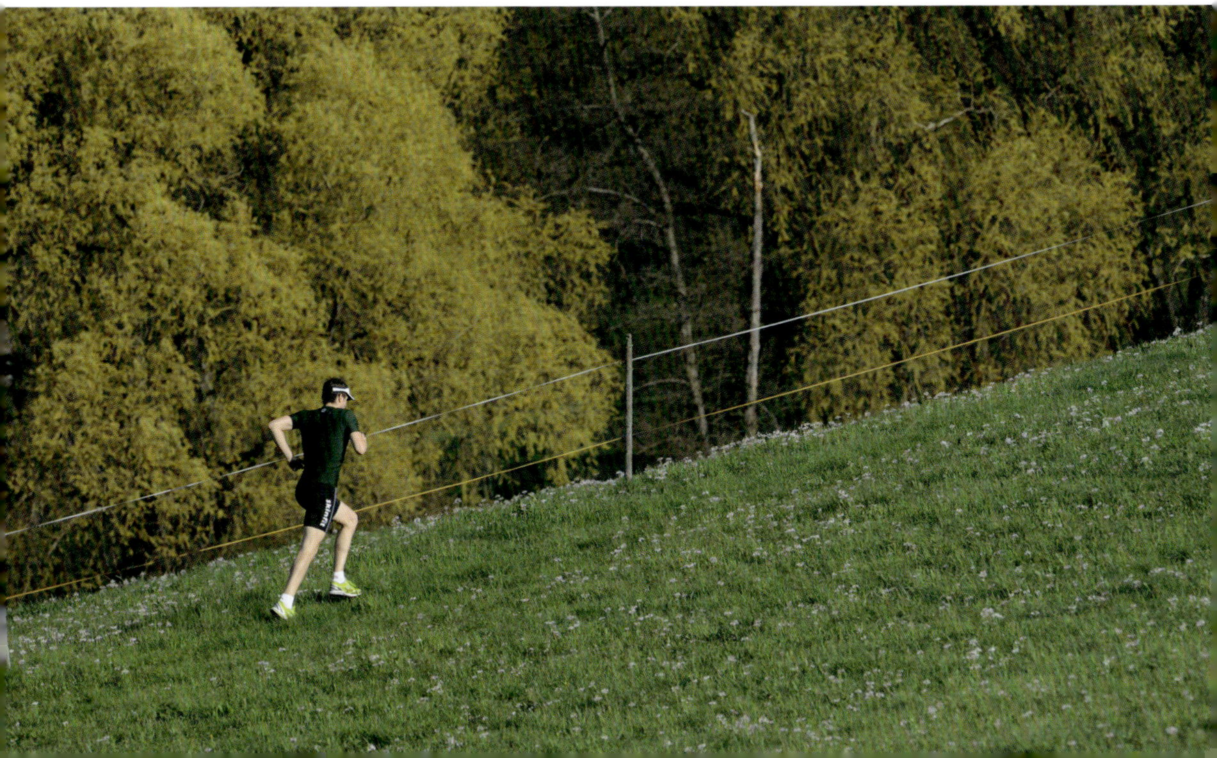

Einheit 28 Lagenvariation

→ Intensität: **75–85 % HFmax**
→ Umfang: **1.650–2.400 m**

200 m beliebig einschwimmen
8 × 25 m Technikblock (Einheit 99), Pause jeweils 10–20 s
100 m Lagenspiel (Lagen nach Belieben wechseln, lockeres Tempo)
5–10 × 150 m Lagen, 75–85 %: 50 m Rücken + 50 m Brust + 50 m Kraul, Pause 30 s
4 × 50 m Steigerung (Kraulstil), Pause jeweils 30 s
200 m locker und beliebig ausschwimmen

Lagenschwimmen stellt ein exzellentes schwimmspezifisches Krafttraining dar. Zusätzlich verbessert es Ihr Wassergefühl.

Nach dem Einschwimmen absolvieren Sie zunächst einen Technikblock. Beginnen Sie die Lagenintervalle im Rückenstil. Schwimmen Sie die erste Hälfte der Wiederholungen bei 75 bis 80 Prozent Ihrer maximalen Herzfrequenz, also in einem moderaten Tempo. Bei den restlichen Wiederholungen legen Sie an Tempo zu und schwimmen bei 80 bis 85 Prozent Ihrer maximalen Herzfrequenz. Gerade weil Kraul die am häufigsten absolvierte Lage im Triathlontraining ist, erhöht ein gelegentlicher Lagenwechsel den Spaßfaktor ungemein.

Tipp

Die wenigsten Triathleten beherrschen den Delfinstil, deswegen wird er in dieser Einheit übersprungen. Das Erlernen der korrekten Technik lohnt sich aber, denn das Schwimmen im Delfinstil ist ein ideales Krafttraining! Sollten Sie diesen Stil beherrschen, absolvieren Sie 200 Meter Lagen und schwimmen Sie die ersten 50 Meter Delfin.

Einheit 29 Schwimmen mit Pullbuoy

→ Intensität: **80–85 % HFmax**
→ Umfang: **2.200–2.600 m**

Je höher Sie im Wasser liegen, desto schneller sind Sie. Die Pullbuoy hebt Ihre Körpermitte und vor allem Ihre Beine an, und Sie können erspüren, wie sich eine gute Wasserposition anfühlt. Außerdem können Sie sich besonders auf Ihre Armarbeit konzentrieren. Achten Sie auf eine angespannte Rumpfmuskulatur, um störende Schlingerbewegungen Ihrer Beine zu vermeiden. Da Ihre Beine von der Vortriebsarbeit befreit sind, kommt der Vortrieb allein aus der Armzugbewegung – ein sehr schönes schwimmspezifisches Krafttraining!

200 m beliebig einschwimmen
12 × 25 m Technikblock (Einheit 99), Pause jeweils 10–20 s
3–4 × 400 m 80–85 %, Pause jeweils 30–40 s: ❶ 400 m Kraul mit Pullbuoy ❷ 100 m Kraul-Beine mit Schwimmbrett + 300 m Kraul mit Pullbuoy ❸ 100 m Kraul-Beine mit Schwimmbrett + 300 m Kraul mit Pullbuoy ❹ 400 m Kraul mit Pullbuoy
100 m locker Brust- oder Rückenschwimmen
4 × 50 m Steigerung (Kraul ohne Pullbuoy), Pause jeweils 30 s
200 m locker und beliebig ausschwimmen

Nach dem ersten 400-Meter-Intervall geben Sie Ihrer Oberkörpermuskulatur eine kleine Erholungspause und beginnen das nächste Intervall mit 100 Metern Beinarbeit am Schwimmbrett. Achten Sie auf einen angespannten Rumpf und auf die HFmax-Vorgabe – „Kraul-Beine" bedeutet nicht automatisch Vollgas. Sollte das „Kraul-Beine" schwimmen trotzdem über die Maßen anstrengend sein, dann nehmen Sie Kurzflossen zur Hilfe. Dadurch werden auch gleichzeitig Ihre Fußgelenke gedehnt. Zu starre Fußgelenke erzeugen nämlich eine enorme Bremswirkung unter Wasser. Versuchen Sie, die mit Pullbuoy erfahrene Wasserlage sofort auf Ihren normalen Kraulstil zu übertragen. Konzentrieren Sie sich während der Phasen mit Pullbuoy auf Ihren Armzug und führen Sie ihn sauber und kraftvoll durch.

Tipp

Hilfsmittel können wertvolle Hilfestellung beim Erlernen einer sauberen Schwimmtechnik geben, dennoch sollten Sie deren Einsatz begrenzen. Im Wettkampf müssen Sie schließlich ohne Unterstützung schwimmen! Gerade Anfänger sollten nicht dazu übergehen, nur noch mit Pullbuoy zu schwimmen.

Einheit 30 Training mit Paddles

→ Intensität: **75–85 % HFmax**
→ Umfang: **1.900–2.900 m**

300 m beliebig einschwimmen

8 × 25 m Technikblock (Einheit 99), Pause jeweils 10–20 s

5–10 × 200 m 75–85 %, Pause jeweils 30–40 s:
1. 200 m mit Paddles (Fingerpaddles, wenn vorhanden!)
2. 200 m mit Paddles (normale Paddles)
3. 200 m <70 %, Kraul-Beine mit Schwimmbrett
4. 200 m mit Paddles (Fingerpaddles, wenn vorhanden!)
5. 200 m mit Paddles (normale Paddles)

usw.

4 × 50 m Frequenzsteigerungen, Pause jeweils 20–30 s

200 m locker ausschwimmen (Kraul, ohne Hilfsmittel)

Nach dem Einschwimmen absolvieren Sie zunächst einen Technikblock. Für die 200-Meter-Intervalle benötigen Sie Paddles – im Idealfall haben Sie kleine Fingerpaddles und normale. Die normalen Paddles sollten nicht zu groß sein (sie sollten lediglich ein bis zwei Zentimeter über die Handfläche hinausragen). Andernfalls ermüden Arme und Schultern sehr schnell und an technisch sauberes Schwimmen ist nicht mehr zu denken. Erspüren Sie hier den Unterschied beim Wasserdruck und verbessern Sie Ihr Wassergefühl. Zwischendurch absolvieren Sie 200 lockere Meter (Kraul-Beine), um sich aktiv zu erholen. Absolvieren Sie diese Einheit nur, wenn Sie bereits einen sauberen Schwimmstil erlernt haben.

Durch Schwimmen mit Paddles schleicht sich schnell eine Bewegungsmonotonie ein und die Zugfrequenz sinkt. Wirken Sie dem entgegen und absolvieren Sie am Ende noch ein paar Frequenzsteigerungen, indem Sie Armzug und Beinschlag progressiv bis zum Maximum erhöhen.

Tipp

Befestigen Sie die Paddles nur am Mittelfinger und lassen das Handgelenk frei. Dies ist technisch anspruchsvoll, denn die Hand muss korrekt ins Wasser geführt werden; Fehler lösen das Paddle sofort.

Einheit 31 T-Shirt-Schwimmen

→ Intensität: **75–85 % HFmax**
→ Umfang: **1.250–1.950 m**

200 m einschwimmen, alle 50 m Lagenwechsel
200 m spielerischer Tempowechsel (langsam, mittel, flott, schnell usw.)
2–5 × 200 m 75–85 % mit T-Shirt, Pause jeweils ca. 30 s
150 m locker, gern auch andere Lagen (ohne T-Shirt!)
4 × 25 m Sprint (ohne T-Shirt!), Pause jeweils 20–30 s
200–300 m locker ausschwimmen

Nach dem Einschwimmen und 200 Metern Tempowechsel ziehen Sie sich ein altes Finisher-Shirt an, davon dürften Sie genug besitzen, und springen wieder ins Becken. Ab jetzt schwimmen Sie Kraftausdauer-Intervalle der härteren Sorte. Beginnen Sie deshalb mit wenigen Wiederholungen und steigern Sie sich langsam über einen Zeitraum von mehreren Monaten. Übertreiben Sie es anfangs nicht – ein solches Training beansprucht die Schultermuskulatur außerordentlich stark! Wichtig: Bei den Intervallen kommt es nicht auf die Geschwindigkeit an, sondern darauf, dass Sie kraftvoll bis ganz nach hinten durchdrücken und eine saubere Technik beibehalten. Sobald Sie ermüden und dem Wasserwiderstand ausweichen, verlängern Sie die Pause zwischen den Intervallen. Zum Schluss bauen Sie wieder ein paar Sprints ein, um aus dem Tempotrott auszubrechen.

Tipp

Vergessen Sie sich nicht, nach jedem Schwimmen zu dehnen – allerdings frühestens eine halbe Stunde nach Ende der Einheit. Achten Sie auch darauf, Brust- und Schultermuskulatur ausreichend zu dehnen, um einer „Schwimmerschulter" vorzubeugen.

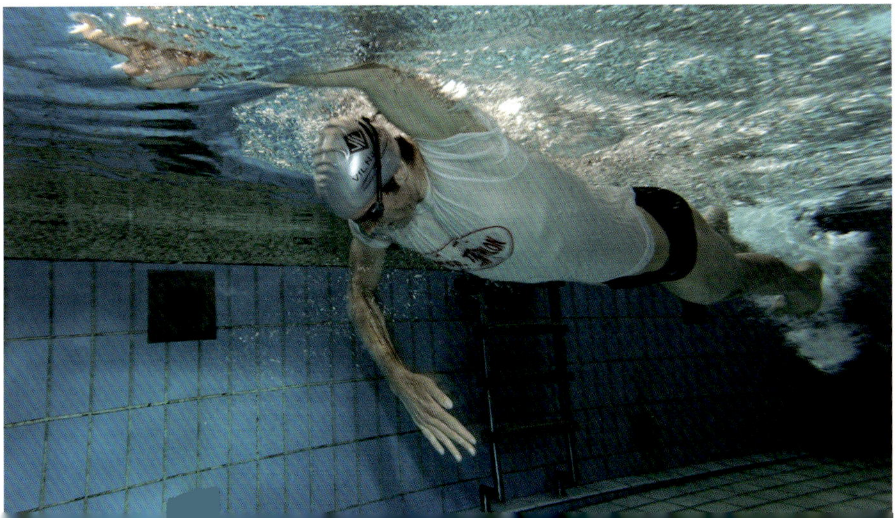

Einheit 32 Paddles und Pullbuoy

→ Intensität: **80–85 % HFmax**
→ Umfang: **1.900–2.300 m**

Paddles sollten Sie nicht zu häufig verwenden. Das Training mit diesem Hilfsmittel stellt einen sehr guten Kraftreiz dar und verbessert die Kraft und Kraftausdauer ungemein. Allerdings gelingt es nur den wenigsten Triathleten, mit Paddles über eine längere Strecke technisch sauber zu schwimmen. Vor allem ungeübte Schwimmer sollten Paddles deshalb nur bei kürzeren Intervallen einsetzen.

200 m beliebig einschwimmen
8 × 25 m Technikblock (Einheit 99), Pause jeweils 10–20 s
Ungeübte Schwimmer: **12 × 100 m** 80–85 % mit Pullbouy und Paddles, jede 4. Wiederholung locker Kraul-Beine mit Schwimmbrett zur Erholung, Pause jeweils 20–30 s *Erfahrene Schwimmer:* **6–8 × 200 m** 80–85 % mit Pullbuoy und Paddles, jede 4. Wiederholung locker Kraul-Beine mit Schwimmbrett zur Erholung, Pause jeweils 30 s
200 m locker und beliebig zum Erholen
8 × 25 m Frequenzsteigerungen, Pause jeweils 20–30 s
200 m locker und beliebig ausschwimmen

Nach dem Einschwimmen absolvieren Sie zunächst einen Technikblock. Spannen Sie beim Schwimmen mit Paddles bewusst Ihre Rumpfmuskulatur an und vermeiden Sie Schlingerbewegungen Ihrer Beine – diese bremsen Sie im Wasser.

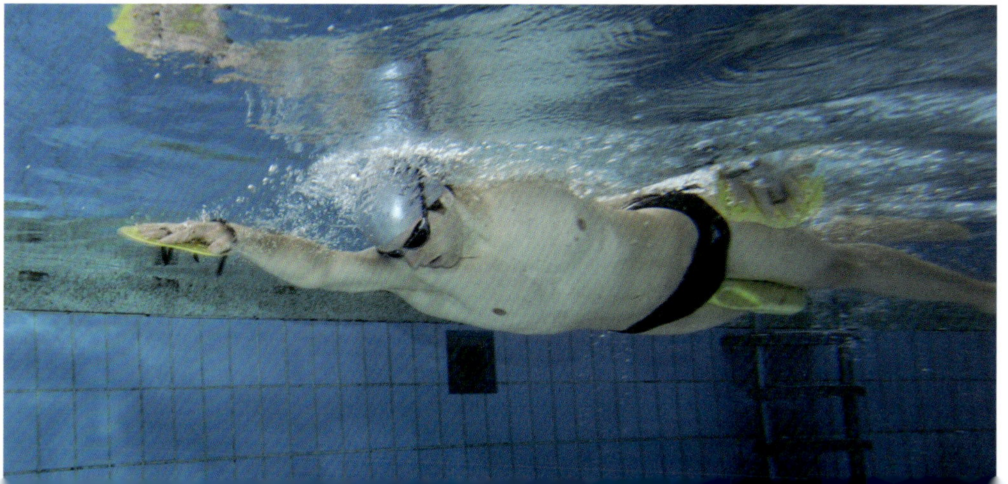

Einheit 33 Schwimmbanktraining

→ Intensität: **75–85 % HFmax**
→ Umfang: **15–30 min**

Wenn Sie weder einen See noch ein Hallenbad vor der Haustür haben, kann Schwimmtraining zeit- und kostenintensiv werden. Doch so manches Training können Sie durch Trockentraining ersetzen. Für das eigene Heimtraining können Sie neben Zugseilen (Einheit 98) auch eine Schwimmbank nutzen.

Stellen Sie das Gerät anfangs auf eine sehr niedrige Neigung. Führen Sie beidarmige Züge von vorn nach hinten bis auf Höhe der Oberschenkel durch. Achten Sie unbedingt auf Ihre Armhaltung und den richtigen Anstellwinkel (90 Grad) im ersten Teil des Bewegungsablaufs – sonst üben Sie nur falsche Technik! Führen Sie zunächst die Technikübungen in Kapitel 9 durch, wenn Sie sich unsicher sind.

Beginnen Sie in einem moderaten Tempo. Sobald Sie die Arme angestellt haben (Schultern bleiben oben, siehe mittleres Bild unten), erhöhen Sie die Geschwindigkeit und führen den Rest der Bewegung kraftvoll und zügig bis zum Ende aus. Sie werden erstaunt sein, wie anstrengend diese Einheit sein kann. Absolvieren Sie anfangs **3 × 30 Doppelzüge** oder genau so viele Züge, wie sie eine saubere Bewegungsausführung aufrechterhalten können. Nach jedem Satz (nach 30 Zügen) pausieren Sie für circa 60 Sekunden. Erhöhen Sie von Mal zu Mal die Anzahl der Wiederholungen. Bereits nach wenigen Trainingseinheiten werden Sie bemerken, dass Ihre Züge im Wasser deutlich kraftvoller werden und Ihr Tempo sich erhöht. Sie können die Schwimmbank bis zu dreimal in der Woche für 15 bis 30 Minuten nutzen. Fortgeschrittene können Stück für Stück den Neigungswinkel erhöhen.

Das Training auf der Schwimmbank kräftigt nicht nur Ihre spezifische Schwimmmuskulatur, sondern schult auch gleichzeitig Ihre Technik, da Sie die Bewegungsausführung deutlich besser im Blick haben als im Wasser.

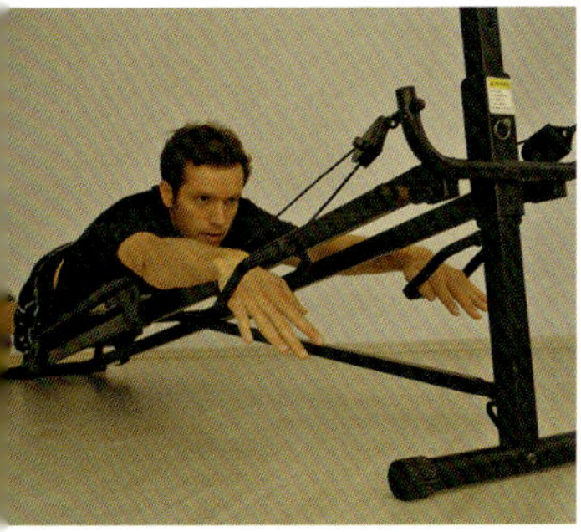

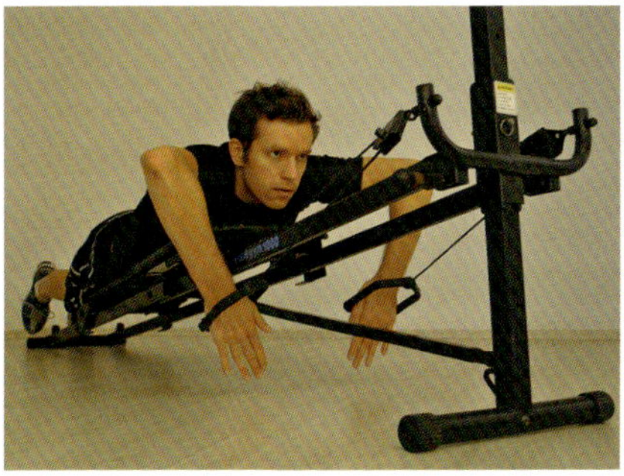

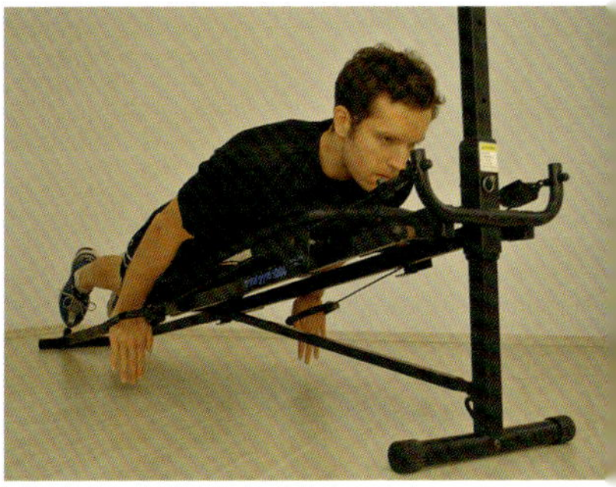

Einheit 34 Kraftausdauer am Berg

→ Intensität: **80–85 % HFmax bzw. 85–90 % FTP-Schwelle**
→ Umfang: **55–90 min**

Diese Einheit stellt eine Steigerung der im Grundlagentraining vorgestellten leichten Kraftausdauereinheit (Einheit 16) dar. Absolvieren Sie deswegen zumindest ein paar Mal die Einheit aus dem Grundlagenbereich, bevor Sie auf dieses fortgeschrittene Training wechseln.

Führen Sie die Intervalle auf einer Steigung von drei bis fünf Prozent durch. Optimal wäre eine stetig ansteigende Strecke ohne vereinzelte Spitzen.

10 min locker einrollen mit hoher Trittfrequenz, > 110 U/min
5–10 × 5 min, Trittfrequenz 60–70 U/min, 80–85 %, Pause jeweils 2–3 min
10–15 min ausfahren mit hoher Trittfrequenz, > 110 U/min

Nach dem Aufwärmen mit hoher Trittfrequenz schalten Sie in einen für Ihre Strecke ungeeignet scheinenden niedrigen Gang und treten betont kraftvoll, aber gleichzeitig ruhig in die Pedale. Wählen Sie eine Trittfrequenz von 60 bis 70 Umdrehungen pro Minute. Versuchen Sie, nicht nur bewusst zu drücken, sondern auch bewusst den Fuß vom untersten Punkt nach oben zu ziehen, um einen runden Tritt zu erreichen. Treten Sie kontrolliert und gleichmäßig. Zwischen den einzelnen Intervallen wechseln Sie jeweils für zwei bis drei Minuten lang in einen leichten Gang zum Erholen, oder Sie rollen die Strecke wieder bergab und beginnen das nächste Kraftintervall am Anfang der Steigung.

Tipp

Beachten Sie, dass Kraftausdauereinheiten auf dem Rad eine außergewöhnliche Belastung für Ihre Knie darstellen. Eine Einheit pro Woche ist daher völlig ausreichend! Tasten Sie sich langsam an die Belastung heran.

Einheit 35 Dicker Gang

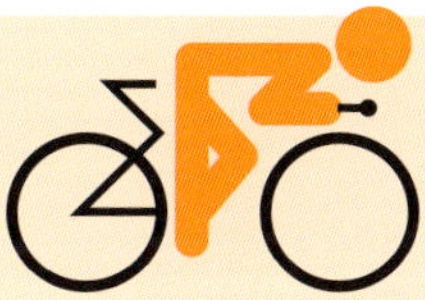

→ Intensität: **80 % HFmax**
→ Umfang: **50–70 min**

Diese Einheit sollte auf einer flachen bis leicht welligen Strecke durchgeführt werden. Wenn es in Ihrer Umgebung keine Berge gibt, dann haben Sie höchstwahrscheinlich Wind. Nutzen Sie in dem Fall Gegenwindpassagen für diese Einheit. Eine andere exzellente Möglichkeit, den Widerstand zu erhöhen: Ziehen Sie eine alte, luftige Jacke an, die Sie offen im Fahrtwind flattern lassen. Old school!

15 min locker einrollen, zum Schluss 2–3 × 20-sekündige Steigerung, Pause jeweils 30 s
20–40 min Kraftausdauer in einem schweren Gang, 80 % bzw. ca. 85 % FTP-Schwelle
15 min locker auskurbeln mit hoher Trittfrequenz, > 105 U/min

Wärmen Sie sich auf und bringen Sie Ihren Körper mit ein paar Steigerungen auf eine hohe Betriebstemperatur. Schalten Sie nun in einen relativ schweren Gang, übertreiben Sie es aber nicht. Es reicht in der Regel vollkommen aus, ein bis zwei Gänge hinaufzuschalten. Fahren Sie kraftbetont, aber ruhig. Bleiben Sie möglichst im Sattel sitzen und achten Sie darauf, den Oberkörper nicht zu sehr hin- und herzubewegen. Absolvieren Sie diese Einheit konstant an der aeroben Schwelle bei 80 Prozent Ihrer maximalen Herzfrequenz, gehen Sie aber auch nicht höher.

Tipp

Regelmäßig durchgeführt erhöht diese Einheit den Umfang Ihrer Oberschenkel. Wundern Sie sich also nicht, wenn Ihre Hosen zu eng werden – es liegt nicht am Essen!

Einheit 36 Dicker Gang de luxe

→ Intensität: **70–95 % HFmax**
→ Umfang: **55–60 min**

Führen Sie diese Einheit auf einer relativ ebenen Strecke durch – und auch erst dann, wenn Sie die beiden vorigen Einheiten erfolgreich absolviert haben. Dieses Training sollte gegen Ende der Kraftausdauerperiode eingesetzt werden, da es ungleich intensiver ist als die vorhergehenden Alternativen.

10–15 min locker einrollen, am Schluss 3–4 × 20-sekündige Temposteigerung
3 × 9 min im Wechsel: 60 s 90–95 % bzw. 115–130 % FTP-Schwelle, relativ hohe Trittfrequenz, > 95 U/min + 2 min 70–80 % bzw. 75–85 % FTP-Schwelle, Trittfrequenz 60–70 U/min, Serienpause nach 9 min jeweils 5 min (locker treten, Trittfrequenz 100–110 U/min)
15 min locker auskurbeln

Integrieren Sie in die Aufwärmphase ein paar kurze Steigerungen, um den Körper auf eine hohe Betriebstemperatur zu bringen.

Dann absolvieren Sie drei 9-Minuten-Intervalle: Sie verbringen 60 Sekunden im sehr intensiven Bereich bei 90 bis 95 Prozent Ihrer maximalen Herzfrequenz, anschließend schalten Sie sofort in einen schweren Gang und treten 2 Minuten lang mit einer niedrigen Frequenz von 50–70 Umdrehungen pro Minute. Danach fahren Sie wieder 60 Sekunden lang mit 90 bis 95 Prozent Ihrer maximalen Leistungsfähigkeit, gefolgt von den nächsten 2 Minuten Kraftausdauer mit niedriger Trittfrequenz – und so weiter. Ihren Puls sollten Sie innerhalb der 2 Minuten wieder in den Bereich 70 bis 80 Prozent bringen. Nach jedem 9-minütigem Intervall pausieren Sie für 5 Minuten und treten dabei locker mit hoher Frequenz.

Während Ihr Herz-Kreislauf-System sich innerhalb der 2 Minuten von der anaeroben Belastung erholen kann, können es Ihre Muskeln bei der niedrigen Trittfrequenz und dem schweren Gang nicht. Die Intensität in den intensiven 60 Sekunden sollte in etwa der Ihres Zeitfahrtests entsprechen.

Tipp

Diese Einheit kommt aus dem Profi-Radsport und wird dort schon seit Jahren erfolgreich zur Entwicklung der Kraftausdauer eingesetzt.

Einheit 37 Hartes Rollentraining

→ Intensität: **80–85 % HFmax bzw. 85–90 % FTP-Schwelle**
→ Umfang: **60 min**

Auf der Rolle trainieren Sie nicht nur wetterunabhängig, in der Regel ist das Fahren darauf sogar intensiver als in der freien Wildbahn, da keine natürlichen Pausen durch Abfahrten und Rollpassagen vorkommen. Triathlon-Pionier Joachim Weinbrenner aus Roth (3. Platz beim Ironman Canada 1998) führt dieses Programm bereits ab November durch und beendet es im April.

10 min locker auf der Rolle einfahren
Technikblock: **10 × 30 s** einbeinig treten (5 × nur links + 5 × nur rechts; Einheit 100), Pause jeweils 30–60 s beidbeiniges Treten
5–6 × 20 s Steigerungssprint, Pause jeweils 30–40 s
3 × 5 min mit niedriger Trittfrequenz, 50–70 U/min, Pause jeweils ca. 3,5 min (ungefähr zwei Drittel der Belastungszeit!)
10 min ausfahren mit hoher Trittfrequenz, > 105 U/min

Wenn Sie eine gute Grundlage aufgebaut haben und über Erfahrung im Ausdauersport verfügen, können Sie die Kraftintervalle von Monat zu Monat steigern: 3 × 5 min, 3 × 6 min, 4 × 5 min – usw. Zum Schluss müssen Sie das Gefühl haben, dass Sie die Kurbel kein einziges Mal mehr herumbekommen. Ziel sollte es sein, dass Sie im April bis zu einer Stunde im Kraftausdauerbereich fahren. Anschließend sind Sie bereit für einen neuen Radrekordsplit!

Beachten Sie, dass ein solches Training Ihre Kniegelenke sehr stark beansprucht! Tasten Sie sich daher vorsichtig heran und beginnen Sie mit wenigen Wiederholungen.

Tipp

Beenden Sie solche Einheiten beim Ausfahren immer mit einer hohen Trittfrequenz. So kommen Sie aus dem druckvollen Trott heraus und erinnern Ihre Beine wieder an schnelle Tritttechnik.

Einheit 38 Serpentinen

→ Intensität: **80–90 % HFmax**
→ Umfang: **45–80 min**

Serpentinen haben zweierlei Vorteile: Erstens können Sie eine qualitativ gute Krafteinheit auch allein durchführen, da die Herzfrequenz am Anstieg sofort nach oben geht. Zweitens ist es auf dem Rückweg zum Startpunkt möglich, an den Abfahrtsfertigkeiten zu arbeiten (mehr dazu in Einheit 72). Absolvieren Sie diese Einheit auf einem längeren und gewundenen Anstieg, für den Sie mindestens zehn Minuten benötigen sollten.

10–15 min locker einfahren

Anstieg je nach Streckenlänge **mehrmals und abwechselnd hinauffahren:**

1. mit hoher Trittfrequenz: je nach Steigung eine hohe Frequenz im leichten Gang
2. Kraftausdauer: bei niedriger Trittfrequenz, sodass Sie gerade noch im Sitzen den Berg erklimmen können
3. mit hoher Trittfrequenz im Stehen
4. Tempovariation: alle 3 min 20 s Sprint
5. niedrige Trittfrequenz im Stehen
6. Trittfrequenzwechsel: hoch, niedrig, hoch usw.

10 min locker ausfahren

Wählen Sie die Belastung etwas überhalb der aeroben Schwelle bei circa 80 bis 85 Prozent Ihrer maximalen Herzfrequenz bzw. 85–95 % FTP-Schwelle. Vereinzelt darf die Belastung aber auch schon mal in Richtung der 90 Prozent bzw. über Ihre FTP-Schwelle gehen, beispielsweise nach den Zwischensprints.

Tipp

Probieren Sie die verschiedenen Möglichkeiten, den Anstieg zu nehmen, aus, und finden Sie heraus, wie Sie den Berg am effizientesten bezwingen können.

Einheit 39 Alternative Berglauf

→ Intensität: **75–85 % HFmax**
→ Umfang: **40–60 min**

Wenn die Zeit mal nicht für einen langen Lauf reicht, können Sie stattdessen auch einen einstündigen Berglauf absolvieren. Der Körper erreicht dabei schneller das muskuläre Ermüdungsstadium, das typisch für das Ende des langen Laufs ist.

Idealerweise suchen Sie sich für diese Einheit einen längeren Anstieg oder eine Serie von Anstiegen, die anfangs nicht zu steil sein sollten. Eine Steigung von ca. 5 Prozent wäre optimal. Der Puls sollte kontrolliert und größtenteils bei 75 bis maximal 85 Prozent bleiben. Achten Sie auch hier auf einen kraftvollen Abdruck und einen aufrechten Oberkörper.

10 min einlaufen (auf ebener Strecke)
20–40 min progressives Laufen am Berg, 75–85 %
2–3 × 100 m Sprint, Pause jeweils 40 Sekunden
10 min locker auslaufen (entweder bergab oder auf ebener Strecke)

Wärmen Sie sich adäquat auf und laufen Sie anschließend 20 bis 40 Minuten am Berg. Sie beginnen bei 75 Prozent Ihrer maximalen Herzfrequenz und steigern sich bis zu 85 Prozent. Entweder erklimmen Sie einen langen Anstieg mehrmals oder Sie laufen eine Route mit mehreren Anstiegen. Bauen Sie auch Bergabpassagen zur Erholung ein. Absolvieren Sie gegen Ende noch ein paar Sprints, damit Sie aus Ihrem langsamen Trott herauskommen.

Bergläufe fordern Ihren Körper mehr als das Laufen auf ebener Strecke. Tasten Sie sich deswegen langsam an die ungewohnte Belastung heran und steigern Sie den Umfang nach und nach. Länger als 60 Minuten sollte Ihre Berglaufeinheit aber nicht dauern, da ansonsten Ihre Schrittlänge und Ihre Lauftechnik leiden können.

Einheit 40 Treppenläufe

→ Intensität: **75–90 % HFmax**
→ Umfang: **30–50 min**

Arbeiten Sie aktiv an Ihrer Laufperformance – dazu gehören Lauftechniktraining und kraftbetonte Einheiten, wie zum Beispiel Treppenläufe. Bei diesen Läufen können Sie die GPS-Uhr zu Hause lassen, denn Sie werden verhältnismäßig wenige Kilometer zurücklegen. Absolvieren Sie dieses Training auf einer Treppe mit fünf bis zehn Stufen. Im Idealfall ist die Treppe recht breit und die Stufen sind etwas weiter voneinander entfernt.

10–15 min aufwärmen, zum Schluss 3–4 × 60 m Steigerungssprint, Pause jeweils 40 s
Treppenläufe (siehe Seite 71 bis 73) **2–3 × 20–40 s** pro Übung, Pause jeweils so lange, wie Sie zum lockeren Hinunterlaufen benötigen
5–10 min auslaufen bei 80 %

Zum Aufwärmen laufen Sie einfach locker von zu Hause zur Treppe. Führen Sie jeweils zwei bis drei Wiederholungen einer Übung durch. Achten Sie dabei auf einen sauberen und gleichzeitig kräftigen Schritt. Beginnen Sie moderat und steigern Sie langsam die Intensität. Die Belastung sollte insgesamt zwischen 10 bis 12 Minuten liegen.

Je nach Bedarf können Sie kurze Treppenläufe ein- bis dreimal pro Woche absolvieren, außerdem können Sie die Übungen auch problemlos am Anfang jeder beliebigen Grundlageneinheit einbauen.

Sie werden mit diesen Einheiten besonders Ihre Sprungkraft steigern. Das macht sich durch einen besseren Abdruck beim Laufen bemerkbar. Des Weiteren verbessert dieses Training natürlich auch die Lauftechnik und die Laufökonomie. Sie werden im Wettkampf auch im stark ermüdeten Zustand noch Ihren Laufschritt halten können und so dem für die zweite Rennhälfte typischen Leistungsabfall entgegenwirken.

Tipp

Beim abschließenden Auslaufen laufen Sie etwas flotter aus als sonst. Versuchen den eben geübten langen und kraftvollen Abdruck sogleich in Ihren Laufstil zu übertragen. Das ist einfacher, wenn Sie das Tempo anziehen. Die letzten 2 bis 3 Minuten traben Sie dann locker aus und lassen den Puls gemächlich absinken.

Einheit 40: Treppensprünge

Stellen Sie sich vor die unterste Stufe und springen Sie von Stufe zu Stufe nach oben. Drücken Sie sich kräftig ab und achten Sie auf ein gestrecktes Bein in der Sprungphase. Landen Sie jeweils auf dem Vorfuß.

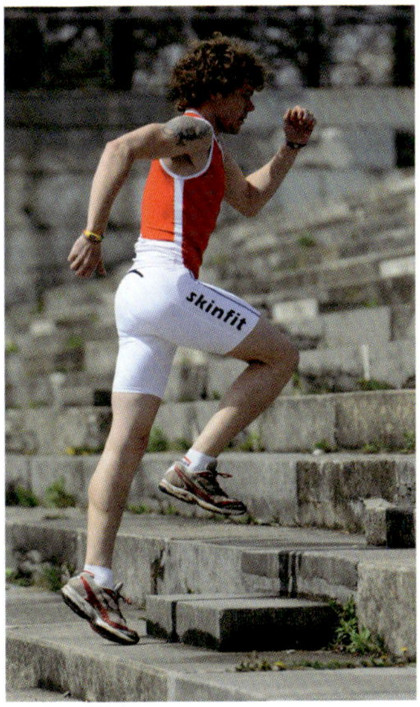

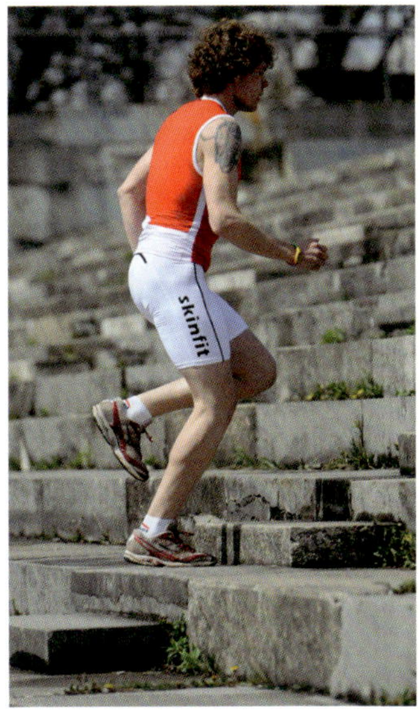

Einheit 40: Sprungschritte

Springen Sie im Laufschritt von Stufe zu Stufe. Achten Sie dabei auf einen kräftigen Abdruck und ein gestrecktes Bein in der Sprungphase. Wenn möglich (je nach Breite der Treppenstufen), versuchen Sie, mehr als eine Stufe zu überspringen.

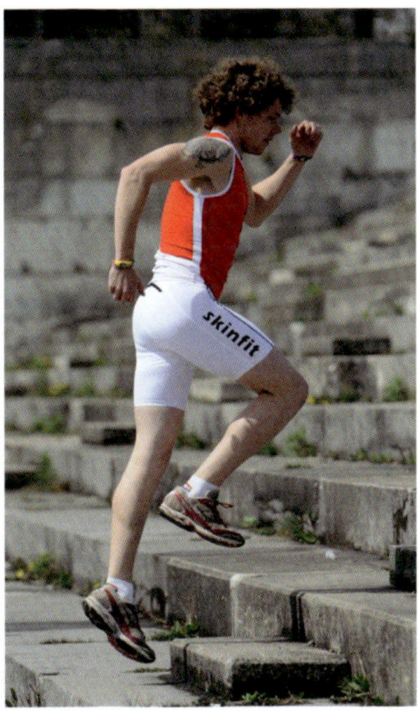

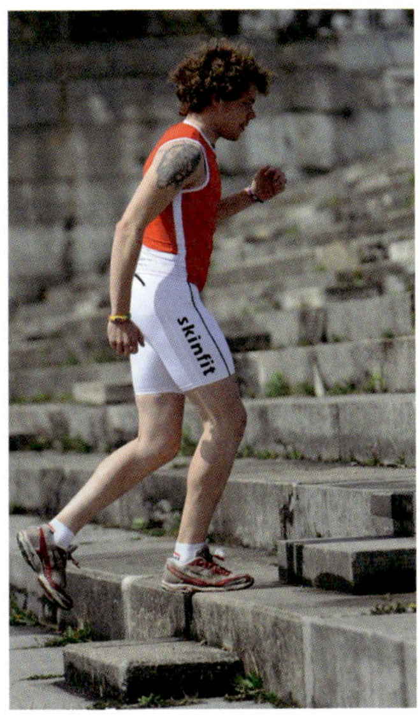

Einheit 40: Doppelsprünge

Springen Sie beidbeinig von Stufe zu Stufe. Achten Sie darauf, mit dem Oberkörper nicht nach hinten zu fallen, sondern orientieren sich nach vorn. Landen Sie auf dem Vorfuß. Fortgeschrittene können das Tempo erhöhen.

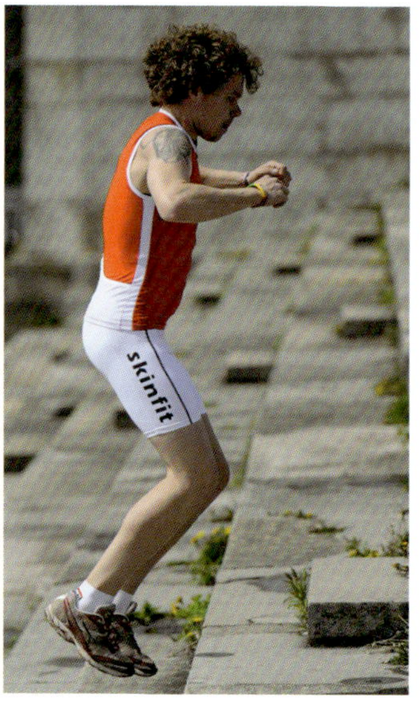

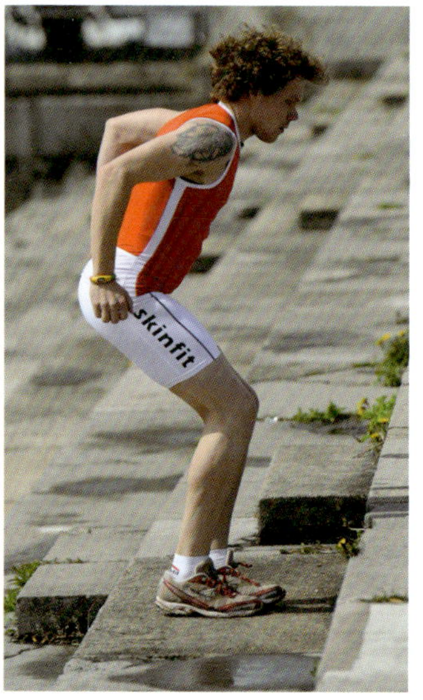

Einheit 40: Einbeinige Sprünge

Springen Sie abwechselnd drei Stufen mit dem linken Bein hinauf und drei Stufen mit dem rechten. Halten Sie Ihre Sprünge eher flach, damit sich die Belastung für Ihre Knie in Grenzen hält. Diese Übung steigert den Kraftreiz der Doppelsprünge.

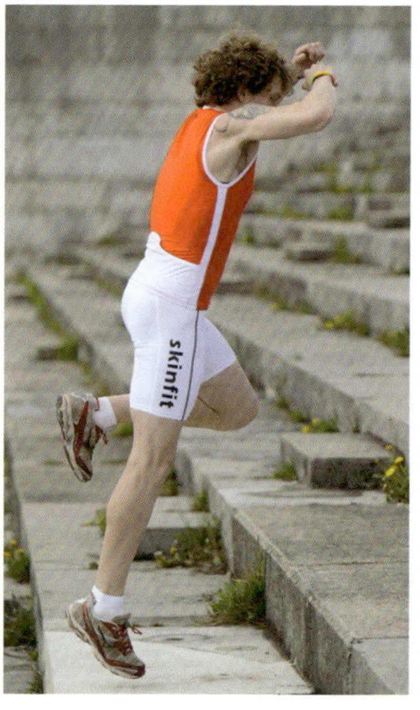

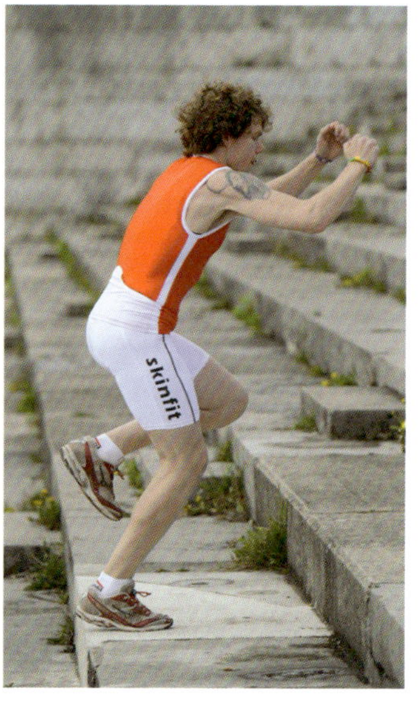

Einheit 40: **Steigerungsläufe**

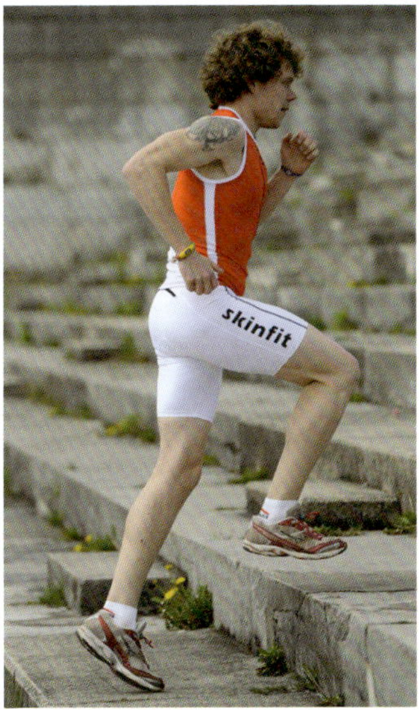

Laufen Sie die Treppe hinauf und steigern Sie dabei Ihr Tempo. Beginnen Sie verhalten und erhöhen Sie das Tempo gegen Ende hin zum Sprint.

Einheit 40: **Sprints**

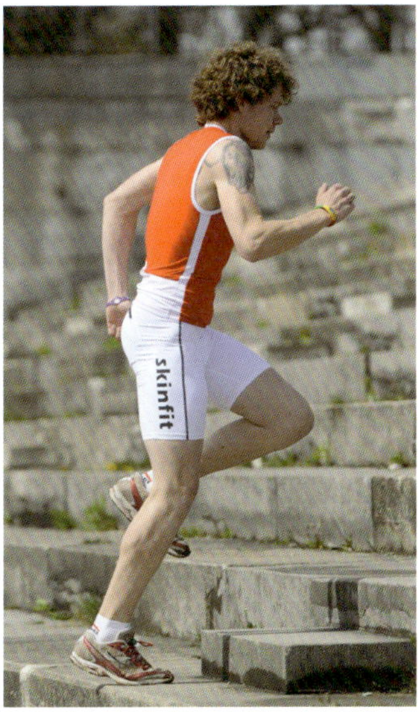

Sprinten Sie die Treppe hinauf. Achten Sie dabei vor allem auf eine hohe Schrittfrequenz und relativ kleine Schritte. Geben Sie alles und bringen Sie Ihre Oberschenkel zum Brennen!

Einheit 41 Hügelsprints

→ Intensität: **70–100 % HFmax**

→ Umfang: **40–60 min**

Diese Einheit sorgt für eine kräftige Abdruckphase im Wettkampf. Außerdem stellt sie ein exzellentes Krafttraining dar und erhöht durch die Maximalkontraktion der Laufmuskeln Ihre Grundschnelligkeit. Da die Übung auch Ihre Laktattoleranz erhöht und damit recht intensiv ist, sollte sie am Anfang des Jahres sparsam eingesetzt werden. Es reicht daher vollkommen aus, wenn Sie diese Einheit im Winter- und Frühjahrstraining einmal alle 10 bis 14 Tage durchführen. Am Ende der Grundlagenphase, wenn Sie in das Aufbautraining starten, können Sie die Übung jedoch auch öfters durchführen.

Suchen Sie sich einen etwas längeren Anstieg, den Sie mindestens 20 Sekunden lang hinaufsprinten können – optimal wäre ein Anstieg, für den Sie bis zu 40 Sekunden benötigen.

10 min einlaufen, 70–75 %
2–3 × 200 m Steigerungssprint, Pause jeweils 30 s
5–10 × Steigerungssprint den Hügel hinauf, nutzen Sie den Rückweg bergab, um sich wieder zu erholen
5 min locker laufen, bis der Puls wieder unter 75 % ist
5–10 × Steigerungssprint den Hügel hinauf (flott beginnen und am Ende 100 %), nutzen Sie den Rückweg bergab, um sich wieder zu erholen
10 min auslaufen, <70 %

Anfangs sollten Sie es bei zwei Durchgängen belassen, in einem fortgeschrittenen Fitnessstadium können Sie dann gern auch eine dritte Intervallserie absolvieren.

Tipp

Diese und andere kraftorientierte Übungen können Sie auch in normale Grundlagenläufe einbauen, um die Trainingswirksamkeit zu erhöhen. Achten Sie jedoch darauf, dass Sie nicht mehr als zwei Schwerpunkte pro Lauf setzen und dass der Großteil der Belastung sich im Grundlagenbereich abspielt.

Einheit 42 Hügel-Sprunglauf

→ Intensität: **80–85 % HFmax**
→ Umfang: **30–45 min**

Eine gern von Spezialisten durchgeführte Einheit und gleichzeitig ein optimales Kraftausdauertraining für Fortgeschrittene: Der Fokus liegt auf dem Sprunglauf, den Sie bereits aus dem Lauf-Abc (siehe Einheit 101) kennen. Die Übung soll bewirken, dass Sie die optimale Lauftechnik auch noch im ermüdeten Zustand halten können.

Suchen Sie sich einen Anstieg mit einer maximalen Steigung von drei bis fünf Prozent, den Sie mindestens 30 bis 60 Sekunden lang hinauflaufen können.

15 min einlaufen, inklusive Lauf-Abc-Übungen (Einheit 101)
4–20 × **30–40 s** Sprunglauf, 80–85 %, kurze Erholung beim Bergablaufen
2–3 × 100 m Steigerung, Pause jeweils 30 s
10 min auslaufen

Beginnen Sie nach dem Aufwärmen langsam mit dem Anstieg und wechseln Sie in den Sprunglauf. Konzentrieren Sie sich dabei auf einen betonten Kniehub und die Streckung im Absprungbein. Halten Sie die Sprünge allerdings eher flach, um vor allem am Anfang Überlastungen zu vermeiden. Achten Sie auf die Armarbeit: Die Arme schwingen seitlich mit.

Erholen Sie sich beim Bergablaufen und führen Sie die nächste Wiederholungen durch. Sie sollten spätestens dann, wenn Ihnen die Kraft ausgeht, aufhören! Beginnen Sie mit einigen wenigen Wiederholungen, auch wenn Sie sich bereits zu den fortgeschrittenen Athleten zählen, und beobachten Sie, wie sich eine solche Einheit ein bis zwei Tage später in den Beinen bemerkbar macht.

Tipp

Diese Einheit sollte nur durchgeführt werden, wenn Ihnen die Grundzüge einer guten Lauftechnik bekannt sind und Sie die Übungen aus dem Lauf-ABC verinnerlicht haben.

Einheit 43 Zieh den Reifen!

→ Intensität: **80–85 % HFmax**
→ Umfang: **35–60 min**

Diese Einheit ist ebenfalls nur fortgeschrittenen Athleten zu empfehlen. Achtung: Ihr Anblick könnte auf die Ihnen entgegenkommenden Spaziergänger etwas ungewöhnlich wirken. Sie benötigen einen alten Autoreifen mit einem kleinen Umfang, der selbstverständlich keine Felge mehr beinhaltet, sondern wirklich nur noch aus Hartgummi besteht. An diesem Reifen befestigen Sie das eine Ende eines ausreichend langen und stabilen Seils. Das andere Seilende befestigen Sie an einem breiten Gürtel. Probieren Sie Ihre Ausrüstung unbedingt aus, bevor Sie damit für längere Zeit im Wald verschwinden.

15 min einlaufen, die letzten 5 min bei 80 %
1–3 × 10 min Widerstandstraining mit dem Reifen, 80–85 %, passive Pause jeweils 1 min
4–6 × 200 m Steigerung, Pause jeweils 30 s
10 min auslaufen

Ziehen Sie den Reifen als Widerstand hinter sich her. Beim Laufen ziehen Sie die Schultern nach hinten und drücken die Brust raus, kürzere Schritte verbessern die Technik und lange Schritte ihre Kraft. Führen Sie vor dem Auslaufen noch einige Steigerungen durch. Damit erhöhen Sie Ihre Schrittfrequenz und -länge wieder, die während des Reifenziehens niedriger war, und „erinnern" Ihren Körper wieder an den richtigen Laufschritt.

Diese Einheit mag zwar zunächst etwas seltsam anmuten, aber Sie absolvieren damit neben einem Kraftausdauertraining auch ein erstklassiges Ganzkörpertraining und stärken nicht nur Ihre Hauptmuskelgruppen, sondern vor allem Ihre Rumpfpartie. Beachten Sie, dass besonders Ihre Oberschenkel- und Wadenmuskulatur beansprucht wird. Der Reifen zwingt Sie, in einer aufrechten Position zu laufen. Athleten, die keine Berge vor der Haustür haben, können auf diese Weise problemlos längere Bergläufe simulieren. Schotterpisten bieten dem Reifen übrigens den geringsten Widerstand, es ist einfacher, dort zu laufen als auf einer asphaltierten Straße.

Tipp

In Ihrem Reifen können Sie natürlich auch Ihr Getränk verstauen, und glauben Sie mir: Gegen Ende brauchen Sie wirklich etwas davon. In der Kraftausdauerperiode reicht eine Einheit pro Woche vollkommen aus.

Einheit 44 Teamwork

→ Intensität: **70–100 % HFmax**
→ Umfang: **25–40 min**

Diese Übung bietet sich hervorragend an, wenn Sie in einer Gruppe mit mindestens drei Läufern unterwegs sind. Laufen Sie auf einer welligen Strecke, um den Kraftreiz zu erhöhen.

5–10 min einlaufen, 70 %
15–20 min 70–75 %, zwischendurch Steigerungsprints beim Überholen
5–10 min auslaufen, < 70 %

Nach dem Einlaufen wählen Sie ein lockeres Tempo: 70 bis 75 Prozent Ihrer maximalen Herzfrequenz. Bringen Sie 10 bis 15 Meter Abstand zwischen alle Läufer. Nun vollführt der letzte Läufer einen Steigerungslauf an den Mitläufern vorbei nach vorn und platziert sich in einem Abstand von 10 bis 15 Metern an der Spitze der Gruppe. Anschließend läuft der nun letzte Läufer los, überholt die Gruppe und platziert sich ungefähr 10 bis 15 Meter vor dem ersten Läufer.

Tipp

Diese Einheit können Sie auch mit einem langen Gruppenlauf kombinieren. Absolvieren Sie die Steigerungen dann gegen Ende hin, kurz vorm Cool-down.

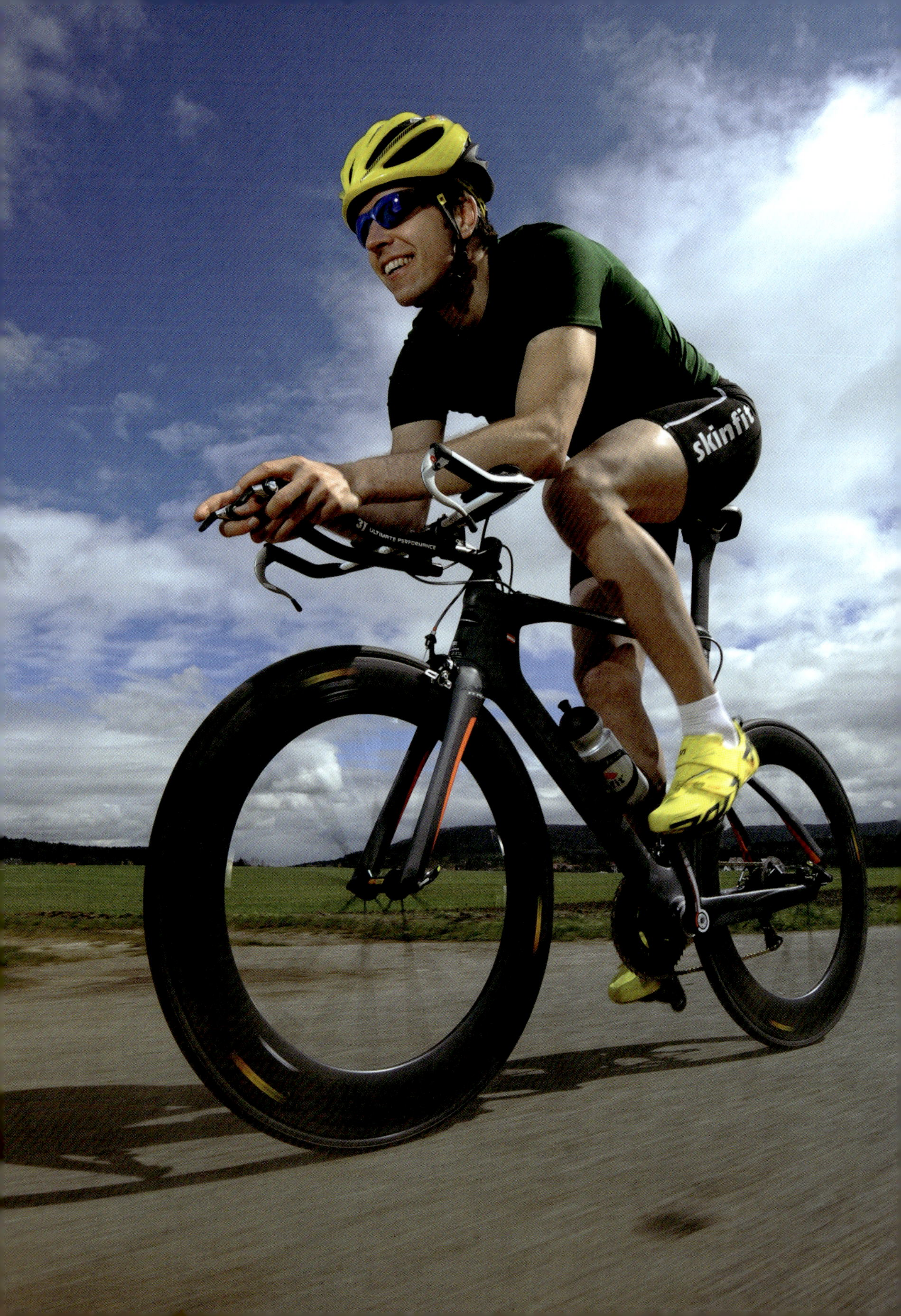

Tempotraining

Nachdem Sie Ihre Grundlage aufgebaut und an Ihrer Kraftausdauer gearbeitet haben, sollten Sie sich auf Ihre Geschwindigkeit in allen drei Disziplinen konzentrieren. Beim Tempotraining ist die Intensität dem geplanten Wettkampftempo ähnlich und rangiert zwischen 80 und 90 Prozent der maximalen Herzfrequenz – je nach Zielwettkampf. Je stabiler Ihre Grundlage ist, desto besser vertragen Sie intensives Training und können Ihre Form kontinuierlich bis zum Saisonhöhepunkt steigern. Achten Sie darauf, die Intensität nicht zu plötzlich und nicht zu stark zu erhöhen. Wenn Sie beispielsweise von nun an jede Laufeinheit zum Tempodauerlauf machen, könnte Sie das schnell ins Übertraining bringen.

In der Regel genügt eine Tempoeinheit pro Disziplin und Woche vollkommen. Fortgeschrittene Athleten können bis zu maximal zwei Einheiten pro Disziplin und Woche in diesem Intensitätsbereich absolvieren. Die anderen Einheiten führen Sie weiterhin im Grundlagenbereich durch. Auch Wettkämpfe zählen als Tempoeinheiten, sodass Sie das intensive Training in Wettkampfwochen entsprechend reduzieren oder ganz einstellen sollten. Typischerweise dauert diese Trainingsphase von Mai bis Juli. Findet Ihr Saisonhöhepunkt erst im Spätsommer statt, verschiebt sich auch dieser Zeitraum nach hinten, und Sie beginnen erst später mit dem Tempotraining.

Schwimmen

Tempotraining im Wasser erhöht Ihre Schwimmgeschwindigkeit. Mit der Geschwindigkeit steigt natürlich auch der Wasserwiderstand – und um diesen zu überwinden, benötigen Sie Ermüdungsresistenz und eine gute Technik. Je kraftvoller Ihre Zugphase, je höher Ihre Wasserlage ist und je schmaler Sie sich machen, desto schneller schwimmen Sie. Ein gutes Wassergefühl ist dafür natürlich eine Grundvoraussetzung – und auch hier gilt: lieber häufig und kurz ins Wasser gehen als selten, aber lange. Die Einheiten in diesem Kapitel sollen Ihre Ermüdungsresistenz erhöhen. Das Tempo in den hier vorgestellten Einheiten übersteigt oft die geplante Wettkampfgeschwindigkeit. Im Rennen fällt es Ihnen dann deutlich leichter, eine konstant hohe Geschwindigkeit aufrechtzuerhalten. Bedenken Sie, dass Tempotraining nicht mit Sprinttraining gleichzusetzen ist. Halten Sie sich in diesen Trainingseinheiten anfangs zurück und lernen Sie, sich das Tempo gut einzuteilen. Fast alle Triathleten beginnen Tempointervalle zu schnell, um dann gegen Ende einzubrechen.

Radfahren

Tempoarbeit auf dem Rad wird von Triathleten häufig unterschätzt und in der Folge vernachlässigt. Dies liegt zum einen daran, dass Radfahren sich im oberen aeroben Bereich (ab 80 Prozent der maximalen Herzfrequenz) subjektiv anstrengender anfühlt als Laufen im gleichen Belastungsbereich. Zum anderen legen viele Triathleten den Fokus auf das Sammeln möglichst vieler Radkilometer – sie konzentrieren sich auf ihre Grundlage und beginnen erst kurz vor den Wettkämpfen mit intensiven Einheiten auf dem Rad. Wenige Wochen vor dem Saisonfinale ist es natürlich zu spät für eine deutliche Verbesserung der Radgeschwindigkeit. Um wirklich realistisch abschätzen zu können, ob Sie einen 39er-Schnitt auf die 180 Kilometer fahren können, sollten Sie bereits im Training in der Lage sein, über zwei bis drei Stunden ähnlich schnell zu fahren – und das nicht bei maximaler Leistung, sondern auf Wettkampfpulsniveau. Besonders wenn Ihre Zeit für das Radtraining knapp ist, können Sie getrost das Tempo etwas höherschrauben. Denn wenn Sie bereits die Grundlagenphase hinter sich gebracht haben, bringt es Sie im Frühsommer kaum voran, wieder mal für ein bis zwei Stunden lediglich herumzurollen. Dagegen steigert das Tempotraining auf dem Rad sowohl Ihre Geschwindigkeit als auch Ihre Kraftausdauer.

Laufen

Beim Laufen sollten Sie das Tempo besonders gefühlvoll steigern. Versuchen Sie, entweder schnell oder lang zu laufen – kombinieren Sie nicht beides! Auch wenn Tempoläufe Ihnen viel Spaß machen und Sie diese am liebsten öfter trainieren würden: Beim Laufen besteht sehr rasch die Gefahr der Überlastung. In keiner anderen Disziplin können Sie in so kurzer Zeit Ihre Fitness erhöhen – und auch über die Klippe springen. Außerdem ist die Verletzungsanfälligkeit beim Laufen aufgrund der Stoßbelastungen im Vergleich zum Schwimmen und Radfahren ungleich größer. Dies gilt vor allem für Athleten, die gerade erst mit dem Ausdauersport angefangen haben. Ihnen fehlt meist die Intuition, mit der erfahrene Sportler die Warnsignale Ihres Körpers erkennen und angemessen reagieren können. Solche Signale sind kleine Wehwehchen, die man anfangs kaum bemerkt, die aber nach und nach immer präsenter werden und nicht nur während des Trainings, sondern auch danach auftreten. Schalten Sie in diesem Fall unbedingt einen oder zwei Gänge zurück und geben Sie Ihrem Körper die nötige Ruhe. Grundsätzlich gilt: Je intensiver die geplante Belastung ist, desto kürzer halten Sie die Belastungszeit.

Einheit 45 **Frequenztraining**

→ Intensität: **85–90 % HFmax**
→ Umfang: **2.400–2.900 m**

Wenige Triathleten sind in der Lage, mit hoher Zugfrequenz zu schwimmen – es sei denn, sie trainieren es gezielt. Häufig wird der Fokus auf eine möglichst geringe Anzahl an Zügen pro Bahn gelegt, um kraftsparend durchs Wasser zu gleiten. Doch gerade bei Anfängern geht der Schub oft nach einigen Sekunden verloren. Um dennoch ein gleichmäßiges Tempo halten zu können, müssen Sie die Anzahl Ihrer Züge erhöhen. Arbeiten Sie deshalb gezielt an Ihrer Fähigkeit, mit hoher Frequenz zu schwimmen. Dies wird anfangs sehr anstrengend sein, aber mit der Zeit gewöhnen Sie sich daran und werden eine deutliche Steigerung Ihrer Schwimmgeschwindigkeit feststellen. Ein weiterer Effekt dieses Trainings: Sie werden im Wettkampf bei Sprints unmittelbar nach dem Start oder bei Temposerschärfungen im weiteren Rennverlauf mithalten und im Wasserschatten Ihrer Vorderleute bleiben können.

200 m beliebig einschwimmen
8 × 25 m Technikblock (Einheit 99), Pause jeweils 20–30 s
4 × 50 m Steigerung, Pause jeweils 30 s
100 m locker Rücken/Brust
3–4 × 400 m: ❶ **6 × 25 m** 85–90 %, mit hoher Zug- und Beinschlagfrequenz, Pause jeweils 20 s, jede 3. Wiederholung mit Wasserstart (ohne vom Becken abzustoßen) ❷ **100 m** 70–75 %, lange Züge und auf Technik achten, Pause jeweils 20 s ❸ **6 × 25 m** 85–90 %, mit hoher Zug- und Beinschlagfrequenz, Pause jeweils 20 s, jede 2. Wiederholung mit Wasserstart (ohne vom Becken abzustoßen) Serienpause 100 m locker Brust/Rücken
200 m locker ausschwimmen

Achten Sie beim Schwimmen mit hoher Zugfrequenz auf eine saubere Technik! Eine hohe Frequenz erreichen Sie zum einen, wenn Sie den Armzyklus sofort beginnen, sobald der Arm komplett gestreckt vor Ihnen im Wasser liegt, anstatt erst eine Gleitphase abzuwarten. Zum anderen müssen Sie während der Druckphase den Arm unter Wasser kräftig und schnell nach hinten drücken. Ihre Geschwindigkeit sollte sich mit zunehmender Zugfrequenz erhöhen, bitte kontrollieren Sie dies von Zeit zu Zeit. Wenn Sie keine Temposteigerung feststellen können, achten Sie gesondert auf einen kräftigen Abdruck in der Druckphase. Ihre Herzfrequenz wird steigen, sobald Sie Ihre Zugfrequenz erhöhen – bleiben Sie dennoch im Bereich 85 bis 90 Prozent Ihrer maximalen Herzfrequenz bei den Intervallen. Kurzdistanzler halten sich eher an den oberen Bereich, während Langdistanzler sich am unteren Bereich orientieren. Mit den Wasserstarts im Becken simulieren Sie die Wettkampfsituation beim Start im Freiwasser.

Einheit 46 Aufbauarbeit

→ Intensität: **75–95 % HFmax**
→ Umfang: **2.100–2.900 m**

Diese Einheit schult Ihr Tempogefühl. Beginnen Sie ruhig und konzentriert und erhöhen Sie das Tempo im letzten Abschnitt auf über Wettkampfniveau. Dieses Training ist ein idealer Start in die Tempotrainingsphase.

600 m einschwimmen, dabei alle 50 m Lagenwechsel: Brust/Rücken/Kraul
3–5 × 400 m, Pause jeweils 50–60 s: ❶ 100 m 75 % ❷ 100 m 80 % ❸ 100 m 85 % ❹ 100 m 95 % (submaximal)
300 m locker und beliebig ausschwimmen

Beim Einschwimmen wechseln Sie alle 50 Meter die Lage. Anschließend schwimmen Sie 3–5 × 400 Meter. Versuchen Sie, jeden 100-Meter-Abschnitt etwa 5 bis 7 Sekunden schneller als den vorigen zu schwimmen.

Tipp

Die meisten Triathleten machen den Fehler, dass ihr Training im Allgemeinen zu monoton ist. Es fehlen die verschiedenen Reize von neuen Trainingsinhalten. Dann ist Stagnation programmiert. Außerdem ist die tatsächliche Differenz zwischen dem gefühlt „mittleren" und gefühlt „schnellsten" Tempo zu gering!

Einheit 47 **Early bird**

→ Intensität: **75–100 % HFmax**
→ Umfang: **2.500–2.700 m**

Diese Einheit ist ideal, um den Tag damit zu beginnen – dank der lockeren Abschnitte ist sie nicht zu hart und dennoch nicht zu leicht.

200 m beliebig einschwimmen
8 × 25 m Technikblock (Einheit 99), Pause jeweils 20–30 s
8 × 50 m: 15 m Sprint, 100 % + 35 m locker, Pause 20 s
20 × 50 m, Pause jeweils 15–20 s: ❶ 50 m 95 %, Kraul ❷ 50 m 75 %, *Rücken* ❸ 50 m 95 %, Kraul ❹ 50 m 75 %, *Brust* ❺ 50 m 95 %, Kraul ❻ 50 m 75 %, *Kraul* ❼ 50 m 95 %, Kraul ❽ 50 m 75 %, *Rücken* ❾ 50 m 95 %, Kraul ❿ 50 m 75 %, *Brust* usw.
3–5 × 150 m: 50 m 100 % + 100 m locker, Pause 10 s
4–6 × 100 m: 50 m 100 % + 50 m locker, Pause jeweils 10–20 s
300 m locker und beliebig ausschwimmen

Wichtig: „Locker" bedeutet auch wirklich locker – Sie absolvieren die lockeren Schwimmabschnitte also lediglich im Wohlfühlbereich (unter 70 Prozent Ihrer maximalen Herzfrequenz), sodass Sie einen klaren Unterschied zu den Tempoabschnitten wahrnehmen.

Einheit 48 **Mittagspause**

→ Intensität: **85–95 % HFmax**
→ Umfang: **1.500–2.200 m**

Wenn die Zeit mal knapp ist, schwimmt Michael Göhner (ehemaliger Sieger Challenge Roth) folgendes Programm – es ist sehr simpel strukturiert und einfach umzusetzen:

200 m beliebig einschwimmen
4 × 100 m Technikblock: 25 m Technik (Einheit 99) + 75 m locker Kraul, 65–70 %, Pause 15 s
1–2 × ❶ **100 m** 85–95 %, Pause 30–45 s ❷ **200 m** 85–95 %, Pause 30–45 s ❸ **400 m** 85–95 % Serienpause 60 s
200–400 m beliebig ausschwimmen

Halten Sie sich im ersten Satz noch etwas zurück und orientieren Sie sich eher an der unteren Grenze von 85 bis 90 Prozent Ihrer maximalen Herzfrequenz. Im zweiten Abschnitt steigern Sie nochmals Ihr Tempo in Richtung der oberen Grenze, also 90 bis 95 Prozent.

Tipp

Achten Sie besonders darauf, dass Sie auf den abschließenden 400 Metern nicht einbrechen, sondern halten Sie das Tempo. Ansonsten sind Sie zu schnell angeschwommen!

Einheit 49 Power up

→ Intensität: **85–90 % HFmax**
→ Umfang: **1.400–2.100 m**

Diese Einheit zielt auf die Entwicklung der Wettkampfausdauer und Kraft des Schwimmers, speziell für das Schwimmen im Wettkampf mit Neoprenanzug.

200 m locker einschwimmen, inklusive einiger 10-sekündiger Steigerungen
8 × 25 m Technikblock (Einheit 99), Pause jeweils 20–30 s
3–6 × 200 m 85–90 %, mit Pullbuoy und Paddles, Pause jeweils 30 s
4 × 50 m Steigerungen – ohne Hilfsmittel: 25 m locker + 25 m Steigerung mit erhöhter Zug- und Beinschlagfrequenz, 85–90 %
200–300 m locker und beliebig ausschwimmen

Beim Schwimmen mit Pullbuoy und Paddles sind die Beine ruhiggestellt – konzentrieren Sie sich voll und ganz auf den korrekten und kraftvollen Armzug. Kleine Paddles genügen übrigens, sonst leidet Ihre Technik. Sobald Sie dem Wasserdruck mit den Händen ausweichen: Paddles weglegen und ohne weiterschwimmen! Kontrollieren Sie auch Ihre Zeiten. Sobald Sie deutlich langsamer werden (mehr als zehn Sekunden auf die 200 Meter), hören Sie auf, dann fehlt Ihnen noch die notwendige Kraft.

Tipp

Bei kraftbetonten Einheiten sinkt die Zugfrequenz durch die Paddles – bauen Sie zum Schluss ein paar Übungen ein, um die Zugfrequenz wieder zu steigern, wie beispielsweise die Steigerungen mit erhöhter Frequenz zum Schluss dieser Einheit.

Einheit 50 Kurz und knackig

→ Intensität: **85–90 % HFmax**
→ Umfang: **1.750 m**

Auch Georg Potrebitsch (ehemals 4. Platz Ironman Frankfurt) hat für den Fall, dass er lediglich wenig Zeit fürs Training hat, Einheiten in seinem Repertoire. Dieses Programm zielt auf die Erhöhung der anaeroben Schwelle ab und ist besonders für Kurzdistanzler geeignet.

200 m locker und beliebig einschwimmen
10 × 25 m Technikblock (Einheit 99), Pause jeweils 10–20 s
Für Sprint-/Kurzdistanzler: **10 × 100 m** 85–90 % (Übergangsbereich zur anaeroben Schwelle), Pause jeweils 30–45 s *Für Mittel-/Langdistanzler:* **5 × 200 m** 85–90 %, Pause jeweils 45–60 s
300 m locker ausschwimmen

Sollten Sie das Tempo nicht mehr halten können, versuchen Sie zunächst die Pause etwas zu verlängern.

Tipp

Eine Flasche mit Saftschorle (ohne Kohlensäure) oder Isodrink zum Trinken am Beckenrand verhindert einen Leistungseinbruch gegen Ende der Schwimmeinheiten und beugt außerdem der Austrocknung der Haut vor.

Einheit 51 Abnehmende Intervalllänge bei steigendem Tempo

→ Intensität: **80–95 % HFmax**

→ Umfang: **3.100 m**

Dieses Training weist bereits in Richtung der nächsten Phase, der unmittelbaren Wettkampfvorbereitung. Schwimmen Sie diese Einheit also erst, wenn die Freibäder geöffnet haben.

200 m beliebig einschwimmen
8 × 25 m Technikblock (Einheit 99), Pause jeweils 20–30 s
4 × 50 m Steigerung, Pause jeweils 30 s
4 × 200 m mit ansteigender Belastung, Pause jeweils 15–20 s: ❶ 80–85 % ❷ 80–85 % ❸ 90–95 % ❹ 90–95 %
100 m locker Brust/Rücken
8 × 100 m mit aufsteigender Belastung, Pause jeweils 10–15 s: ❶ + ❷ 80–90 % ❸ + ❹ 80–90 % ❺ + ❻ 85–90 % ❼ + ❽ 90–95 %
100 m locker Brust/Rücken
8 × 50 m, Pause jeweils 5–10 s ❶ 90–95 % ❷ maximal ❸ 90–95 % ❹ maximal ❺ 90–95 % ❻ maximal ❼ 90–95 % ❽ maximal
300 m locker und beliebig ausschwimmen

Einheit 52 Formbooster

→ Intensität: **100 % HFmax**

→ Umfang: **1.500–2.000 m**

Diese von Trainer-Urgestein Bennie Lindberg empfohlene Einheit steigert Ihr anaerobes Potenzial innerhalb von sechs Wochen auf ein Maximum. Sie eignet sich daher speziell für Triathleten, die im Wettkampf Sprint- beziehungsweise Kurzdistanzen bestreiten und nur sehr wenig Zeit für das Schwimmtraining aufbringen können. Wenn Ihre Hauptwettkämpfe im Juni/Juli liegen, dann führen Sie dieses Training ab Mai durch.

10–20 min einschwimmen
8 × 25 m Technikblock (Einheit 99), Pause jeweils 10–20 s
4 × 50 m Steigerung, Pause jeweils 30 s
350 m Sprintblock, Pause jeweils 5 min: ❶ **200 m** 100 % ❷ **100 m** 100 % ❸ **50 m** 100 %
10 min locker ausschwimmen

Alternativ können Sie den Sprintblock auch wie folgt ausführen:

3 × 200 m bei 100 %, Pause jeweils 5 min: ❶ **200 m** mit Flossen ❷ **200 m** mit Paddles und Pullbuoy ❸ **200 m** Kraul, ohne Hilfsmittel

Die langen Pausen zwischen den Sprintabschnitten gewährleisten, dass Sie sich erholen und anschließend wieder 100 Prozent geben können.

Einheit 53 VO_2max-Training

→ Intensität: **90–95 % HFmax bzw. 115–130 % FTP-Schwelle**
→ Umfang: **35–65 min**

Dieses Training ist beliebt bei Radprofis, aber unter Triathleten bisher weniger bekannt – es fördert besonders Ihre Schnellkraft und Ihre Spritzigkeit. Gerade Triathleten profitieren von diesem Training, da die meisten sich nie einer solch intensiven Belastung aussetzen. Das folgende Training ist speziell für Wettkampfformate über die Sprint- oder Kurzdistanz geeignet. Aber auch Athleten, die auf der Langdistanz starten oder schon etwas älter sind, ziehen einen großen Nutzen daraus, da es ihnen oft an Grundschnelligkeit mangelt. Eine Trainingseinheit pro Woche – kurz vor und inmitten der Tempotrainingsperiode durchgeführt – reicht vollkommen aus.

Außerdem erhöht dieses Training ihren VO_2max Wert sehr effektiv. VO_2max steht für die maximale Sauerstoffaufnahme und gibt an, wie viele Milliliter Sauerstoff der Körper bei maximaler Belastung pro Minute aufnehmen kann. Dieser Wert ist ein guter (wenn auch nicht der einzige) Indikator für die Ausdauerleistungsfähigkeit eines Athleten, besonders auf kürzeren bis mittleren Wettkampfdistanzen. Je nach Trainingszustand kann sich ein Athlet zwischen acht und elf Minuten lang in diesem hochintensiven Bereich bewegen.

15–20 min einfahren (besonders wichtig bei intensiven Einheiten wie dieser hier)
2–3 × 200 m Steigerungen, Pause jeweils 1 min
10–30 × 60 s: 30 s 95 % bzw. 115–130 % FTP-Schwelle + 30 s locker im Wechsel
10–15 min locker ausfahren, < 70 %

Absolvieren Sie die Intervalle bei 90 bis 95 Prozent Ihres Leistungsmaximums, dazwischen kurbeln Sie jeweils 30 Sekunden lang locker. Wählen Sie einen leichten bis mittleren Gang, in dem Sie noch relativ schnell beschleunigen können. Steigern Sie die Anzahl der Wiederholungen von Einheit zu Einheit.

Einheit 54 **Sprinttraining**

→ Intensität: **65–75 % (kurzzeitig: 100 %) HFmax**
→ Umfang: **80 min**

Diese Einheit können Sie ab April ungefähr alle zwei bis drei Wochen durchführen. Neben dem Aufbau von Kraft und Schnelligkeit sorgt dieses Training dafür, dass Sie im Wettkampf nach Bergen oder Kurven – mitunter entscheidend – beschleunigen können. Auf Sprint- und Kurzdistanzen werden Sie dank dieses Trainings in der Lage sein, Ihre Konkurrenz taktisch zu ermüden und letztendlich hinter sich zu lassen. Den Vorsprung müssen Sie dann nur noch beim Laufen ins Ziel retten, aber darum kümmern wir uns noch.

10 min locker einrollen, <65 %
60 min 65–75 % bzw. 70–75 % FTP-Schwelle, moderates Tempo mit hoher Trittfrequenz, 95–105 U/min, alle 3 km einen Maximalsprint über 200 m in einem mittelschweren Gang
10 min locker ausrollen, <65%

Schalten Sie für die Maximalsprints (ca. 150–250 % FTP-Schwelle) in einen mindestens mittelschweren Gang, um am Ende des Intervalls auch Ihre maximale Kraft entfalten zu können. Fortgeschrittene können für die Spirnts auch aus dem Sattel gehen, so bekommt der Sprint noch mehr Explosivität. Dazwischen eher locker und in einer hohen Trittfrequenz fahren.

Diese Einheit fühlt sich anfangs noch relativ easy an, teilen Sie sich aber dennoch Ihre Kräfte gut ein. Spätestens nach 30 Minuten wird es hart. Lassen Sie sich auf keine Kompromisse ein und sprinten Sie wirklich bis zum Ende der 200-Meter-Strecke!

Tipp

Sprints sind ein mächtiges Trainingsmittel. Sie können sie allerdings auch spielerisch absolvieren: Sprinten Sie am Berg bei jedem zweiten Straßenmarkierungspfosten und fahren Sie dazwischen zwei Pfosten lang locker. Führen Sie dies ruhig vier- bis fünfmal durch. Auf einer ebenen Strecke sprinten Sie vier Pfosten lang und fahren wiederum vier Pfosten locker. Belassen Sie es allerdings insgesamt bei 10 bis 20 Minuten.

Einheit 55 Intervallfahrt

→ Intensität: **70–95 % HFmax**
→ Umfang: **75–90 min**

Setzen Sie sich auf dem Rad ruhig ab und zu mal neuen Reizen aus. Gerade wenn Sie nicht so viel Zeit haben, ist es sinnvoll, das Tempo zu erhöhen. Folgende Intervalle können Sie ab dem Frühjahr auch in jedes beliebige Grundlagentraining einbauen und erhöhen dadurch Ihre Tempohärte.

40–50 km 70–80 % bzw. 75–85 % FTP-Schwelle,
dabei 4–5 × 2 km 85–95 % bzw. 95–105 % FTP-Schwelle,
aktive Pause jeweils mindestens 5 min

Lassen Sie es langsam angehen: Beginnen Sie nicht gleich bei 95 Prozent, sondern erst einmal bei 85 Prozent, und steigern dann von dort weiter.

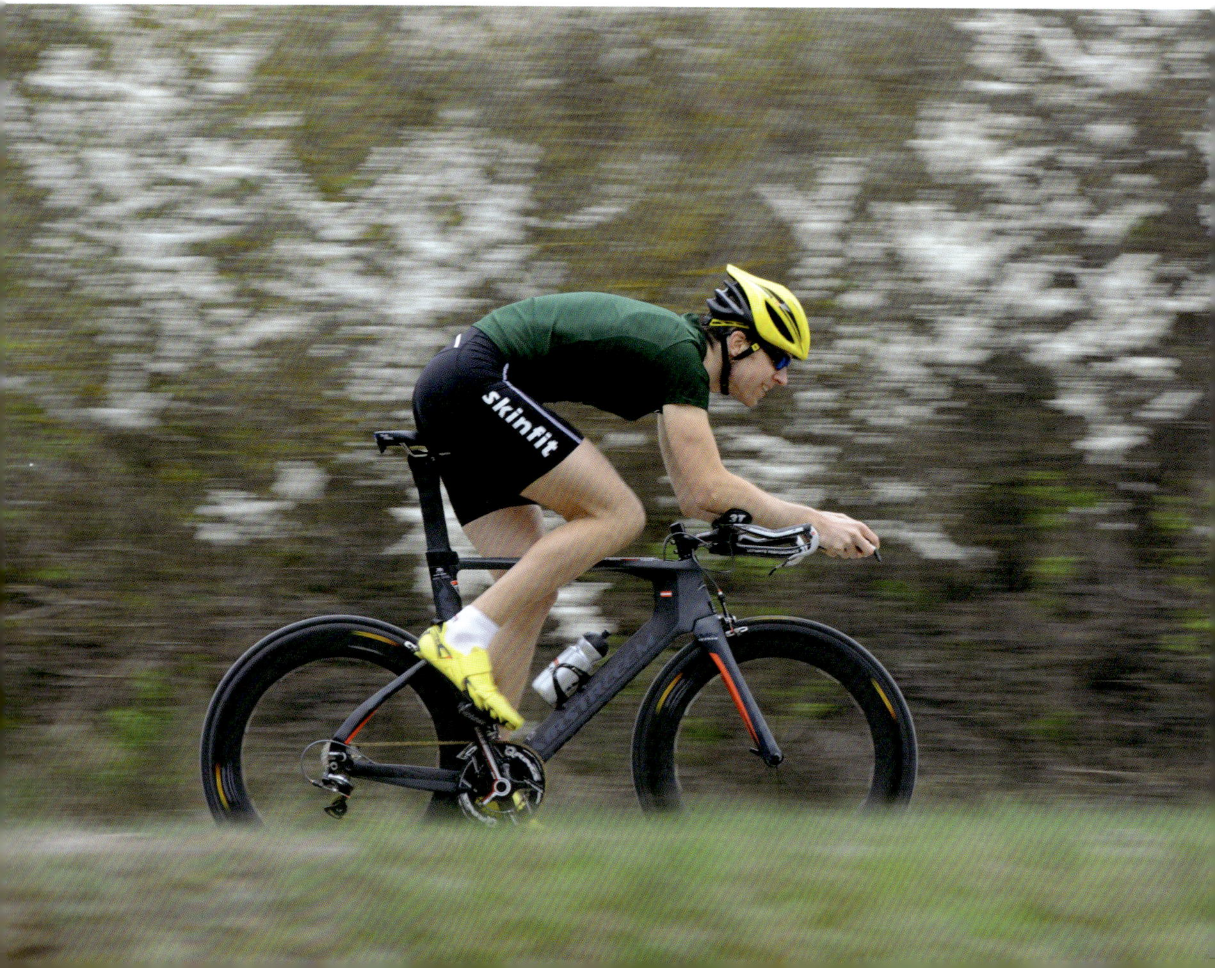

Einheit 56 Tempo für mittellange Strecken

→ Intensität: **65–85 % HFmax**
→ Umfang: **70–100 min**

In den folgenden Einheiten erhöhen wir langsam die Belastungszeiträume. Noch werden diese allerdings von Entlastungspausen begleitet. Die Gesamtintensität einer Einheit können Sie gut durch eingestreute Entlastungsphasen steuern. Reduzieren Sie die Pausen, wenn Sie fitter werden, oder wechseln Sie zu den Trainingseinheiten auf den nächsten Seiten.

15–20 min einfahren
3–4 × 500 m Temposteigerung, Pause jeweils 1–2 min
2–3 × **10 min** 80–85 % bzw. 85–90 % FTP-Schwelle mit Trittfrequenz von 80–95 U/min + **10 min** 65–70 % bzw. 70–75 % FTP-Schwelle
10 min ausfahren mit relativ hoher Trittfrequenz, > 105 U/min

Die ersten 10 Minuten entsprechen der Belastungsintensität bei einer Mitteldistanz, wählen Sie dafür wettkampfähnliche Gänge und Trittfrequenz. Stellen Sie in der Entlastungsphase sicher, dass Ihr Puls sich wieder beruhigt und Sie sich ausreichend erholen für die nächste Belastung. Führen Sie die beiden 10-minütigen Abschnitte im Wechsel ohne Pausen durch.

Einheit 57 Steigerungen

→ Intensität: **70–95 % HFmax**
→ Umfang: **60 min**

Diese Einheit beginnt locker, die Intensität steigert sich aber alle 10 Minuten. Sie absolvieren in nur einer Stunde ein progressives, richtig hartes Programm. Geeignet ist das Training besonders gut für Athleten der kürzeren Distanzen.

10 min locker einfahren
❶ 10 min 70–80 % bzw. 75–85 % FTP-Schwelle
❷ 10 min 80–85 % bzw. 85–90 % FTP-Schwelle
❸ 10 min 85–90 % bzw. 90–95 % FTP-Schwelle
❹ 10 min 90–95 % bzw. 95–100 % FTP-Schwelle
10 min locker ausfahren

Tipp

Steigern Sie sich auch innerhalb der 10-Minuten-Abschnitte nur langsam im jeweiligen Bereich, das heißt anfangs befinden Sie sich an der unteren Schwelle und am Ende an der oberen Schwelle des Trainingsbereichs.

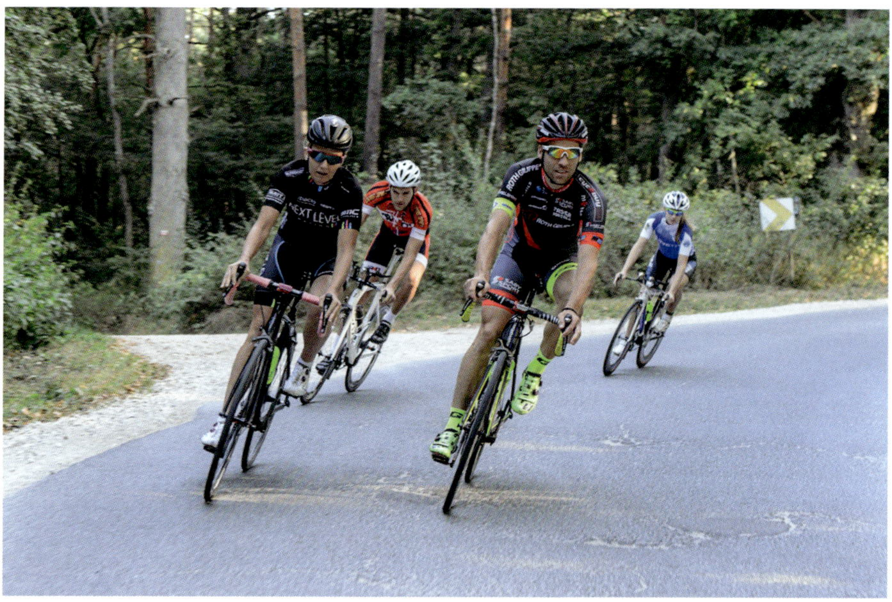

Einheit 58 **Pushing the limit**

→ Intensität: **75–80 % HFmax**
→ Umfang: **80–140 min**

Diese Einheit gehört zu meinen liebsten und hilft mir auch, eine mentale Stärke für den 180-Kilometer-Radsplit im Wettkampf zu erlangen. Dieses Training führen Sie idealerweise allein und auf dem Zeitfahrrad durch. In Gruppenfahrten wird zu viel Windschatten gegeben, was das Ergebnis verzerrt – und Enttäuschung im Wettkampf ist dann programmiert. Außerdem ist die Einheit allein durchgeführt auch eine gute mentale Prüfung. Sie sollten eine Strecke wählen, die in etwa dem Profil der geplanten Wettkampfstrecke entspricht.

10 min locker einrollen
1–2 h 75–80 %, auf der aeroben Schwelle (etwas über Langdistanz-Wettkampftempo) bzw. ca. 76–82 % FTP-Schwelle
10 min locker ausrollen

Die Einheit ist nicht nur aufgrund der Intensität fordernd, sondern auch, weil Sie relativ lange fahren – und das komplett aus dem Training heraus, ohne vorheriges Tapering. Diese Art von Einheiten sollten Sie nur sechs Mal vor dem Saisonhöhepunkt absolvieren, maximal einmal in der Woche. Beginnen Sie mit einer Belastung von einer Stunde und erhöhen Sie schrittweise auf zwei Stunden. Fortgeschrittene Athleten mit einigen Trainingsjahren Erfahrung können in der zweiten Hälfte bis auf 85 Prozent der maximalen Herzfrequenz erhöhen.

Tipp

Bei dieser Einheit können Sie außerdem Ihre Ernährung unter realistischen Bedingungen für das kommende Rennen testen. Viele Triathleten nehmen dies nicht ernst genug! Bedenken Sie, dass Ihr Magen unter intensiver Belastung deutlich empfindlicher als gewohnt reagieren kann.

Einheit 59 Schlechtwettertag

→ Intensität: **60–95 % HFmax**
→ Umfang: **65–110 min**

Wenn es mal wieder wie aus Eimern schüttet, ist diese Einheit eine gute Alternative zum Training auf der Straße. Aber auch bei Sonnenschein sollten Sie dieses Training hin und wieder in Betracht ziehen – es soll Profis geben, die fast Ihr komplettes Radtraining auf der Rolle absolvieren.

Diese Einheit eignet sich besonders für Kurzdistanzler, die sich auf dem 40-Kilometer-Radsplit verbessern möchten.

15–20 min locker einfahren und die Belastung langsam von 60 auf 80 % steigern. Streuen Sie ein paar Technikübungen (runder Tritt, hohe Trittfrequenz, einbeinig treten) und am Schluss auch ein paar kurze Sprints ein.
20–40 × im Wechsel: **1 min** 90–95 % bzw. 100 % FTP-Schwelle (Wettkampftempo) + **1 min** locker
10 min locker ausfahren

Tipp

Simulieren Sie bei den Intervallen Wettkampfbedingungen – wählen Sie also einen Gang und eine Trittfrequenz, die Sie im Wettkampf tatsächlich fahren würden.

Einheit 60 Leichtes Maximaltraining – VO_2max

→ Intensität: **70–100 % HFmax**
→ Umfang: **40–65 min**

Der Vorteil dieser Einheit ist eine kurze Belastungsdauer und damit einhergehend eine geringe Laktatbildung, da diese erst nach einer hochintensiven Belastung von größtenteils mehr als 8 bis 10 Sekunden einsetzt. Sie können dieses Training bereits im Winter durchführen, sollten es dann allerdings äußerst sparsam dosieren. Im Allgemeinen erhöhen Sie damit Ihre Grundschnelligkeit und Ihre maximale Sauerstoffaufnahme. Wenn im Winter auf den Straßen und Wegen keine guten Bedingungen herrschen, suche ich mir hierfür eine 200 Meter lange Strecke, die eis- und schneefrei ist, und habe trotz widrigster Bedingungen eine qualitativ hochwertige Einheit.

20 min einlaufen (bei intensiven Einheiten wie dieser sehr wichtig, vor allem auch, wenn es draußen kalt ist)
2–3 × 100 m Sprint, Pause jeweils 30–60 s
30–90 × im Wechsel: **10 s** 95–100 % + **10 s** locker traben
10–15 min auslaufen

Nach dem Warmlaufen absolvieren Sie zwei bis drei Sprints, um den Körper auf das Kommende einzustimmen und die Betriebstemperatur anzuheben. Anschließend starten Sie mit den Intervallen. Sobald Sie eine starke Ermüdung spüren und/oder Ihr Tempo sich deutlich verringert, ist es an der Zeit, die Einheit abzubrechen, denn dies ist ein Zeichen dafür, dass Ihr Körper derzeit keine weiteren Wiederholungen verkraftet.

Je nach Trainingszustand können Sie diese Einheit auf bis zu 90-mal 10 Sekunden erweitern. Mithilfe der Pause wird es so möglich, für ganze 15 Minuten an der VO_2max-Grenze zu trainieren.

Tipp

Ab dem Frühjahr können Sie die Intervalllänge erhöhen, halbieren dabei aber die Anzahl der Intervalle:
10–30 × im Wechsel:
30 s 95 % + **30 s** locker

Hierbei wird allerdings deutlich mehr Laktat gebildet, daher fangen Sie erst am Ende der Grundlagenperiode damit an.

Einheit 61 Maximaltraining – VO_2max (long version)

→ Intensität: **70–95 % HFmax**
→ Umfang: **50–60 min**

Auch dieses Training erhöht Ihre VO_2max-Kapazität. Gleichzeitig erhöht es durch die Laktatbildung auch Ihre körpereigene Laktattoleranz für kurze und harte Rennen. Die meisten Athleten empfinden diese Einheit aufgrund der etwas niedrigeren Intensität als etwas leichter als die vorige Einheit.

15 min einlaufen
2–3 × 100 m Sprint, Pause jeweils 30–60 s
3–4 × im Wechsel: **4 min** 90–95 % + **4 min** locker
10 min auslaufen

Die Einheit können Sie auch während der Vorbereitung für einen 10-Kilometer-Lauf absolvieren. Des Weiteren passt dieses Training auch sehr gut als unmittelbare Vorbereitung für die ersten Testrennen der Saison, Sie sollten es aber maximal drei bis fünf Tage vor dem Wettkampf durchführen. Als Faustregel gilt: Je länger die Wettkampfdistanz, desto länger müssen Sie dem Körper vorher Ruhe gönnen, damit er sich komplett erholen kann.

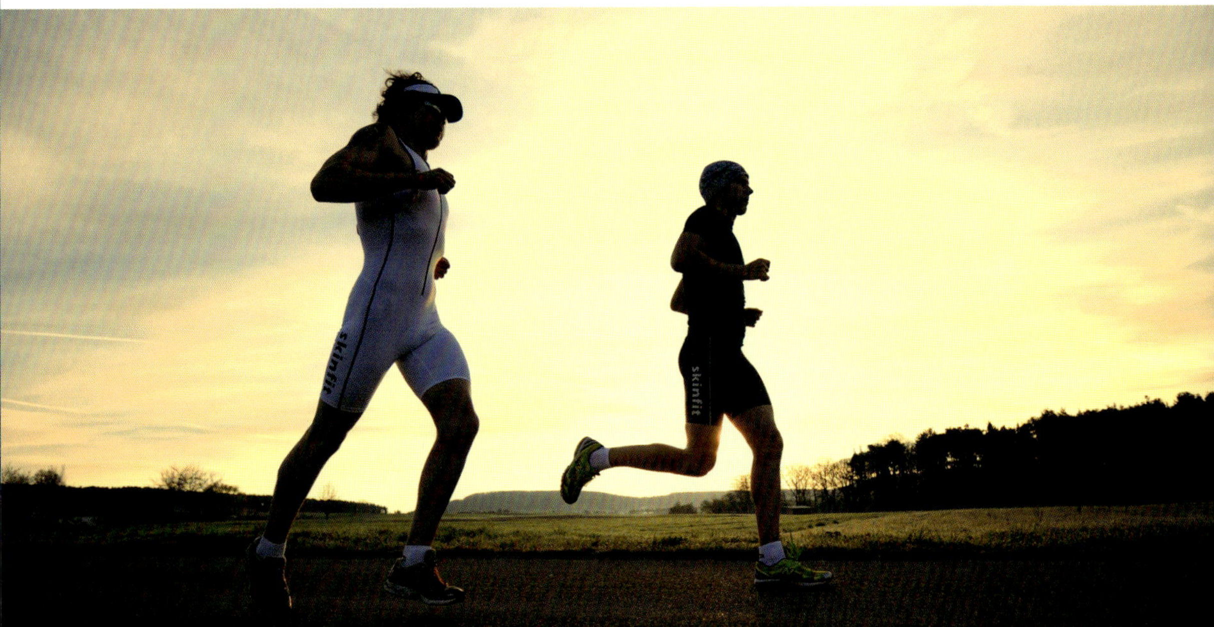

Einheit 62 **Basics: Steigerungslauf**

→ Intensität: **70–95 % HFmax**
→ Umfang: **55–60 min**

Dieser Lauf sollte zum Repertoire eines jeden Triathleten gehören. Sie steigern das Tempo langsam bis zur Wettkampfgeschwindigkeit und etwas darüber hinaus.

10 min	progressiv einlaufen, 60–70 %
10 min	70–80 %, langsam steigern
10 min	80–85 %, langsam steigern
10 min	85–90 %, langsam steigern
10 min	90–95 %, langsam steigern
5–10 min	locker auslaufen

Tipp

Wenn Sie sich auf die Langdistanz vorbereiten, dann beginnen Sie moderater und steigern nur bis maximal 85–90 Prozent Ihrer maximalen Herzfrequenz, also:

10 min 70–75 %
10 min 75–80 %
10 min 80–85 %
10 min 85–90 %

Genauso können Sie auch längere Läufe bis zu zwei Stunden aufbauen:
Sie teilen die Gesamtdauer in vier gleichlange Abschnitte auf und steigern konstant das Tempo, allerdings nur bis maximal 85 Prozent. Anschließend ist ihre Marathonbestzeit auf der Langdistanz gesichert.

Einheit 63 Tempowechsel

→ Intensität: **90–95 % HFmax**

→ Umfang: **60 min**

Diese Einheit bringt sowohl Tempo als auch Abwechslung in Ihr Lauftraining. Schnelle Wettkampftempo-Intervalle werden mit lockeren Trabpassagen kombiniert. Wichtig ist, dass Ihr Tempo in den schnellen Abschnitten hoch bleibt. Wenn Sie dafür in den Pausen nicht traben können, sondern gehen müssen, ist das kein Beinbruch. Dieses Training können Sie ab März für den Tempoaufbau maximal einmal pro Woche ausführen. Wenn ein Wettkampf am Wochenende ansteht, würde ich diese Einheit allerdings weglassen.

10 min einlaufen, 70–80 %
Fahrtspiel, schnell + langsam im Wechsel: **1 min** 90–95 % + **1 min** <65 % **2 min** 90–95 % + **2 min** <65 % **3 min** 90–95 % + **3 min** <65 % **4 min** 90–95 % + **4 min** <65 % **3 min** 90–95 % + **3 min** <65 % **2 min** 90–95 % + **2 min** <65 % **1 min** 90–95 % + **1 min** <65 %
10 min auslaufen, <70 %

Schnell bedeutet hier ein 5- bis 10-Kilometer-Wettkampftempo (90 bis 95 Prozent Ihrer maximalen Herzfrequenz). Achten Sie bei den langsamen Abschnitten darauf, dass Sie auch wirklich langsam laufen und sich erholen: unter 65 Prozent Ihrer maximalen Herzfrequenz.

Einheit 64 **Wechselnder Dauerlauf**

→ Intensität: **80–95 % HFmax**
→ Umfang: **50 min**

Als Alternative zur Einheit 63 können Sie auch ein Training von Lauf-Ass Sebastian Reinwand absolvieren. Allerdings wird hier anstatt der lockeren Laufpausen zwischen den Intervallen lediglich auf das Grundlagentempo gewechselt. Diese Einheit schult neben Ihrer Ausdauer auch Ihre Laktatverträglichkeit durch die hochintensiven Intervalle und gleichzeitig ihr Grundtempo.

10 min progressiv einlaufen, 65–80 %
6 × **1 min** 95 % + **30 s** Gehpause + **3:30 min** 80 %
5 min auslaufen, 65–70 %

Tipp

Wenn Sie die Einheit abschwächen und nur beispielsweise 30-Sekunden-Intervalle (95 %) durchführen und / oder die Dauerlaufphase von 4 auf 6 Minuten ausdehnen, dann können Sie dieses Training auch das ganze Jahr über durchführen.

Einheit 65 Klassische Intervalle auf der Bahn

→ Intensität: **85–95 % HFmax**
→ Umfang: **45–60 min**

Dieses Programm gehört in eine späte Phase des Saisonaufbaus und wird am besten nach einem Ruhetag absolviert. Laufprofis wie Phillip Ratz nutzen diese Einheit klassischerweise, um sich auf einen Halbmarathon oder Marathon vorzubereiten, aber auch Kurz- und Langstreckler profitieren von diesem Training. Absolvieren Sie die Einheit vorzugsweise auf der Bahn.

10 min einlaufen, 60–70 %, inklusive 3–4 Steigerungen zum Schluss
Für Anfänger und Fortgeschrittene: **5–6 × 1.000 m** mit schnellstmöglichem Durchschnitt, Pause jeweils 400 m langsames Traben *Für sehr erfahrene Athleten:* **8 × 1.000 m** mit schnellstmöglichem Durchschnitt, Pause jeweils 400 m langsames Traben
10 min auslaufen, <60 %

Sie sollten konstant so schnell wie möglich laufen, und zwar möglichst alle Intervalle in derselben Zeit. Wenn Sie die Einheit zum ersten Mal durchführen, beginnen Sie etwas unterhalb Ihres 10-Kilometer-Wettkampftempos (85 bis 90 Prozent der maximalen Herzfrequenz). Mit der Zeit finden Sie heraus, welches Tempo Ihr Optimum ist.

Laufen Sie auf der Bahn in der entgegengesetzten Richtung ein- und aus, damit Sie Ihren Bewegungsapparat nicht einseitig belasten

> **Tipp**
>
> Wenn Sie das Tempo auch bei den letzten beiden Wiederholungen noch halten können, dann war Ihr Pacing grandios!

Einheit 66 Langdistanz-Marathon

→ Intensität: **80–85 % HFmax**
→ Umfang: **45–75 min**

Diese Laufeinheit ist speziell auf den abschließenden Marathon der Langdistanz zugeschnitten – idealerweise absolvieren Sie dieses Training auf der Bahn.

5–10 min einlaufen, 60–70 %, inklusive 3–4 Steigerungen zum Schluss
6–12 × im Wechsel: **800 m** über dem geplanten LD-Marathontempo + **200 m** locker traben zur Erholung
5–10 min auslaufen, <60 %

Nach dem Aufwärmen laufen Sie 800 Meter schnell und 200 Meter langsam im Wechsel. Als Anhaltspunkt für Ihr Tempo auf den 800 Metern nehmen Sie einfach Ihre geplante Langdistanz-Marathonzeit. Beispiel: Wenn Sie einen Marathon in 2:59 Stunden planen, dann laufen Sie die 800 Meter in genau 2 Minuten und 59 Sekunden. Wenn Sie eine Marathonzeit von 3:20 Stunden anvisieren, laufen Sie die 800 Meter in 3 Minuten und 20 Sekunden. Es geht also nicht darum, die Intervalle genau im Langdistanz-Marathon-Tempo zu laufen, sondern deutlich schneller. Wenn Sie diese Übung beherrschen, haben Sie einen guten Indikator für Ihre Marathonzeit auf der Langdistanz.

Tipp

Fortgeschrittene können diese Einheit auch bis zu einer Dauer von zwei Stunden verlängern. Bauen Sie Ihre Form aber langsam dafür auf!

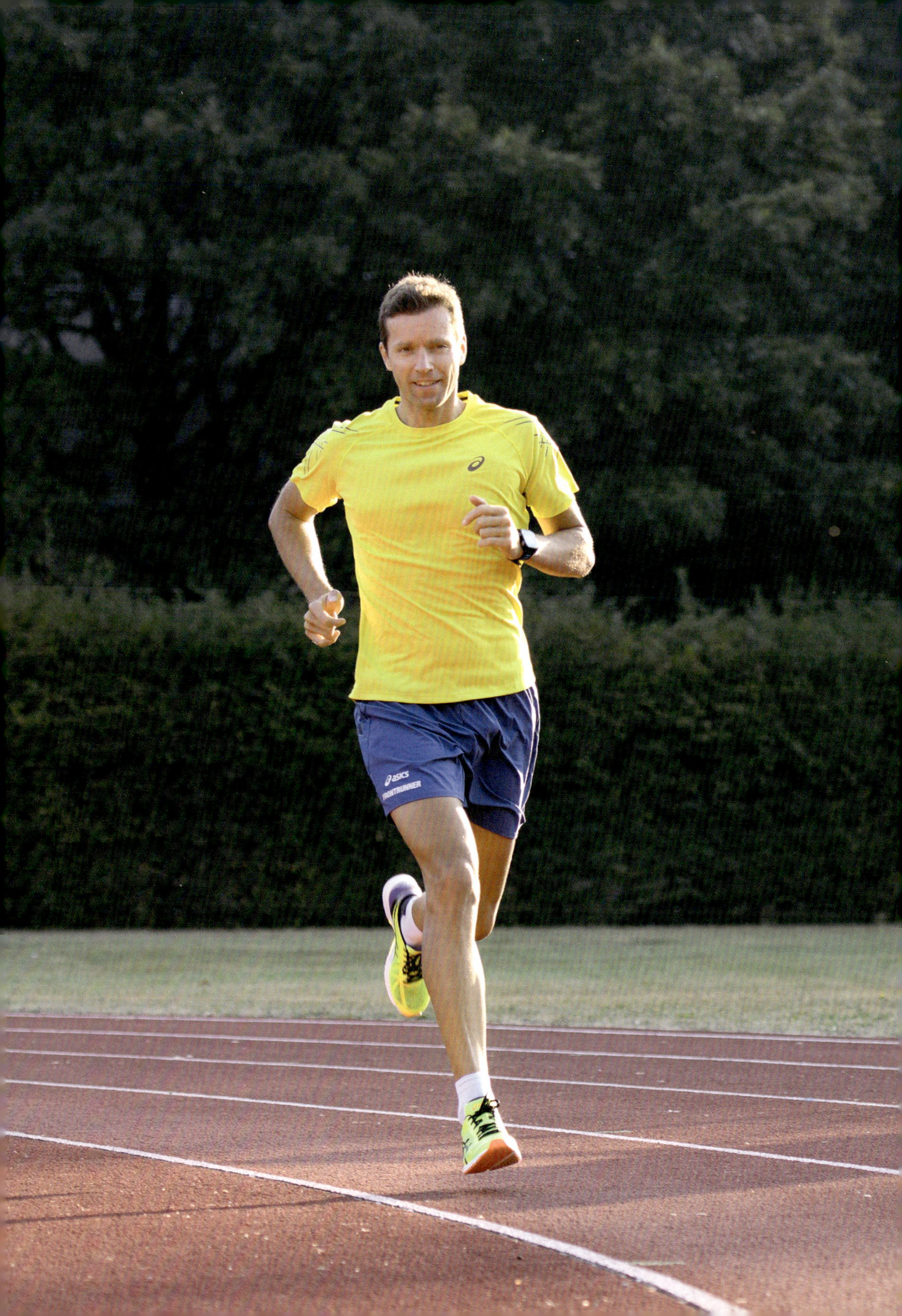
asics
FRONTRUNNER

Wettkampf-orientiertes Training

Wettkampf-orientiertes Training

Mit dem wettkampforientierten Training sollte Sie spätestens sechs Wochen vor Ihrem Saisonhöhepunkt beginnen. In der Regel liegt diese Phase zwischen Ende Juni und August. Das wettkampforientierte Training soll die kommenden Wettkämpfe so realistisch wie möglich simulieren: Sie führen intensive Trainingseinheiten im Renntempo durch. Testen Sie unter diesen Bedingungen auch die Ernährung, die Sie im Wettkampf zu sich nehmen wollen. Wenn Sie sich eine gute Grundlage erarbeitet und bereits Tempoeinheiten absolviert haben, so können Sie mit diesem Training innerhalb von drei bis vier Wochen Ihre Bestform erreichen. Achten Sie dennoch gerade in dieser Phase auf Zeichen von Überlastung, denn Sie bewegen sich mitunter auf einem schmalen Grat. Kleinere Verletzungen, ungewöhnlich hohe oder niedrige Pulswerte und Erschöpfung deuten auf eine Überlastung hin. Auch Ihre Gemütslage spiegelt die zunehmende Belastung wider: Ungeduld und Unmut – selbst bei Kleinigkeiten – nehmen zu, Ihre Kooperationsbereitschaft lässt nach. Teilen Sie das auch Ihrem Partner mit, der Sie während dieser Phase etwas genauer beobachten soll.

Schwimmen

Das Schwimmtraining in der Wettkampfvorbereitungsphase zeichnet sich durch hohe Anteile im geplanten Renntempo bei gleichzeitig sehr kurzen Erholungspausen aus. Damit steigern Sie Ihre Tempohärte und Standhaftigkeit und übertragen Ihre in den Vormonaten erworbene Grundschnelligkeit auf die volle Länge Ihrer Distanz. Die in diesem Kapitel vorgestellten Schwimmeinheiten sind ebenfalls möglichst einfach gehalten, aber gleichzeitig sehr effektiv.

Radfahren

Auch im Radfahren orientieren Sie sich an der geplanten Renngeschwindigkeit. Das bedeutet natürlich für Kurzdistanzler höhere Belastungsspitzen als für Langdistanzler. Aber auch Letztere profitieren von schnellen Einheiten, sie sollten dabei allerdings den Maximalbereich nur selten streifen. Ich habe die Erfahrung gemacht, dass hochintensives Training in den Wochen vor dem Höhepunkt nicht unbedingt zu den Bestleistungen über die lange Distanz führt, da es völlig andere Reize setzt. Vermeiden Sie also Sprintwettkämpfe in den letzten Wochen vor Ihrem Saisonhöhepunkt auf der Langdistanz.

Laufen

In dieser Phase holen Sie sich den Feinschliff für Ihre Laufform. Laufen Sie jedoch keinesfalls nur noch Intervalle, sondern setzen Sie diese dosiert und sparsam ein. Absolvieren Sie Intervalle beispielsweise innerhalb einer Grundlageneinheit, dann haben Sie gleich zwei Trainingsreize gesetzt. Wie bereits erwähnt: Laufen ist mit Abstand die belastendste Disziplin für Ihren Körper und Organismus und birgt gleichzeitig das größte Trainingspotenzial. Wenn Sie also lediglich eine Stunde Zeit haben, dann stellt Laufen das effektivste Training dar.

Einheit 67 3.000-Meter-Test

→ Intensität: **85–90 % HFmax**
→ Umfang: **3.400 m**

Um Tempohärte für den Schwimmabschnitt eines Langdistanztriathlons aufzubauen, gibt es kaum ein besseres Training als den 3.000-Meter-Test. Kurzdistanzler führen diesen Test über 1.000 Meter durch. Diese Einheit sollten Sie in einem 50-Meter-Becken absolvieren.

200 m locker einschwimmen, dabei 2–3 kurze Steigerungen absolvieren
Für Langdistanzler: **3.000-Meter-Test**, 85–90 % *Für Kurzdistanzler:* **1.000-Meter-Test**, 90–95 %
200 m locker ausschwimmen

Wenn Sie diese Einheit ab April einmal im Monat absolvieren, dann können Sie Ihr Leistungsvermögen auf dem Schwimmabschnitt der Langdistanz beziehungsweise Kurzdistanz sehr exakt einschätzen. Darüber hinaus stärkt Sie dieses Training auch mental, schließlich benötigen Sie ein ganz schönes Durchhaltevermögen …

Tipp

Dieses Training eignet sich speziell für erfahrene Athleten, deren Schwimmtechnik bereits gut entwickelt ist. Anfänger sollten solche langen Strecken vermeiden, da irgendwann die Technik unsauber wird und sie dann nur noch schlechtes Schwimmen üben.

Einheit 68 It's simple

→ Intensität: **80–85 % bzw. 90–95 % HFmax**
→ Umfang: **2.250–3.200 m**

Diese Einheit hat mir Gerry, ein ehemaliger Schwimmer im deutschen Langstreckenkader, empfohlen, und mich bei jedem Training abgezogen.

Ziel dieser Einheit ist es, dass Sie jeweils 50 Meter im geplanten Wettkampftempo (oder leicht darüber) schwimmen: bei 90 bis 95 Prozent, wenn Sie auf der Kurzstrecke starten, bei 80 bis 85 Prozent, wenn Sie auf der Langstrecke starten. Unterbrochen werden die 50-Meter-Intervalle von kurzen Pausen am Beckenrand, die im Vergleich zur vorhergehenden Trainingsperiode extrem kurz ausfallen. Dies verbessert Ihr Stehvermögen für die geplante Wettkampfgeschwindigkeit.

200 m locker und beliebig einschwimmen
2–4 × 50 m Steigerung (langsam beginnen und mit Sprint beenden), Pause jeweils 30 s
Für Kurzdistanzler: **25 × 50 m** 90–95 %, Pause jeweils 10 s *Für Langdistanzler:* **50 × 50 m** 80–85 %, Pause jeweils 10 s
200–300 m locker und beliebig ausschwimmen

Beginnen Sie stets moderat und keinesfalls zu schnell. Versuchen Sie, Ihr Tempo so lange wie möglich aufrechtzuerhalten. Wenn Sie bemerken, dass Sie im Vergleich zu den ersten 50-Meter-Abschnitten mehr als 5 Sekunden auf 50 Meter verlieren, dann schwimmen Sie die nächsten ein bis zwei 50-Meter-Abschnitte in lockerem Tempo und versuchen anschließend, wieder einzusteigen. Wenn Sie auch nach mehreren lockeren 50-Meter-Abschnitten nicht mehr das angestrebte Tempo halten können, dann brechen Sie die Intervalle ab und schwimmen den Rest im Bereich 70 bis 75 Prozent.

Tipp

Beginnen Sie solche Intervalleinheiten stets konservativ. Sonst kann der Ofen schnell aus sein!

Einheit 69 75er im Rausch

→ Intensität: **95–100 % HFmax**
→ Umfang: **2.600–3.700 m**

Eine Steigerung der vorigen Einheit finden Sie hier – und zwar dank Michael Reiwe, einem meiner ehemaligen Schwimmtrainer, der mich dieses Programm immer kurz vor dem Saisonhöhepunkt schwimmen ließ. Wir erhöhen im Vergleich zur vorigen Einheit die Belastungsdauer und das Tempo, gleichzeitig verlängern wir die Pause. Dieses Training eignet sich besonders für Wettkampfdistanzen von 1,5 bis 3,8 Kilometer.

200 m locker und beliebig einschwimmen
2–4 × 50 m Steigerung, Pause 30 s
15–25 × 100 m: 75 m 95–100 % + 25 m locker, Pause 10 s, nach jedem siebten 100-Meter-Abschnitt Serienpause 100 m locker Brust/Rücken
300 m locker und beliebig ausschwimmen

Diese Einheit kann man gut mit Neo im Freibad auf der 50-Meter-Bahn absolvieren. Vor einigen Jahren habe ich damit sehr gute Erfahrungen gemacht. Obwohl mein Schwimmpensum mit sechs Kilometern pro Woche relativ gering war, konnte ich mit einer Handvoll dieser Einheiten eine neue Schwimmbestzeit von 54 Minuten über die 3,8 Kilometer erreichen.

Tipp

Testen Sie sich während der ersten 5 Wiederholungen langsam an Ihr Spitzentempo heran und versuchen Sie, dieses über die gesamte Dauer der Einheit zu halten. Beginnen Sie mit 15 Wiederholungen. Je nach Wettkampfdistanz können Sie die Einheit auf 30 Wiederholungen steigern.

Einheit 70 Neoschwimmen

→ Intensität: **75–80 % (kurzzeitig: 95–100 %) HFmax**
→ Umfang: **40–55 min**

Beginnen Sie mindestens sechs bis vier Wochen vor Ihrem Wettkampfhighlight, mit dem Neo zu schwimmen, um sich an die andere Belastung gewöhnen. Vor allem die Muskeln des Schultergürtels leisten aufgrund des Materialwiderstands erhebliche Mehrarbeit. Dieses Programm sollten Sie in einem See in Ihrer Nähe absolvieren. Schwimmen Sie im Freiwasser besser nicht allein, sondern immer in einer Gruppe oder mindestens zu zweit! Nutzen Sie das Training auch, um die Orientierung im Wasser und das Schwimmen im Wasserschatten zu üben.

5 min locker einschwimmen
15–20 min Führungswechsel, 75–80 %
15–20 min verschärfter Führungswechsel, 75–80 %, jeweils für 10–20 Schläge: 95–100 %
5–10 min locker ausschwimmen

Suchen Sie sich einen Punkt an Land, den Sie anschwimmen. Bilden Sie mit Ihren Trainingskollegen eine Reihe. Jeder schwimmt für circa 50 Züge vorn und lässt sich anschließend ans Ende der Gruppe fallen. Wählen Sie ein moderates Tempo (75–80 Prozent) und versuchen Sie, den Wasserschatten Ihres Vordermanns zu „erfühlen", ohne dabei nach vorn schauen zu müssen. Mit etwas Übung wissen Sie allein anhand der Druckveränderung des Wassers, in welche Richtung sich Ihr Vordermann bewegt. Je weniger Sie sich nach vorn orientieren müssen, desto schneller können Sie schwimmen, weil das Umschauen und das Heben des Kopfs Ihr Tempo jedes Mal geringfügig verringert. Ihr Vordermann sollte allerdings wissen, wo er hinschwimmt! Beim verschärften Führungswechsel erhöhen Sie für 10 bis 20 Schläge das Tempo (95 bis 100 Prozent), sobald sich der vorderste Schwimmer nach hinten fallen lässt, und versuchen, sich kurzzeitig abzusetzen. Simulieren Sie so Tempoverschärfungen im Rennen, zum Beispiel beim Start oder an Bojen, und erhöhen Sie dadurch Ihre Laktattoleranz. Üben Sie im Anschluss an das Schwimmen mit dem Neo immer auch den Sprint an Land: Also raus aus dem Wasser und sofort den Neo bis zur Mitte herunterziehen. An einem vorher festgelegten Zielpunkt halten Sie an und streifen sich blitzschnell den Neo vom Körper.

Tipp

Thomas Lurz, mehrfacher Weltmeister über 5.000 und 10.000 Meter, empfiehlt, sich beim Training im Freiwasser auf die Zuganzahl zu konzentrieren, da eine Kontrolle nach Metern (wie im Freibad) nicht möglich ist.

Einheit 71 Zeitfahren

→ Intensität: **90 % HFmax**
→ Umfang: **70–80 min**

Mit dieser Einheit können Sie Ihre Formfortschritte auf dem Wettkampfrad exzellent kontrollieren und gleichzeitig Raddruck aufbauen. Darüber hinaus finden Sie so Ihre anaerobe Schwelle auf dem Rad. Setzen Sie dieses Training aber sparsam ein: circa alle zwei Wochen ab Mai. Diese Einheit bietet sich vor allem für Athleten an, die auf der olympischen oder der mittleren Distanz antreten.

15 min locker einfahren, inklusive ein paar Steigerungen
30 km Zeitfahren, 90 % bzw. 95–100 % FTP-Schwelle
15 min locker ausrollen

Teilen Sie sich Ihre Kräfte beim Zeitfahren richtig ein und beginnen Sie nicht zu schnell. Am besten unterteilen Sie die 30 Kilometer gedanklich in vier Abschnitte. Der erste sollte sich noch gut anfühlen, ab dem zweiten beginnt die Arbeit, der dritte ist der Härteste, und beim letzten beißen Sie sich gerade noch ins Ziel.

Tipp

Die Herzfrequenz und die Wattleistung (falls erfasst) von Kilometer 10 bis Kilometer 30 können Sie als Ihre anaerobe Schwelle festsetzen.

Einheit 72 Abfahrt

→ Intensität: **70–80 % HFmax bzw. 75–85 % FTP-Schwelle**
→ Umfang: **50–70 min**

Bei kurvigen Abfahrten im Wettkampf verlieren Triathleten gegenüber guten Radfahrern unglaublich viel Zeit. Dies liegt nicht zuletzt daran, dass Lenker, Aufsatz und Sitzposition beim Triathlonrad auf das Zeitfahren ausgelegt sind. Dennoch können die meisten Triathleten an ihren Abfahrfertigkeiten noch arbeiten. Auf Kursen wie Nizza, Thun und sogar in Roth können Sie auf diesem Weg bis zu einige Minuten Ihres Radsplits einsparen – und das ohne irgendein Watt zusätzlich erbrachte Leistung.

10–20 min einfahren, 70–80 %
4–8 Abfahrten, auf dem Rückweg jeweils moderates Tempo den Anstieg wieder hinauf
10 min ausfahren

Suchen Sie sich für dieses Training eine längere und kurvige Abfahrt, für die Sie drei bis fünf Minuten brauchen. Üben Sie, die Abfahrt schnell, aber dennoch kontrolliert zu fahren. Je später Sie bremsen, desto länger können Sie Ihre Geschwindigkeit aufrechterhalten. Bremsen Sie aber zu spät, riskieren Sie, aus der Kurve getragen zu werden – tasten Sie sich also ganz langsam an den idealen Punkt heran. Denken Sie dabei stets an Ihre Sicherheit und an die Ihrer Mitfahrer! Beachten Sie die Straßenverkehrsordnung und üben Sie nur auf wenig befahrenen Straßen sowie auf Strecken mit gut einsehbaren Kurven!

Beispiel Rechtskurve: Kurz vor der Kurve fahren Sie so weit wie möglich nach links Richtung Fahrbahnmitte. Achten Sie jedoch darauf, nicht auf die Gegenfahrbahn zu geraten! Ihr Bremsmanöver sollten Sie unbedingt vor der Kurve abgeschlossen haben, sodass Sie nun mit der noch bestehenden Geschwindigkeit in die Kurve fahren können. Steuern Sie nun wieder den rechten Fahrbahnrand an, fahren Sie also nach rechts bis zum Scheitelpunkt der Kurve. Hinter dem Scheitelpunkt lassen Sie sich von der Fliehkraft nach außen tragen. Nach der Kurve treten Sie wieder an – eventuell auch im Wiegetritt – und nehmen Fahrt auf.

Je tiefer Ihr Schwerpunkt liegt, desto sicherer kommen Sie um die Kurve: Ihre Hände sind am Unterlenker, die kurveninnere Hand steuert den Lenkvorgang, das innere Knie befindet sich am Oberrohr, das Rad liegt in der Kurve, während Ihr Oberkörper eher aufgerichtet ist. Das kurvenäußere Bein ist in der unteren Pedalstellung und drückt dabei kräftig in das Pedal, um die Bodenhaftung zu erhöhen. Das kurveninnere Bein liegt dementsprechend locker auf dem oberen Pedal.

Beginnen Sie das Kurvenfahren lieber etwas zu kontrolliert, der Mut kommt mit zunehmender Streckenkenntnis von allein dazu. Stoppen Sie jedes Mal die Zeit, mit steigender Wiederholungszahl sollten Sie immer schneller werden. Gewinnen Sie Vertrauen in das Material und Ihre Fähigkeiten. Beim Erklimmen des Anstiegs auf dem Rückweg sollten Sie das Tempo unbedingt moderat halten. Ansonsten gefährden Sie Ihre Abfahrt aufgrund der zunehmenden Ermüdung!

Tipp

Üben Sie auch einmal mit vollem Materialeinsatz, das heißt auf dem Zeitfahrrad mit Wettkampflaufrädern. Außerdem sollten Sie diese Einheit auch einmal (dann aber sehr viel vorsichtiger!) bei nassen Straßenverhältnissen absolvieren, um den Unterschied zu trockenen Straßenverhältnissen kennenzulernen.

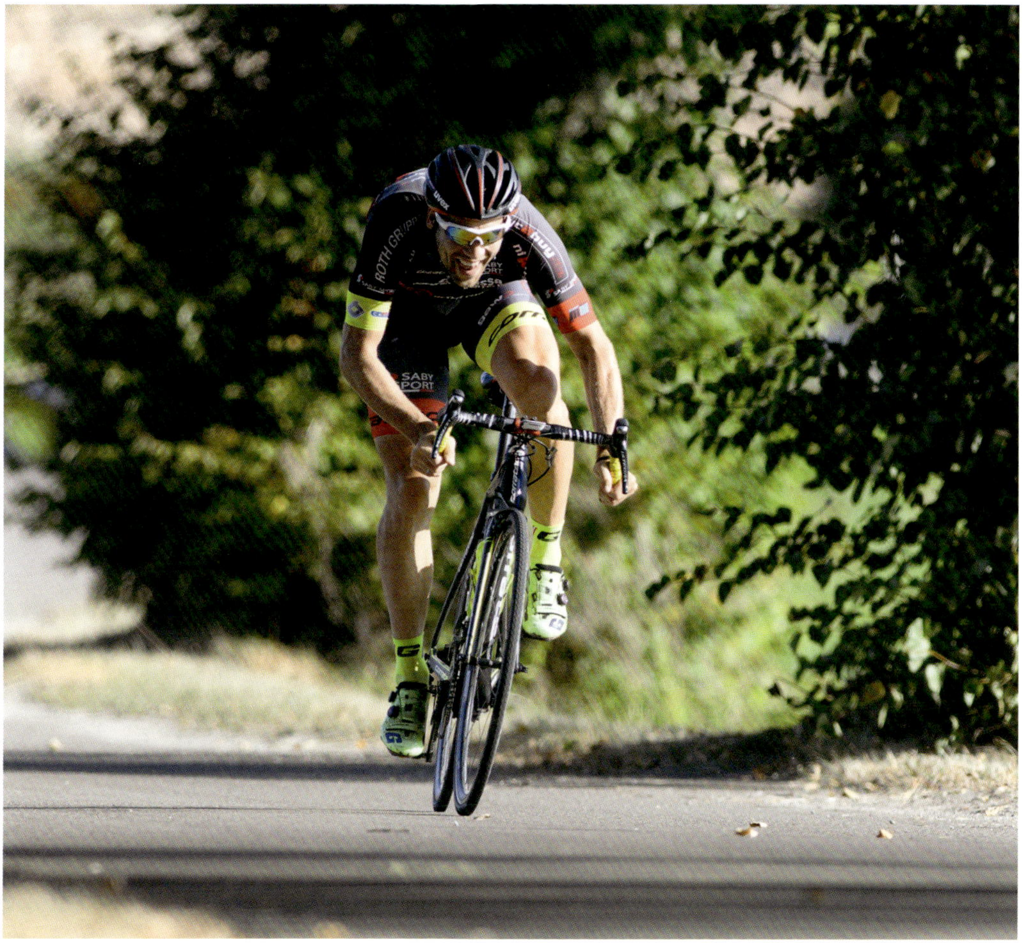

Einheit 73 Wettkampf-simulation

→ Intensität: **75–85 % HFmax**
→ Umfang: **3:30–4:30 h**

Diese Einheit können Sie an einem Badesee in Ihrer Nähe durchführen. Es ist ein Koppeltraining, speziell zugeschnitten auf längere Distanzen (Mittel- bis Langdistanz), dabei aber trotzdem relativ kurz. Aufgrund der recht hohen Belastung führen Sie diese Einheit nur alle zwei Wochen durch und frühestens ab Mitte Mai. Zusammen mit anderen Athleten macht das Training mehr Spaß. Dann fällt es Ihnen auch leichter, sich auszubelasten – aber verschwenden Sie beim Radfahren keine Energie durch lange Gespräche mit den Kollegen!

30 min schwimmen im Neo
5 min einschwimmen
25 min bei Langdistanz-Wettkampftempo, 80 %
Bauen Sie ruhig Elemente des in Einheit 68 beschriebenen Neoschwimmtrainings ein.

60–85 km Rad fahren, 80 % bzw. 80–85 % FTP-Schwelle
Wechsel beim Auto (in Ruhe)
Die ersten paar Kilometer einrollen und langsam auf Langdistanzintensität steigern. Jeder fährt für sich allein oder mit mindestens 20 bis 30 Metern Abstand. Ansonsten verzerrt dies das Ergebnis. Sie sollen nach dieser Einheit Ihre Leistung am Wettkampftag realistisch einschätzen können. Fahren Sie auf der Ebene rigoros bei 80 %. An Anstiegen lässt es sich oft nicht vermeiden, dass Sie leicht darüber hinausgehen.

12 km laufen, 80–85 %
Wieder am Auto angekommen, schneller Wechsel in die Laufschuhe
Halten Sie sich anfangs noch zurück und warten Sie ein paar Minuten, bis sich Ihre Herzfrequenz auf Wettkampfniveau einpendelt. Diese Intensität halten Sie nun bis zum Schluss.

Vergessen Sie nicht, Verpflegung mitzunehmen, damit Ihnen die Energie während dieser fordernden Einheit nicht ausgeht! Tragen Sie am Ende alle Einzelzeiten zusammen und versuchen Sie, sich über die nächsten Wochen in den beschriebenen Pulszonen zu verbessern. Dies können Sie ganz einfach an den Split-Zeiten beim Radfahren und Laufen kontrollieren.

Tipp

Wenn Sie heute nicht Ihre Ernährungsstrategie für den Saisonhöhepunkt testen, wann dann?

Einheit 74 Radfahren + Laufen

→ Intensität: **85–90 % HFmax**
→ Umfang: **65–90 min**

Der Klassiker unter den Koppeltrainings: eine Radeinheit, unmittelbar gefolgt von einer Laufeinheit. Beginnen Sie damit nicht erst im Frühsommer! Ein Koppellauf gehört schon in das Frühjahrstraining. Dann absolvieren Sie ihn aber natürlich nicht in dieser Intensität wie jetzt.

10 min einfahren, dabei langsam die Belastung bis 80 % erhöhen
3–4 × 20 min Rad fahren + laufen: 10 min Rad fahren im Kurzdistanz-Wettkampfbereich, 85–90 % bzw. 90–95 % FTP-Schwelle 3 min locker ausfahren schneller Wechsel in die Laufschuhe 5 min im Kurzdistanz-Wettkampfbereich, 85–90 % 2 min locker auslaufen – versuchen Sie, den Puls wieder auf <70 % zu bringen passive Pause 1–2 min
5–10 min ganz locker auslaufen

Tipp

Üben Sie hier den Wechsel und konzentrieren Sie sich auf Fertigkeiten, die Sie für den schnellen Wechsel benötigen – beispielsweise das Raus- und Reinschlüpfen in die Radschuhe während des Fahrens.

Einheit 75 Duathlontraining

→ Intensität: **80–95 % HFmax**
→ Umfang: **90–120 min**

In der unmittelbaren Vorbereitung auf den ersten Wettkampf der Saison, der oft ein Duathlon ist, hat sich dieses Training bei den von mir trainierten Athleten als sehr gut geeignet erwiesen. Das Training wird Ihnen natürlich auch einen ordentlichen Leistungsschub für Ihre Triathlonrennen geben. Führen Sie es ab drei Wochen vor dem Wettkampf einmal pro Woche durch, und Sie werden erfreut sein, wie gut Sie im Vergleich zu den Vorjahren abschneiden.

Führen Sie dieses Training auf einem langen und wenig frequentierten Radweg durch. Platzieren Sie Ihre Laufsachen für den Wechsel in einem Rucksack am Wegrand und nehmen Sie ein Schloss für Ihr Rad mit.

10 min locker einrollen

❶ **10 km** Rad fahren + **2,5 km** laufen, jeweils 80 % bzw. 80–85 % FTP-Schwelle
❷ **10 km** Rad fahren + **2,5 km** laufen, jeweils 80–90 % bzw. 85–95 % FTP-Schwelle
❸ **10 km** Rad fahren + **2,5 km** laufen, jeweils 90–95 % bzw. 95–100 % FTP-Schwelle

10–20 min locker ausfahren

Versuchen Sie auch hier, die Intensität im Verlauf der Einheit zu steigern. Außerdem absolvieren Sie ein sehr schönes Wechseltraining. Vergessen Sie nach Abschluss der Einheit Ihren Rucksack am Wegrand nicht!

Tipp

Bei schlechtem Wetter können Sie diese Einheit in einem Fitnessstudio absolvieren. Alles, was Sie dafür benötigen, sind eine Rolle und ein Laufband.

Einheit 76 Run & Bike

→ Intensität: **85–95 % HFmax**
→ Umfang: **50–70 min**

Für diese Einheit benötigen Sie einen Trainingspartner. Sie absolvieren sie zu zweit – aber mit nur einem Mountainbike oder Crossrad ausgestattet – auf einer eher anspruchsvollen Strecke, zum Beispiel auf Feld- und Waldwegen, und wechseln sich dabei mit dem Radfahren und Laufen ab: Während einer das Mountainbike fährt, läuft der andere nebenher. Der Radfahrer sagt an, wann gewechselt wird. Mit etwas Übung gelingen Ihnen die Wechsel problemlos und vor allem ohne den Laufschritt zu unterbrechen. Die Radabschnitte stellen bei dieser Einheit Erholungsphasen dar, sodass auch zwei Athleten unterschiedlichen Niveaus zusammen trainieren können. Variieren Sie in diesem Fall die Länge der Laufabschnitte. Bauen Sie ein paar Anstiege mit in den Parcours ein, wird auch der Radpart anspruchsvoller. Verpflegung für beide kann am Rad angebracht werden.

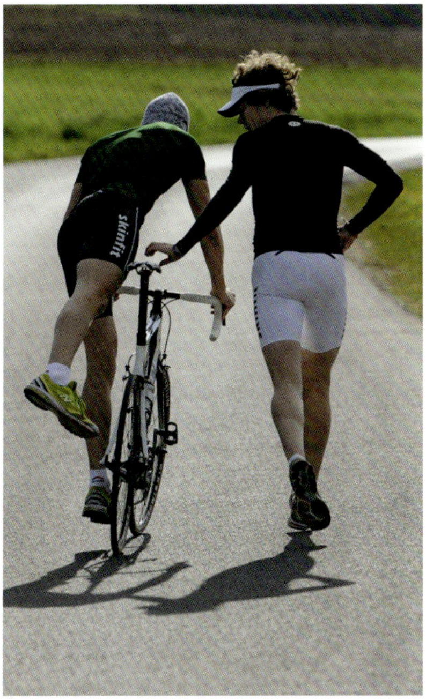

10–15 min moderat beginnen, alle 1–2 min wechseln
30–45 min Run & Bike: Wechsel alle 20–40 s, laufen bei 85–95 % (10-Kilometer-Wettkampftempo)
10 min auslaufen bei lockerem Tempo, <65 %

Sie werden erstaunt sein, wie lange Sie dieses Wechselspiel aufrechterhalten können! Während der Einheit können Sie permanent den Auf- und Abstieg vom Fahrrad üben, was Ihre Wechselzeiten positiv beeinflussen wird.

Tipp

Es gibt kaum eine bessere Einheit, um Ihre Muskulatur an den Wechsel vom Radfahren zum Laufen zu gewöhnen. Ideales Vorbereitungstraining für Duathlon- und Triathlonwettkämpfe! Und viel Spaß macht es außerdem!

Einheit 77 Wechseltraining

→ Intensität: **85–95 % HFmax**
→ Umfang: **40–60 min**

Gerade bei kürzeren Wettkampfdistanzen gilt: Die Sekunden, um die Sie die Wechselzone schneller als die Konkurrenz verlassen, bekommen Sie quasi geschenkt. Für diese Einheit benötigen Sie Ihre Wettkampf-Rad- und Laufschuhe sowie einige Gummibänder. Richten Sie auf einem wenig frequentierten Radweg einen kleinen Wechselplatz ein. Achtung: Der Untergrund sollte sich zum Barfußlaufen eignen.

10 min einfahren, 60–70 %, inklusive 3–4 Steigerungen zum Schluss

2–3 ×
2.000 m Rad fahren, 90–95 % bzw. etwas über FTP-Schwelle + **Wechsel** + **500 m** laufen, 90–95 %
2–3 min locker austraben, dann Radwechsel präparieren
200 m anlaufen (mit Rad)
2.000 m Rad fahren, 90–95 % + **Wechsel** + **500 m** laufen, 90–95 %
2–3 min locker traben, dann Radwechsel erneut präparieren

10 min locker ausfahren

Nach dem Aufwärmen fahren Sie 1.000 Meter in eine Richtung, wenden und fahren zurück zum Ausgangspunkt. Steigen Sie noch während der Fahrt aus Ihren Radschuhen aus und wechseln Sie nach dem Absteigen blitzschnell in Ihre Laufschuhe. Direkt im Anschluss laufen Sie 500 Meter (250 Meter hin und 250 Meter zurück) im Wettkampftempo. Wieder am Ausgangspunkt angekommen, laufen Sie für 2 bis 3 Minuten locker, Ihr Puls sollte auf unter 65 Prozent Ihrer maximalen Herzfrequenz sinken.

Dann präparieren Sie das Rad: Mit dem Gummiband verbinden Sie die Fersenschlaufe des vorderen Schuhs und den Umwerfer, den hinteren Schuh fixieren Sie mit dem Gummiband am Schnellspanner. So schleifen die Radschuhe nicht am Boden und Sie können mit dem Rad in der Hand loslaufen. Das tun Sie jetzt auch: Laufen Sie 200 Meter barfuß hart an – als ob Sie gerade im Wettkampf mit Ihrem Rad aus der Wechselzone hinausliefen. Springen Sie wie im Wettkampf aufs Rad: Während des Laufens halten Sie das Rad zunächst mit einer Hand am Sattel und führen es neben sich her. Greifen Sie mit der äußeren Hand den Lenker und anschließend auch mit der inneren Hand. Jetzt springen Sie leicht ab, schwingen ein Bein über den Sattel und landen auf der Innenseite des Oberschenkels (nicht zu mittig, sonst kann es etwas schmerzhaft werden). Nehmen Sie die richtige Radposition ein. Fahren Sie ein paar Meter barfuß auf Ihren Radschuhen und ziehen Sie erst den einen und dann den anderen langsam während der Fahrt an. Zwischendurch treten Sie immer wieder, um die Geschwindigkeit aufrechtzuerhalten.

Einheit 78 Alternierender Dauerlauf

→ Intensität: **75–90 % HFmax**
→ Umfang: **50–90 min**

Diese Einheit eignet sich sehr gut für Triathleten auf allen Distanzen. Je nachdem, welche Wettkämpfe Sie planen, passen Sie einfach das Tempo und die Distanzen an. Je kürzer Ihre Zieldistanz, desto schneller und kürzer sollten auch die Intervalle gestaltet sein.

5–10 min locker einlaufen, 70–80 %

Für Mittel- und Langdistanzler:

2–4 × im Wechsel:

3 km im Halbmarathontempo eines Triathlons, ca. 85 % + **1 km** ca. 75 %

Für Kurzdistanzler:

5 × im Wechsel:

1,5 km ca. 90 % + **500 m** ca. 75 %

10 min locker auslaufen, <60 %

Bei diesem Training sollten Sie nicht mehr als 15 intensive Kilometer absolvieren. Mittel- und Langdistanzler beginnen mit zwei Wiederholungen und steigern sich dann langsam.

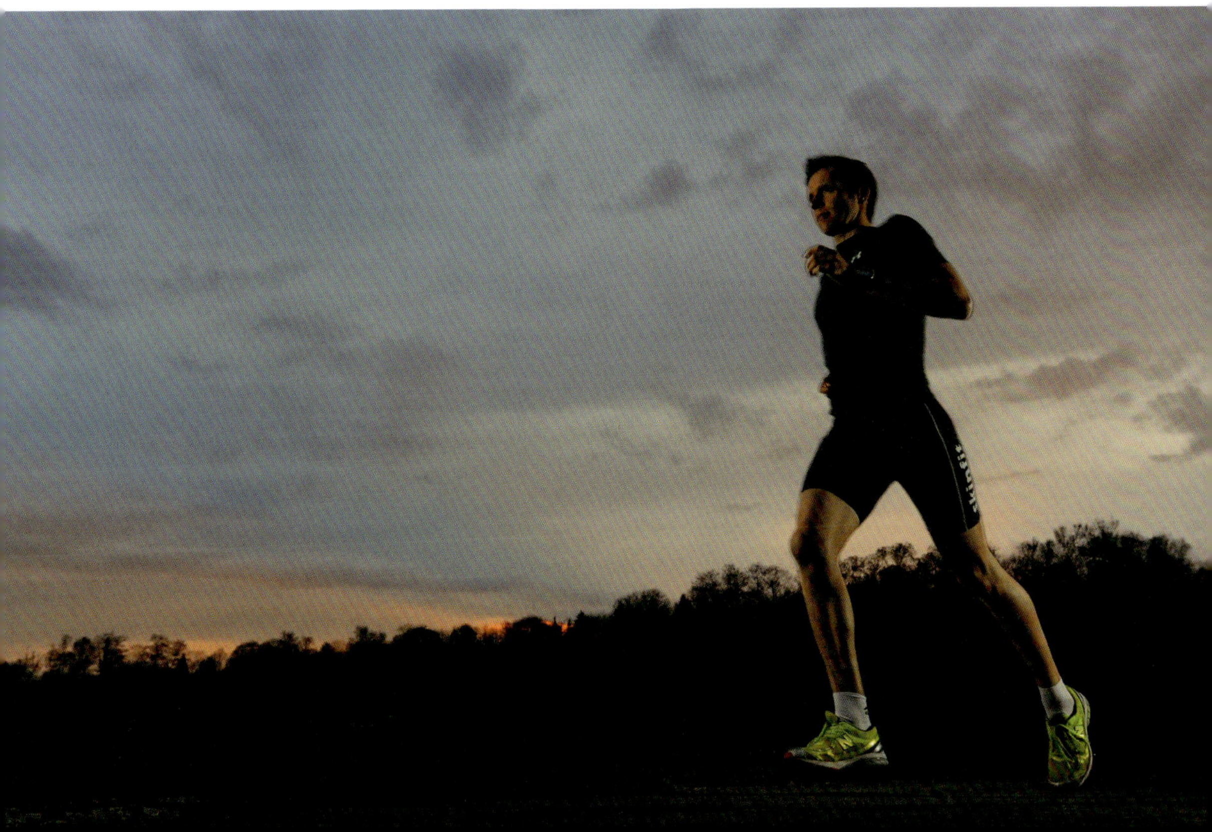

Einheit 79 Langdistanz-Vorbereitung

→ Intensität: **75–85 % HFmax**
→ Umfang: **70 min**

Vor dem Saisonhöhepunkt können Sie die kürzeren Läufe fast ausschließlich im geplanten Wettkampftempo laufen. Dies ist für die Langdistanz nicht allzu hoch und immer noch im oberen Grundlagenbereich. Ziel dieser Einheit ist es, Ihre aerobe Schwelle nach oben zu verschieben. Das erreichen Sie, indem Sie das erste Drittel leicht unterhalb der Schwelle, das zweite Drittel auf der Schwelle und das letzte Drittel etwas über der Schwelle laufen. Dies ist eine Schlüsseleinheit!

Absolvieren Sie diese Einheit ein- bis zweimal pro Woche und Sie befinden sich auf einem guten Weg zu Ihrer persönlichen Bestzeit über die abschließenden 42 Kilometer.

5 min locker einlaufen
20 min 75–80 %
20 min 80 %
20 min 80–85 %
3 × 100 m Sprint, Trabpause jeweils 20 s
5–10 min locker auslaufen

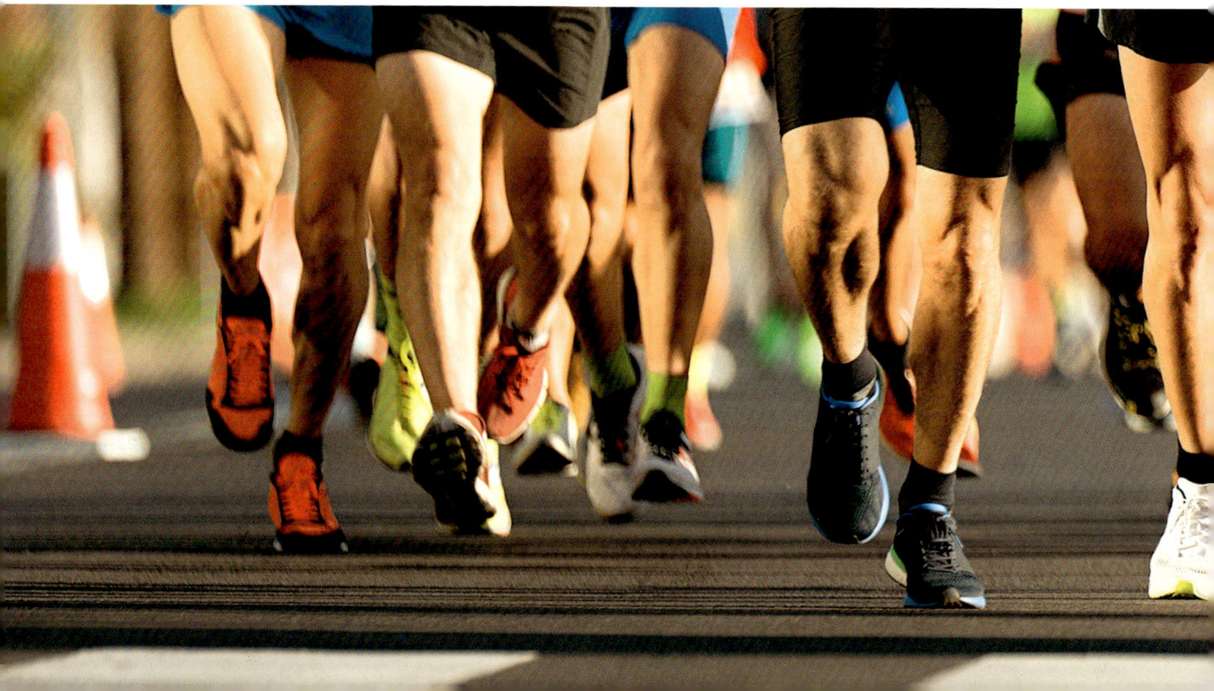

Einheit 80 Wechselnder Tempodauerlauf

→ Intensität: **70–90 % HFmax**
→ Umfang: **35–90 min**

Diese Trainingseinheit besteht aus circa zwei Dritteln Tempodauerlauf und einem Drittel Dauerlauf.

5 min locker einlaufen, 70–75 %, zum Schluss 2–3 Steigerungen, Trabpause jeweils 20 s
5–15 km Tempodauerlauf bei 85–90 % + Dauerlauf bei 70–75 % im Wechsel, Beispiel 12-km-Lauf: 2 km Tempodauerlauf 1 km Dauerlauf 3 km Tempodauerlauf 2 km Dauerlauf 2 km Tempodauerlauf 1 km Dauerlauf 1 km Tempodauerlauf
5–10 min locker austraben, <60 %

Laufen Sie zwei Drittel der Zeit in Tempodauerlauf- und ein Drittel in Dauerlauf-Geschwindigkeit. Beginnen Sie mit 5 bis 6 Kilometern und steigern Sie sich langsam bis auf eine maximale Gesamtlänge von 15 Kilometern.

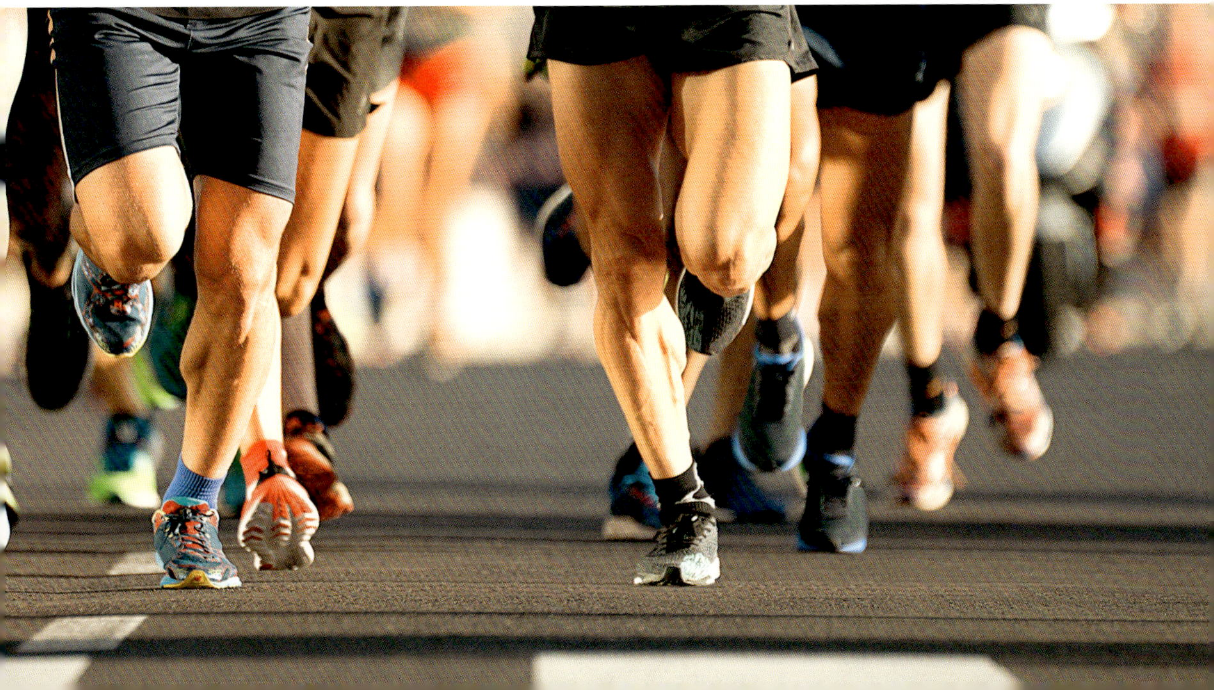

Einheit 81 Klassischer Tempodauerlauf

→ Intensität: **80–90 % HFmax**
→ Umfang: **60–75 min**

Steigern Sie die vorige Einheit und absolvieren Sie einen Tempodauerlauf ohne Entlastungspausen. Das ist zu Recht ein Klassiker. Setzen Sie dieses Training aber sparsam ein, die Belastung ist sehr hoch.

10 min einlaufen, <70 %, zum Schluss 3–4 Steigerungen, Trabpause jeweils 20–30 s
8–12 km Tempodauerlauf, 80–90 %
5–10 min auslaufen, <60 %

Beginnen Sie mit 8 Kilometern und steigern Sie sich langsam bis auf eine Gesamtlänge von 12 Kilometern. Starten Sie auf den längeren Distanzen, dann laufen Sie eher im Bereich 80 bis 85 Prozent Ihrer maximalen Herzfrequenz. Kurzdistanzler laufen bei 85 bis 90 Prozent ihrer maximalen Herzfrequenz.

Tipp

Absolvieren Sie diese Einheit mit anderen Athleten zusammen und sie wird Ihnen deutlich leichter fallen. Im Idealfall sind Ihre Trainingskollegen etwas stärker als Sie selbst – es ist besser, wenn Sie an Ihren Kollegen wachsen, als wenn Ihre Trainingskollegen an Ihnen wachsen. Das gilt im Übrigen für jedes Training. Übertreiben Sie es dabei aber nicht und behalten Sie Ihre Pulsvorgaben im Auge!

Einheit 82 Wettkämpfe nutzen

- → Intensität: **70–95 % HFmax**
- → Umfang: **je nach Entfernung zum Wettkampfort**

Warum fahren Sie nicht einfach mal mit dem Rad zu einem Laufwettkampf, absolvieren den Lauf aus dem Training heraus und fahren anschließend wieder heim? Ein erstklassiger Trainingsreiz, der mit einer längeren Fahrt im Grundlagenbereich kombiniert ist.

Das Rennen sollte nicht weiter als 100 Kilometer entfernt sein. Wenn es in Ihrer unmittelbaren Nähe stattfindet, dann können Sie auch eine Extrarunde drehen. 30 bis 40 Kilometer sollten Sie nämlich schon insgesamt auf dem Rad zurücklegen.

Radeln Sie auf dem Hinweg wirklich locker (unter 70 Prozent Ihrer maximalen Herzfrequenz). Schließlich wollen Sie nicht völlig angeschlagen beim Wettkampf starten, sondern sich zumindest ehrbar aus der Affäre ziehen. Laufen Sie folglich so schnell Sie können. Die Vorbelastung kostet Sie beispielsweise bei einem 10-Kilometer-Wettkampf je nach Trainingszustand ein bis zwei Minuten.

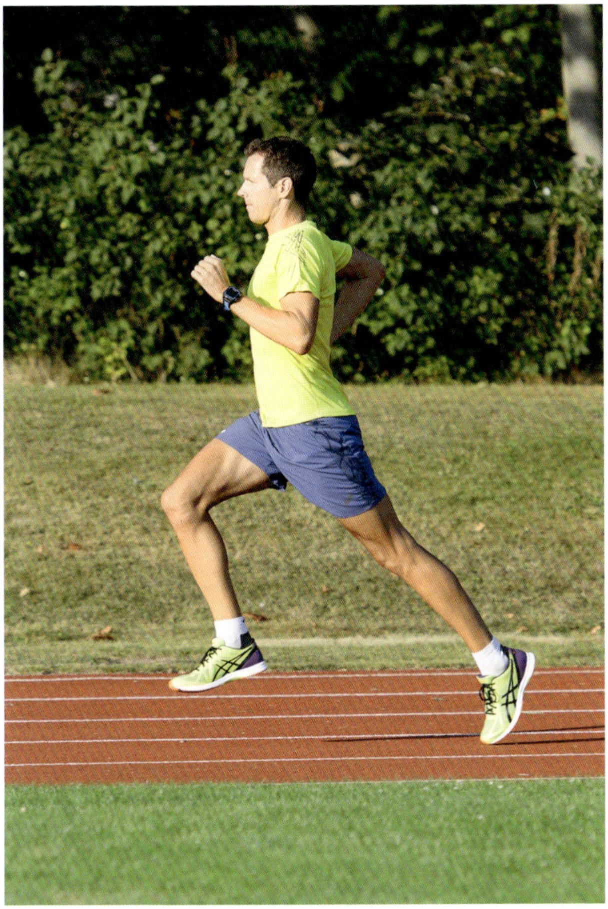

Auf dem Rückweg kurbeln Sie das Laktat aus Ihren Beinen, übertreiben Sie es jedoch nicht: Bewegen Sie sich bei 60 bis 70 Prozent Ihrer maximalen Herzfrequenz, aber keinesfalls darüber.

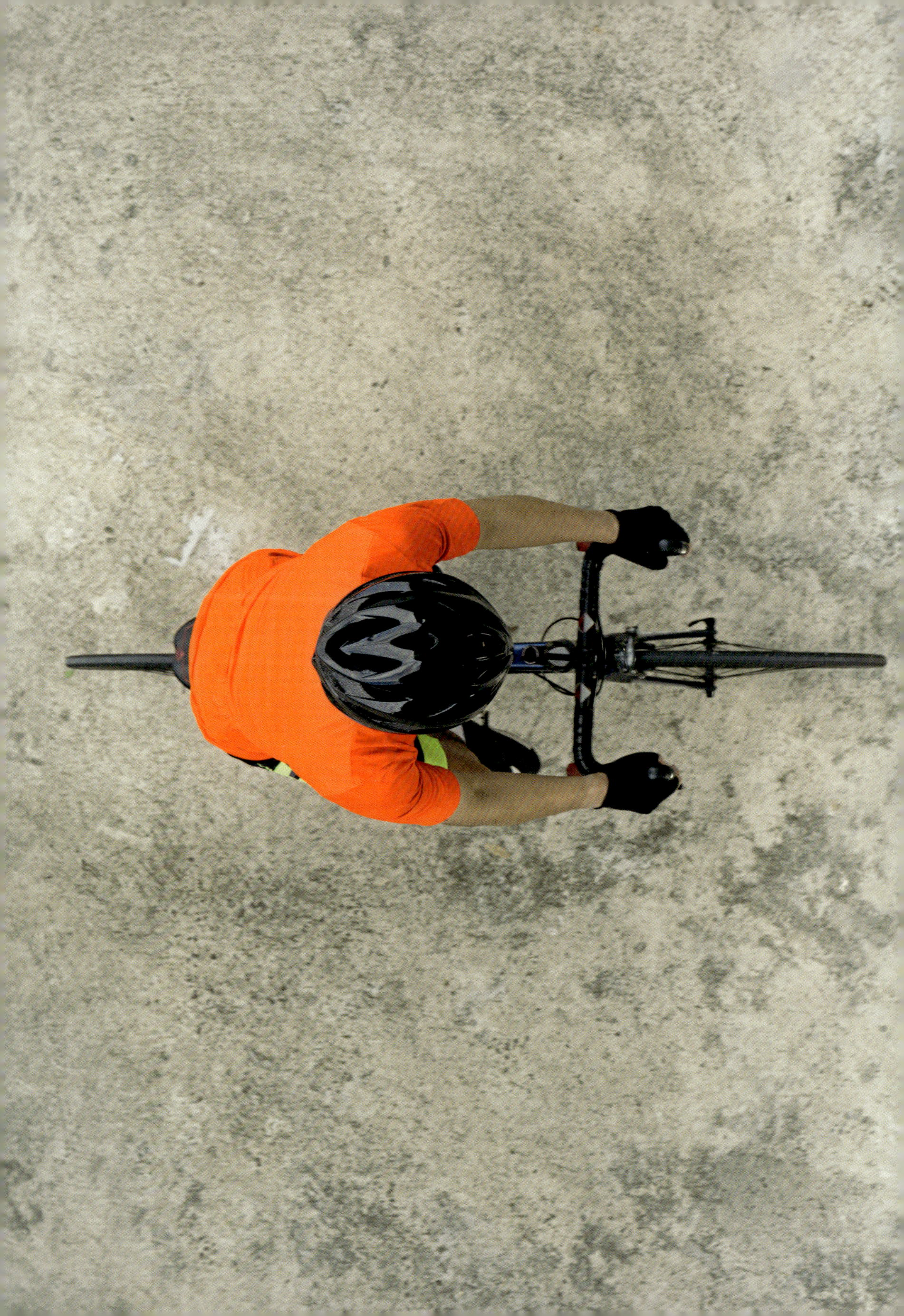

Tapering

Die Taperingphase dient dem letzten Feinschliff Ihrer Höchstform für den Tag X. In den vergangenen Wochen haben Sie umfangreich und intensiv trainiert – nun benötigt Ihr Körper Erholung, um die Früchte der harten Arbeit ernten zu können. Durch die Verringerung des Trainingsumfangs kann Ihr Körper regenerieren und die Leistungsfähigkeit steigern. Die letzten Trainingsreize vor dem Hauptwettkampf sind zwar intensiv – durch vollständige Ruhe würde Ihr Körper nämlich zu viel an Fitness verlieren –, aber kurz. Im Idealfall sollte nun fast jede Einheit als Koppeltraining durchgeführt werden und in allen Belangen den geplanten Wettkampf simulieren.

Die Länge der Taperingphase hängt in erster Linie von dem geplanten Hauptwettkampf ab. Je kürzer die Zieldistanz, desto kürzer darf die Taperingphase ausfallen. Während für eine Sprintdistanz einige Tage ausreichen, so können es für eine Langdistanz bis zu drei Wochen sein. Außerdem spielen Ihre individuelle Belastungsverträglichkeit und Ihr Trainingsumfang der letzten Wochen und Monate eine große Rolle. Langdistanzathleten können ihre Taperingphase beispielsweise bestimmen, indem sie die durchschnittliche Trainingszeit pro Woche der letzten zwei Monate durch zehn teilen – das Ergebnis sollte dem notwendigen Taperingzeitraum in Wochen entsprechen. Beispiel: Bei einer durchschnittlichen Trainingszeit von 15 Stunden in der Woche sollte die Taperingphase in etwa zehn bis elf Tage dauern. Im ersten Drittel der Taperingphase sollte der Umfang auf circa 60 Prozent gesenkt werden, die Intensität bleibt aber weitestgehend erhalten. Im zweiten Drittel absolvieren Sie nur noch 40 Prozent des Umfangs. Im letzten Drittel stehen nur noch 20 Prozent des Umfangs auf dem Plan und die Trainingseinheiten dauern maximal 20 bis 30 Minuten; dabei halten Sie sich lediglich noch ein paar Minuten im geplanten Wettkampftempo auf.

Riskieren Sie in dieser Trainingsphase nichts. Mit einem zu ehrgeizigen Programm können Sie die in den letzten Wochen und Monaten aufgebaute Form aufs Spiel setzen. Im Zweifelsfall geben Sie daher stets der Entlastung den Vortritt und streichen eine Trainingseinheit oder verlängern die Taperphase um ein paar Tage.

Einheit 83 Kurze Koppeleinheit

→ Intensität: **90–95 % HFmax**
→ Umfang: **50–60 min**

Diese Einheit eignet sich für erfahrene Triathleten als Wettkampfsimulation. Sie sollten dieses Training in der Woche vor dem Rennen platzieren, zum Beispiel am Dienstag vor einem Langdistanzrennen am Sonntag. Für die anderen Wettkampfformate bietet sich diese Einheit aber ebenso an. Um die Wettkampfbedingungen realistisch zu simulieren, sollten Sie das Schwimmen mit Neo und in einem See absolvieren. Ich nutze die Einheit außerdem als Startzeitpunkt meiner Saltin-Diät und verbrenne damit die letzten Kohlenhydratreserven meines Körpers. Anschließend verringere ich zwei Tage lang die Kohlenhydratzufuhr, um dann ab Freitag den Anteil der Kohlenhydrate wiederum zu erhöhen. Ziel dieser Diät ist es, dass am Wettkampftag mehr Glykogen im Körper gespeichert ist als normalerweise – dies bedeutet ein Plus an körpereigenem Treibstoff für das Rennen.

5 min einschwimmen
10 min schwimmen mit Neo im See, 90–95 %
25 min Zeitfahren, 90–95 %
10 min laufen, 90–95 %
mind. 10 min ausfahren

Der Vorteil dieser Einheit liegt in der Kürze der Belastungsdauer. Der Körper erholt sich relativ schnell wieder, da Sie sich zum jetzigen Zeitpunkt auf Ihrem absoluten Leistungsmaximum befinden. Gleichzeitig ist dieses Training ein sehr wertvoller Reiz.

Noch ein Hinweis zum Carboloading. Anfängern sollten das Entleeren der Speicher besser nicht auf die Spitze treiben. Der wichtigere Part ist tatsächlich die letzten 3 Tage vor dem großen Rennen den Anteil der Kohlenhydrate in der täglichen Ernährung stark nach oben zu schrauben. Hier kommt es auf das Verhältnis an. D.h. nicht einfach doppelt so viel essen, sondern die normalen Essensmengen beibehalten aber hauptsächlich in Form von 80 bis 90 Prozent Kohlenhydraten.

Einheit 84 Schwimmen

→ Intensität: **85–95 % HFmax**
→ Umfang: **1.100–1.800 m**

Taperingeinheiten im Schwimmen bestehen aus einem lockeren Einschwimmen, gefolgt von einer kurzen, aber harten Intervallserie und einem abschließenden Ausschwimmen.

200–300 m locker einschwimmen
4 × 25 m Steigerung, Pause 30 s
3–6 × 200 m in der geplanten Wettkampfintensität, 85–95 % (je nach Distanz), Pause jeweils 20–30 s
200 m locker ausschwimmen

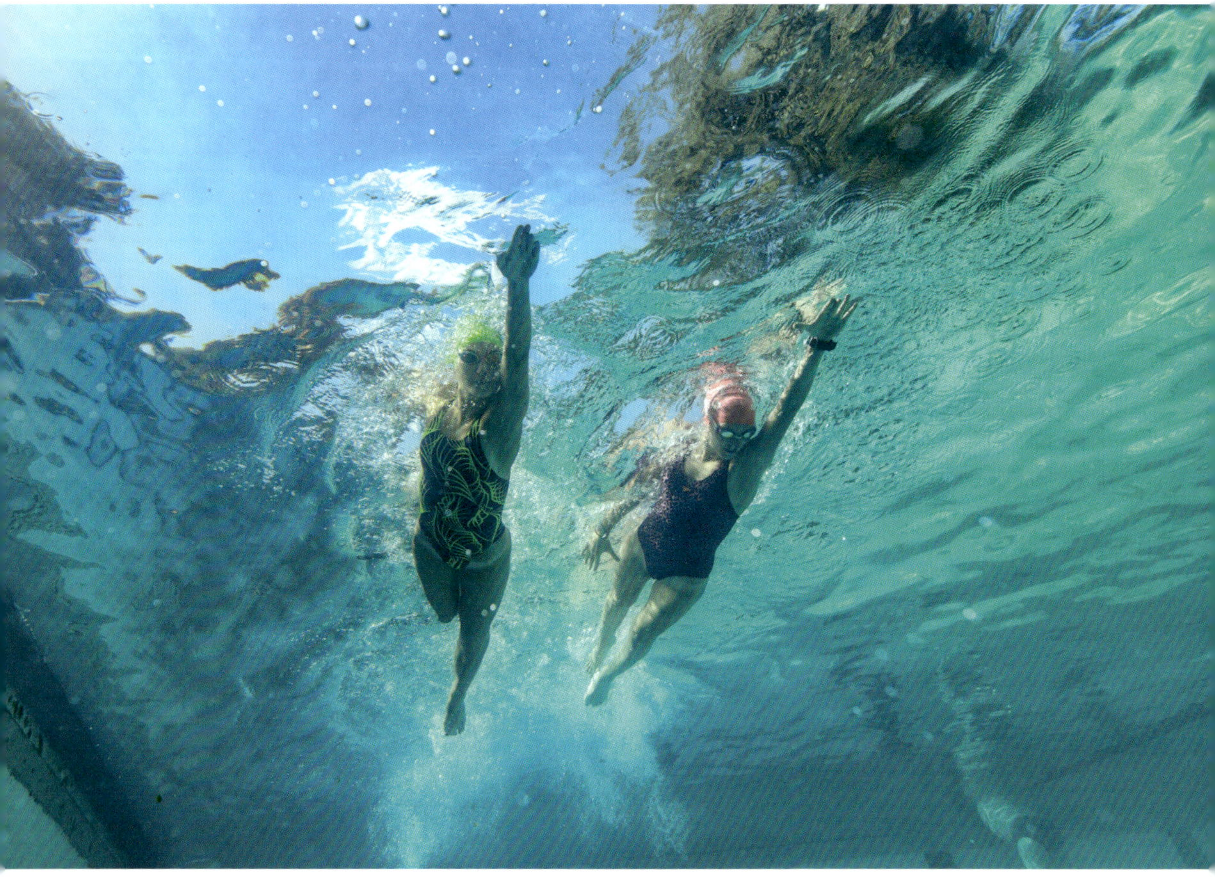

Einheit 85 Radfahren

→ Intensität: **80–90 % HFmax**
→ Umfang: **30–45 min**

Achten Sie auch beim Radfahren darauf, dass Sie eine kurze Zeit lang im geplanten Wettkampftempo unterwegs sind.

5–10 min locker einfahren <70 % FTP-Schwelle
2–3 × 30–40 s Steigerung im Bereich 100–110 % FTP-Schwelle, um den Körper auf Betriebstemperatur zu bringen, Pause jeweils 60 s
3–5 × im Wechsel: **3 min** im geplanten Wettkampftempo + **2 min** locker, 60–70 %
5–10 min locker ausfahren <70 % FTP-Schwelle

Diese Einheit bietet sich für die Tage unmittelbar vor dem Hauptrennen an, da die Belastungsdauer relativ gering ist.

> **Tipp**
>
> Im Anschluss können Sie noch einen kurzen Koppellauf von 10 bis 15 Minuten durchführen.

Einheit 86 Laufen

→ Intensität: **60–80 % (kurzzeitig 100 %) HFmax**
→ Dauer: **15–20 min**

Führen Sie Ihre Läufe in dieser Trainingsphase als Koppellauf durch.

Wechsel nach einer Radeinheit in die Laufschuhe
1 km Vollgas, 100 %
1 km locker, 60–70 %
restliche Zeit 80 %
1–2 min traben

Wechseln Sie schnell vom Rad in Ihre Laufschuhe und beginnen Sie den ersten Kilometer mit Vollgas, anschließend laufen Sie einen Kilometer locker (60 bis 70 Prozent Ihrer maximalen Herzfrequenz) und die restliche Zeit bei 80 Prozent Ihrer maximalen Herzfrequenz. Beenden Sie den Lauf nach insgesamt 15 bis 20 Minuten.

Wenn Sie den ersten Kilometer im Maximaltempo laufen, gewöhnt sich Ihr Körper am besten an den Koppelreiz vom Radfahren zum Laufen, und Sie werden im Wettkampf sofort Ihre volle Laufleistung abrufen können.

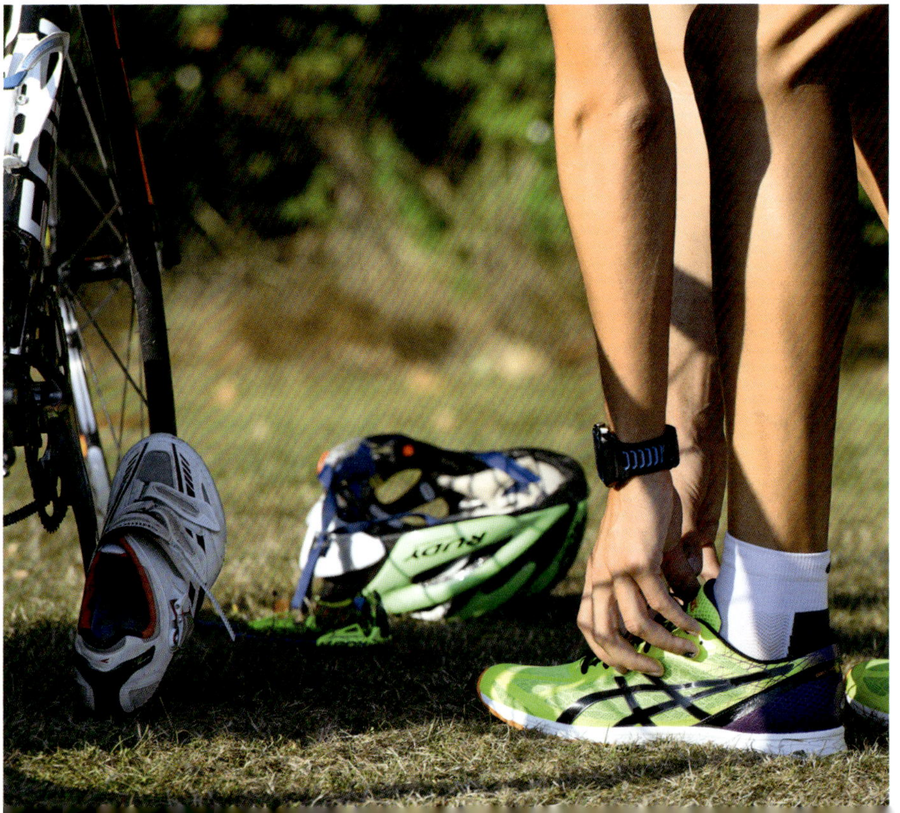

Einheit 87 Kurzer Tempowechsellauf

→ Intensität: **75–90 % HFmax**
→ Umfang: **20 min**

Diese Einheit können Sie nicht nur in der Taperingphase durchführen, sondern auch, wenn Sie einmal sehr wenig Zeit haben. Die Geschwindigkeiten im zweiten Teil orientieren sich dann an Ihrer Wettkampfintensität.

Tempowechsel-Lauf:
10 min im aeroben Bereich: 75–80 %
5 min im Wettkampf-Pace: 85–95 %
5 min locker auslaufen

Tipp

Sollten Sie aus privaten oder beruflichen Gründen plötzlich kaum mehr Zeit fürs Training haben – und das mitten in der Saison –, können Sie mit dem folgenden Tipp von Trainer-Urgestein Bennie Lindberg etwas tricksen: Wenn Sie Ihren Trainingsumfang auf bis zu 30 Prozent kürzen, heben Sie gleichzeitig die Intensität aller Einheiten leicht an (auf 80 bis 90 Prozent HFmax) – so können Sie über einen Zeitraum von bis zu sieben Wochen Ihre vorher erworbene Form halten. Über einen längeren Zeitraum funktioniert dieser Trick allerdings nicht mehr, Sie müssten dann Ihre Grundlage erneut aufbauen.

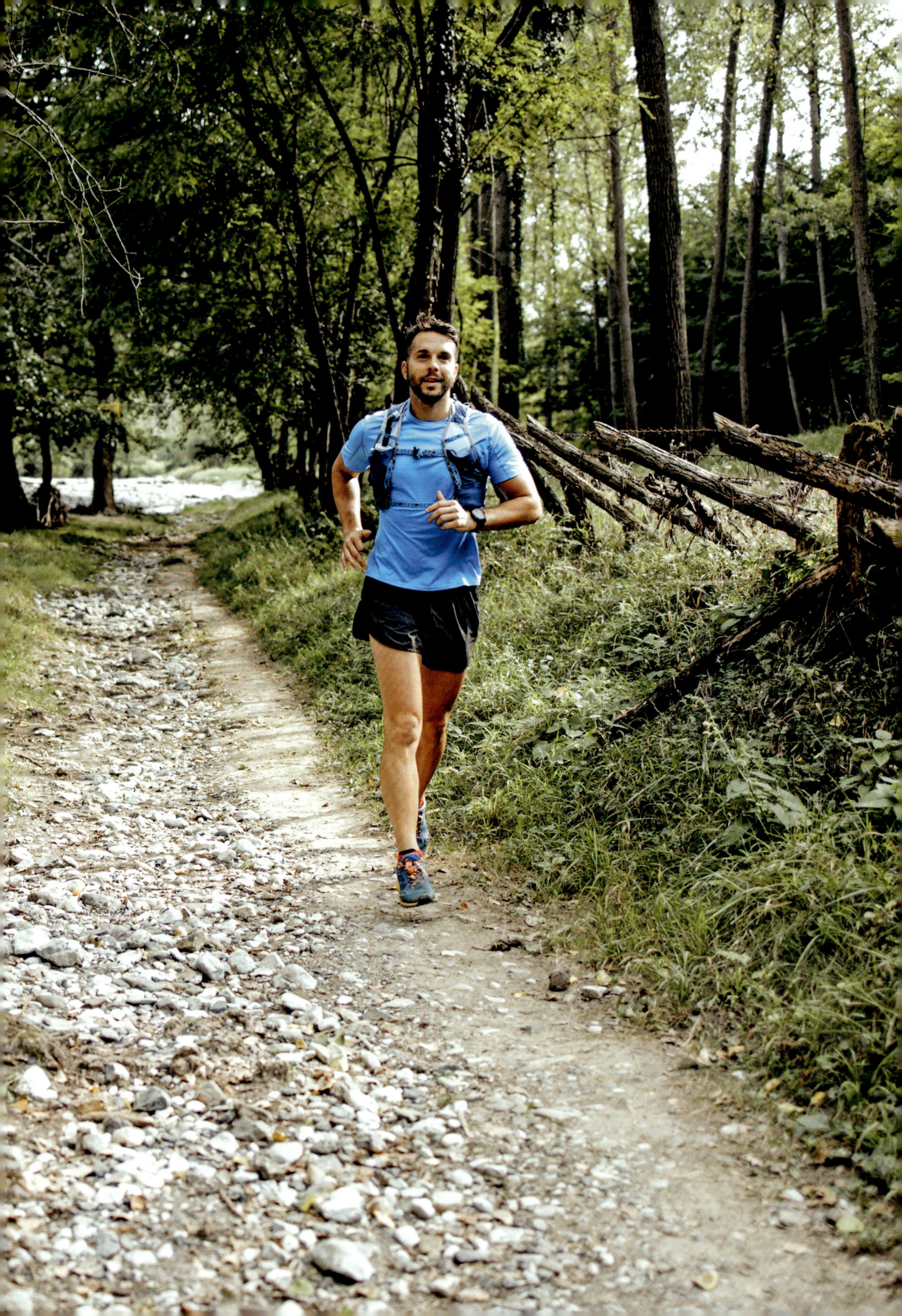

Übergangs-
training

Nach Saisonabschluss sollten Sie erst einmal Abstand vom Triathlon bekommen. Genießen Sie den restlichen Sommer und schalten Sie für ein paar Wochen alle Triathlon-Gedanken ab. Das dient nicht nur der körperlichen Regeneration, sondern auch der mentalen Erholung. Ihr Kopf spielt eine große Rolle in Bezug auf Ihre Motivation! Geben Sie sich ausreichend Zeit, um wieder Lust aufs Training zu bekommen, und tun Sie in dieser Phase bewusst alles, was Sie in den letzten Trainingsmonaten verpasst haben. Wie lange Athleten Ruhe benötigen, ist sehr unterschiedlich. Die einen hält es nach zwei Wochen schon kaum mehr auf dem Sofa und andere benötigen zwei bis drei Monate Ruhe vom Triathlon. In dieser Zeit, und auch in den nächsten Wochen und Monaten, können Sie ruhig einmal andere Sportarten ausprobieren. So erhöhen Sie den Spaßfaktor beim Training und erfahren neue Reize, die Ihre Leistungsfähigkeit positiv beeinflussen und Ihre unspezifische Ausdauer steigern. Dafür bieten sich gelenkschonende Sportarten wie Wandern, Nordic Walking, Inlineskating, Klettern und Skilanglauf an.

Die Übergangsphase findet in der Regel von Oktober bis Dezember statt. Wenn Sie wieder ins regelmäßige Triathlontraining einsteigen, tun Sie dies sehr langsam. Nun sollte neben dem Grundlagentraining vor allem auch die Technik und die allgemeine Athletik im Fokus stehen.

Schwimmen

Beim Schwimmen ist es anfangs sehr hilfreich, wenn Sie sich auf kurze Strecken konzentrieren. Nach einer Trainingspause müssen Sie erst einmal wieder das Wassergefühl erlangen. Bei längeren Intervallen verschlechtert sich die Technik dann zunehmend und man wühlt irgendwann nur noch durchs Wasser, anstatt technisch sauber zu schwimmen. Alles, was dann geübt wird, ist falsche Technik! Gerade jetzt haben Sie die Zeit, sich darauf zu konzentrieren. Wenn Sie nun nicht an Ihrer Technik arbeiten, wann dann?

Radfahren

Mit dem Radfahren können Sie relativ schnell wieder beginnen, da es orthopädisch deutlich verträglicher ist als beispielsweise das Laufen. Aber verfallen Sie nicht zu früh nach dem Saisonhöhepunkt in Trainingsroutinen. Genießen Sie die Ausfahrten und nehmen Sie auch mal Freunde oder Familienmitglieder mit, denen Sie sonst zu schnell wären.

Anfangs sollten Sie sich vor allem auf eine hohe Trittfrequenz konzentrieren, das fördert Ihre Koordination auf dem Rad und vor allem die Kurbeleffizienz. Auch wenn Sie im Wettkampf niedrige Trittfrequenz im größten Gang bevorzugen – Sie profitieren von einem solchen Training. Durch das Üben des runden Tritts verbessert sich die Koordination der Beinarbeit: Nicht nur die Druckbewegung des Fußes nach unten verbessert sich, sondern auch das „Ziehen" des Fußes zurück in die obere Pedalposition. Wenn Sie diese Bewegung perfektionieren, erzeugen Sie mehr Leistung pro Pedalumdrehung als vorher. Dies überträgt sich dann natürlich auch auf die niedrigeren Trittfrequenzen im Wettkampf.

Laufen

Nach einem Langdistanztriathlon oder einem Marathon sollten Sie an den darauffolgenden Tagen auf keinen Fall laufen! Nach einer solchen Belastung ist ein Lauf völlig unnötig, Sie riskieren Reizungen, Entzündungen und im schlimmsten Fall langwierige Verletzungen. In einem solchen Wettkampf geht speziell ab Kilometer 30 die dann noch zurückgelegte Strecke an die Substanz. Im Allgemeinen sollten Sie nach Ihrem Saisonhöhepunkt für zwei bis drei Wochen eine Laufpause einlegen, damit sich der komplette Bewegungsapparat regenerieren kann. In dieser Phase können Sie aber beispielsweise flotte Wanderungen unternehmen, sodass Ihre Laufmuskeln in Bewegung bleiben. Da das Laufen die orthopädisch belastendste Disziplin der drei Sportarten im Triathlon ist, wundert es nicht, dass ein Großteil aller Verletzungen im Triathlon vom Laufen kommt – vor allem dann, wenn Athleten zu früh wieder anfangen. Geben Sie Ihrem Körper die notwendige Ruhe, all die kleinen Reizungen und Verletzungen auszukurieren, die sich während der Saison angesammelt haben.

Wenn Sie wieder ins Laufen einsteigen, beginnen Sie mit kurzen Strecken und lockerem Joggen. Laufen Sie zwischen 15 und 45 Minuten und streuen Sie bewusst auch kurze Gehpausen ein. Von einer Laufpause über mehrere Monate würde ich abraten – es sei denn, Sie haben ernsthafte Verletzungen, die auskuriert werden müssen. Nach einer sehr langen Laufpause fällt der Wiedereinstieg umso schwerer, da Sie deutlich an Form verloren haben. Auch das Verletzungsrisiko erhöht sich beim Wiedereinstieg nach einer langen Laufpause noch einmal zusätzlich.

Mit dem Techniktraining sollten Sie beim Laufen – im Gegensatz zu den Disziplinen Schwimmen und Radfahren – bis zur nächsten Trainingsperiode warten. Das Lauftechniktraining sollte nämlich auch einen gewissen Anteil an Sprints und Steigerungsläufen enthalten, die Sie in den ersten Wochen nach dem Saisonhöhepunkt vermeiden sollten.

Einheit 88 Wiedereinstieg ins regelmäßige Schwimmtraining

→ Intensität: **65–75 % HFmax**
→ Umfang: **900–1.600 m**

Gerade beim Wiedereinstieg ist es wichtig, dass Sie mit kurzen Teilstrecken beginnen. Üben Sie eine saubere und korrekte Bewegungsausführung, bevor Sie länger am Stück schwimmen.

200–300 m einschwimmen, probieren Sie ruhig auch andere Lagen aus!
20–40 × 25 m 65–75 %, Pause jeweils nach Bedarf
200–300 m ausschwimmen

Achten Sie auf eine saubere Technik! Versuchen Sie, sich jedes Mal von Neuem zu konzentrieren. Schwimmen Sie jede Wiederholung ausgeruht und ohne Hast, Sie nehmen sich also genau die Pause, die Sie benötigen, auch wenn dies 1 bis 2 Minuten dauern sollte.

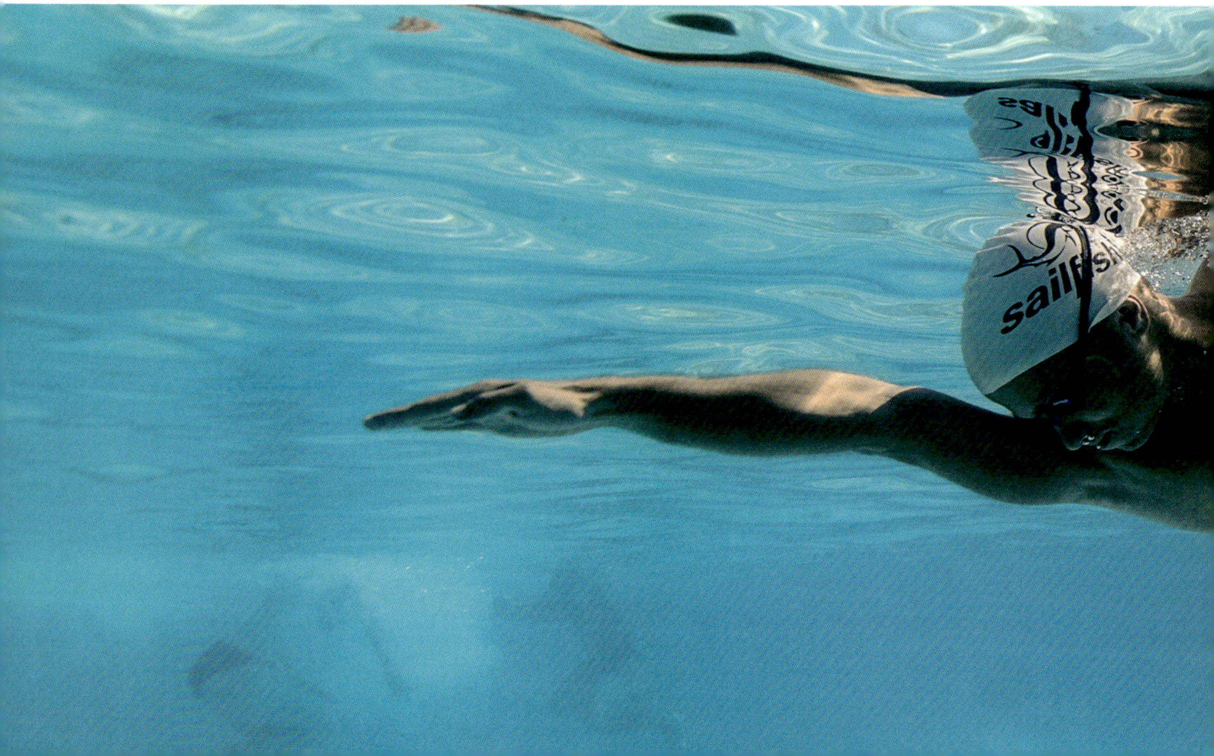

Einheit 89 Die Technik macht's

→ Intensität: **60–70 % HFmax**
→ Umfang: **1.200–1.600 m**

Am besten führen Sie diese Einheit zu zweit oder in der Gruppe durch. Während einer schwimmt, beobachtet der andere draußen vom Beckenrand aus. Im Idealfall nimmt der Beobachtende ein Video vom Schwimmstil auf – die neueren Handykameras sind meist alle wasserdicht.

200 m einschwimmen
4–6 x: ➊ **4 × 25 m** Technikblock (Einheit 99), Pause jeweils 20–30 s ➋ **4 × 25 m** Kraul, um das Erlernte sofort umzusetzen, Pause jeweils 20–30 s
200 m ausschwimmen

Schwimmen Sie jede Technikübung über 25 Meter und kehren Sie anschließend im Kraulstil zurück zum Startpunkt. Übertreiben Sie es aber mit der Streckenlänge nicht – wenn Sie zu sehr ermüdet sind, können Sie sich nicht mehr auf Ihre Technik konzentrieren. Pausieren Sie zwischen den Wiederholungen lieber zu großzügig als zu kurz. Wichtig ist, dass Sie jede Bahn sauber schwimmen können.

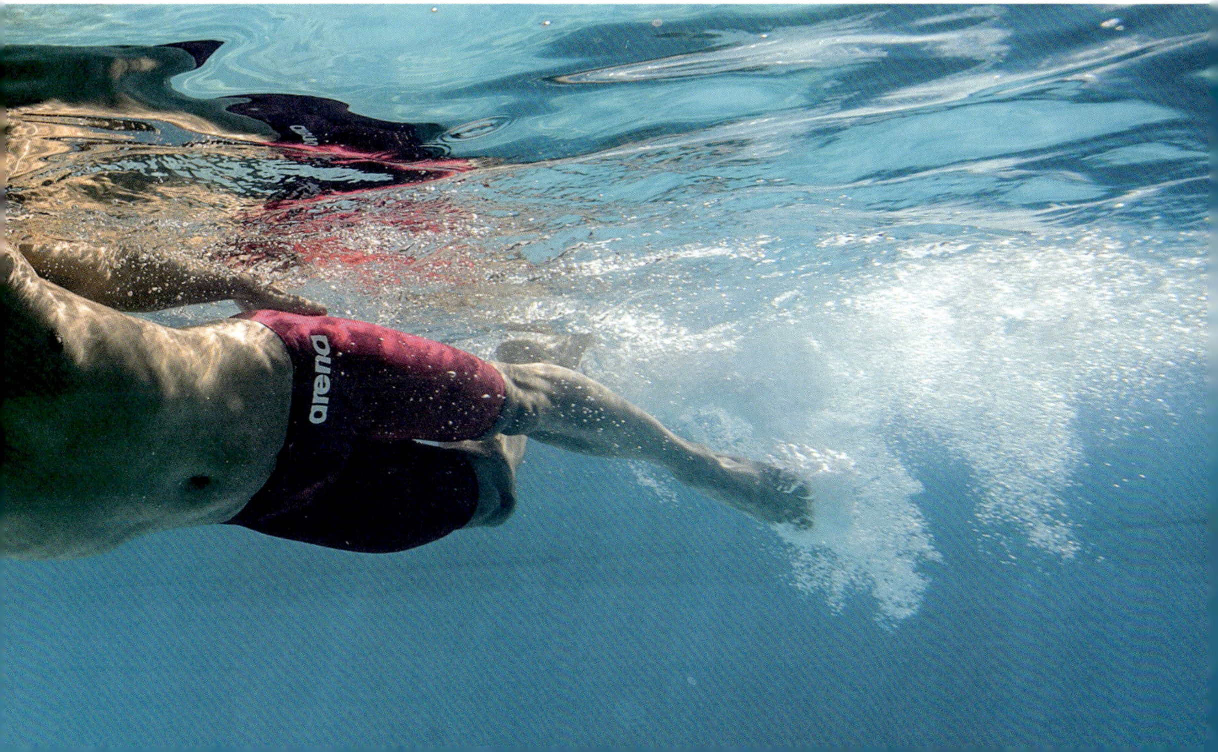

Einheit 90 Auf zu neuen Ufern: Die Rollwende

→ Intensität: **variabel**

→ Umfang: **variabel**

Gerade in dieser Zeit des Jahres können Sie experimentieren. Sollten Sie schon immer einmal etwas Neues dazulernen wollen, dann ist jetzt die Zeit dafür. Lernen Sie zum Beispiel eine neue Lage oder die Rollwende. Die wenigsten Triathleten beherrschen die Rollwende, obwohl sie wirklich nicht schwer zu erlernen ist. Die Vorteile liegen auf der Hand: Sie werden ungefähr eine Sekunde schneller pro Wende werden, was Ihnen im Training ungemein hilft, an den schnelleren Schwimmern dranzubleiben. Bei Triathlon-Veranstaltungen im Freibad summiert sich diese eine Sekunde pro Wende dann ganz schön …

❶ Schwimmen Sie schnell auf die Wand zu, da Sie genügend Schwung für die Rollwende benötigen. Ungefähr anderthalb bis einen Meter vor der Wand (je nach Körperlänge) nehmen Sie die Arme an die Seite und den Kopf auf die Brust. Da der Kopf die Schwimmbewegung steuert, sorgt er so dafür, dass Sie sich in Richtung Beckenboden bewegen.

❷ Atmen Sie bewusst aus, um zu vermeiden, dass Sie Wasser in die Nase bekommen. Ziehen Sie für die Drehung die Beine an und machen Sie sich so klein wie möglich.

❸ Drehen Sie sich in einer seitlichen Rollbewegung (die meisten Athleten haben auch hier eine Lieblingsseite). Bringen Sie schon während der Rollbewegung Ihre Arme wieder nach vorn in Abstoßrichtung.

❹ Sie liegen jetzt komplett auf der Seite im Wasser. Ihre Füßen befinden sich seitlich übereinander am Beckenrand.

❺ Stoßen Sie sich nun kräftig mit beiden Beinen vom Beckenrand ab. Dabei machen Sie sich lang und strecken sich, um den Wasserwiderstand gering zu halten. Während der Gleitphase drehen Sie von der Seite wieder in die horizontale Schwimmlage.

Tipp

Auch für die Rollwende gilt: Übung macht den Meister. Machen Sie sich keine Sorgen, wenn Sie die Rollwende nicht sofort perfekt beherrschen, sondern geben Sie sich etwas Zeit.

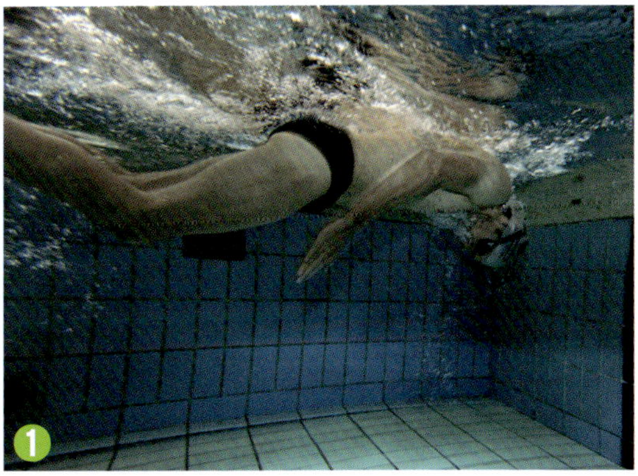

1

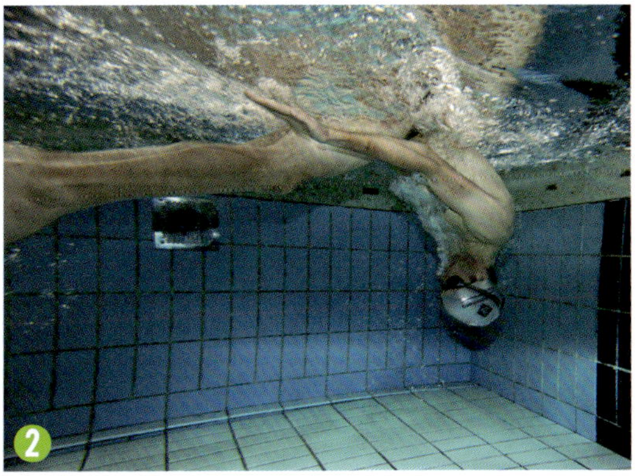

2

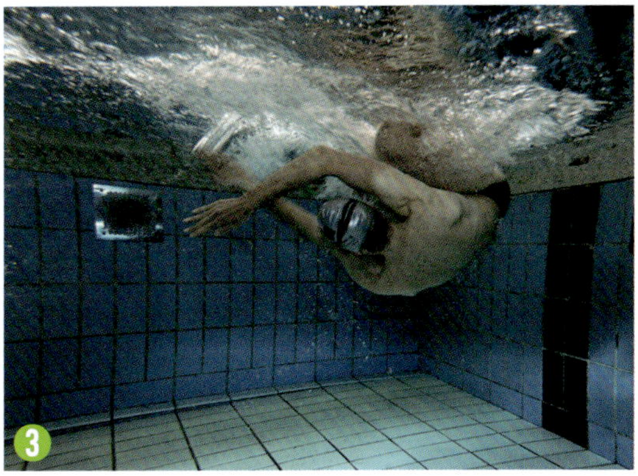

3

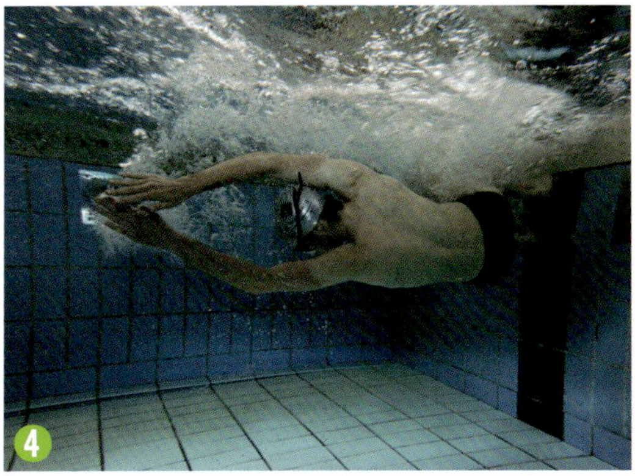

4

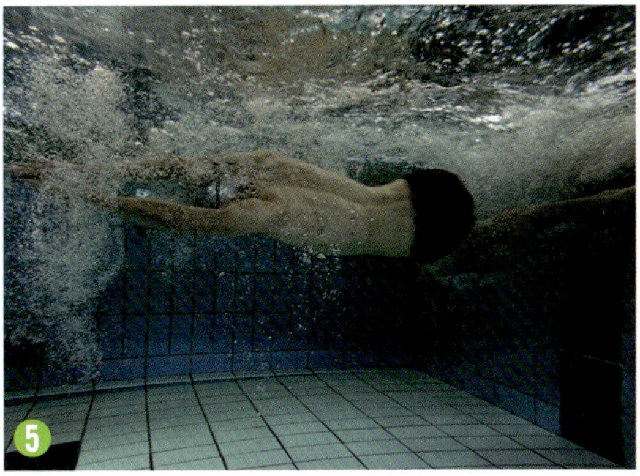

5

Einheit 91 Runder Tritt

→ Intensität: **60–70% HFmax bzw. 65–75% FTP-Schwelle**
→ Umfang: **40–50 min**

Teile dieser Einheit können Sie über den gesamten Jahresverlauf in Ihr Training einbauen, zum Beispiel als Warm-up.

10 min locker einrollen

3 ×

❶ **30 s** einbeinig treten: linkes Bein (siehe Einheit 100)
❷ **30 s** einbeinig treten: rechtes Bein (siehe Einheit 100)
❸ **30–60 s** beidbeinig treten
❹ **2–3 × 20 s** Steigerung mit sehr hoher Trittfrequenz, Pause jeweils 1 min

Serienpause 2 min

10 min locker ausrollen

Ein Durchgang dauert ungefähr 5 bis 6 Minuten. Danach folgen 2 Minuten Pause und dann ein erneuter Durchgang. Das Ganze bis zu drei Mal absolvieren.

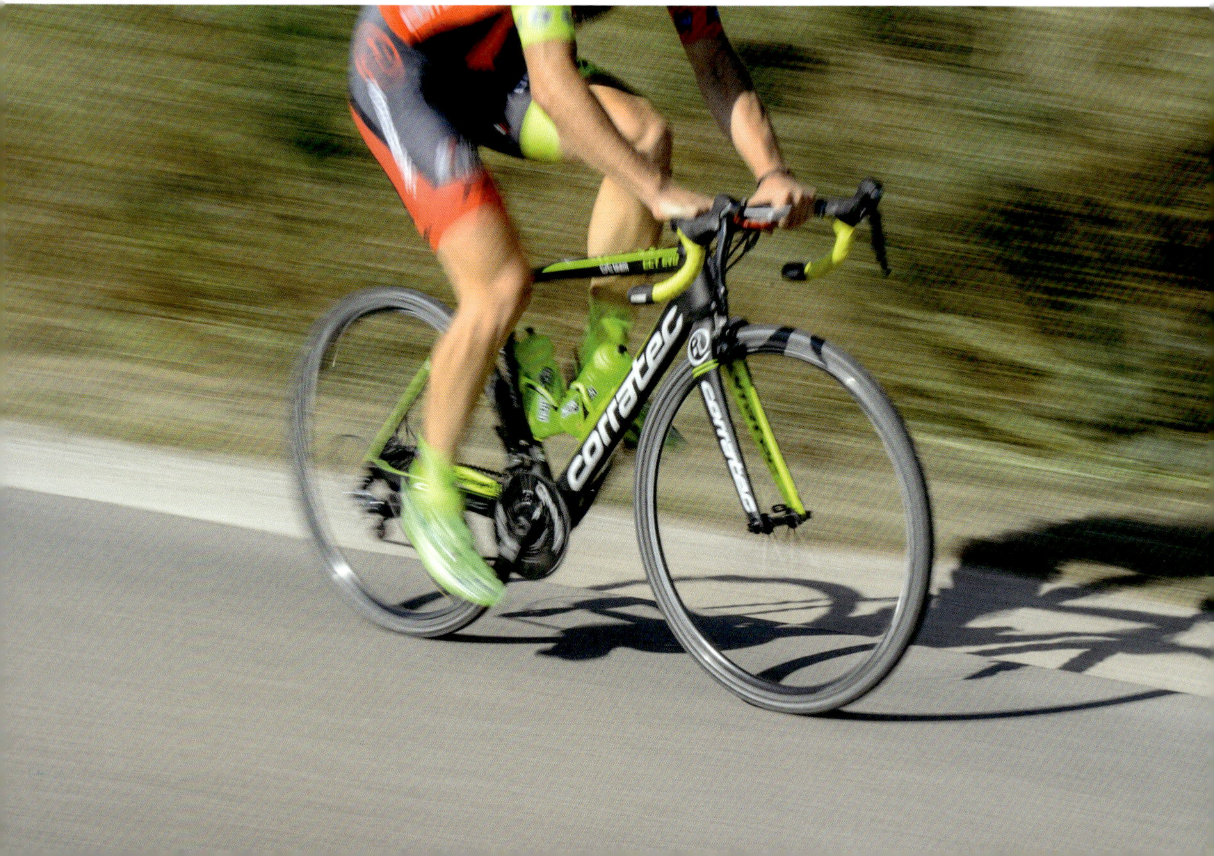

Einheit 92 Radeln zum Wendepunkt

→ Intensität: **60–70 % HFmax**
→ Umfang: **60–80 min**

Diese Einheit führen Sie auf einer relativ kurzen und flachen Strecke mit einem Wendepunkt durch. Sie können dieses Training problemlos mit einem Besuch in der Eisdiele oder bei Ihrem Lieblingsbäcker verbinden.

30–40 min 60–70 % (Hinweg) bzw. 65–75 % FTP Schwelle
30–40 min 70–80 % (Rückweg) bzw. 75–85 % FTP-Schwelle

Auf dem Hinweg fahren Sie bei 60–70 Prozent, also in recht lockerem Tempo. Auf dem Rückweg steigern Sie die Intensität von 70 auf 80 Prozent Ihrer maximalen Herzfrequenz, welche zu dieser Jahreszeit nicht höher als in den aeroben Bereich gehen sollte.

Ein progressiver Trainingsaufbau ist eine sehr wichtige Komponente leistungsbezogenen Trainings. Erfolgreiche Athleten nutzen diese Art des Trainings in allen drei Disziplinen – frei nach dem Motto: Finish strong!

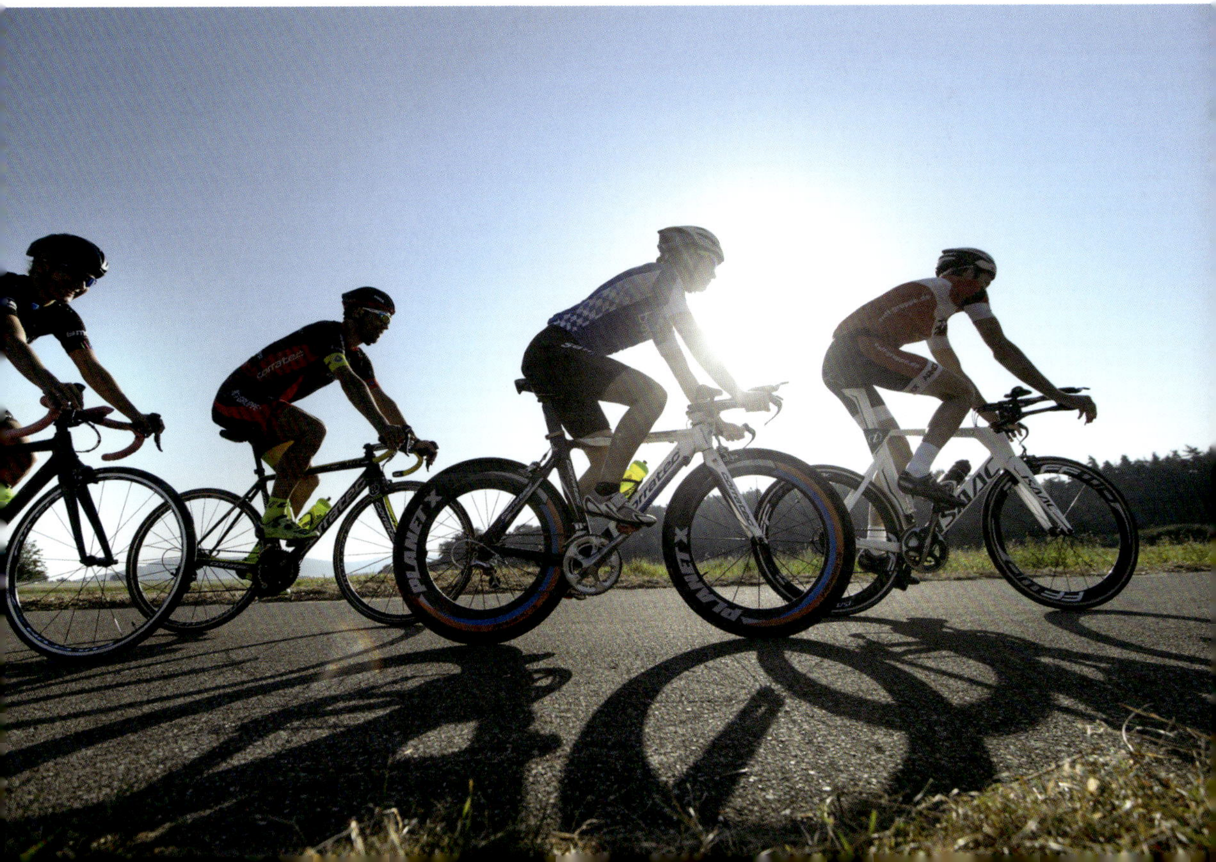

Einheit 93 Laufen mit Gehpausen

→ Intensität: **<70 % HFmax**
→ Umfang: **30 Minuten**

Bauen Sie in den ersten Laufeinheiten nach Ihrem Saisonhöhepunkt ruhig ein paar Gehpausen mit ein. Die Einheit wirkt damit sehr viel weniger belastend für die Bänder und Sehnen. Derzeit drängt Sie nichts zur Eile – und warum sollten Sie nicht einmal eine Einheit fernab von allen Zwängen der Pulsuhr oder des Trainingscomputers an Ihrem Handgelenk absolvieren?

3 min joggen, <70 %
3 min gehen

4 min joggen, <70 %
3 min gehen

5 min joggen, <70 %
3 min gehen

6 min joggen, <70 %
3 min gehen

Sie starten mit 3-minütigem Joggen und 3 Minuten Gehen. Behalten Sie den Rhythmus bei, aber erhöhen Sie das Laufintervall um jeweils eine Minute. Einige von Ihnen werden Probleme damit haben, sich so ungewohnt langsam fortzubewegen. Sehen Sie es als Mentaltraining und lassen Sie sich auch einmal überholen!

Tipp

Auch nach längeren Verletzungen oder Überlastungen sollten Sie beim Laufen vorsichtig beginnen und regelmäßig Gehpausen einstreuen, um die Belastung gering zu halten.

Einheit 94 Easy jog

→ Intensität: < 70 % HFmax
→ Umfang: **15–45 min**

Der lockere Lauf im unteren Pulsbereich hat nicht nur in dieser Jahreszeit seine Berechtigung, Sie können ihn auch ganzjährig als regenerative Einheit in Ihren Trainingsplan einbauen. Bleiben Sie dafür aber unbedingt im aeroben Bereich und unter 70 Prozent Ihrer maximalen Herzfrequenz, da sich sonst die Trainingswirkung der Einheit verändert. Schwimmen und Radfahren sind für regeneratives Training besser geeignet, da schonender für den Bewegungsapparat, doch der Zeitaufwand beim Laufen ist einfach deutlich geringer – und Sie können fast überall und zu jeder Zeit laufen.

Beschränken Sie diese Einheit auf maximal eine dreiviertel Stunde, ansonsten ist es kein regenerativer Lauf mehr!

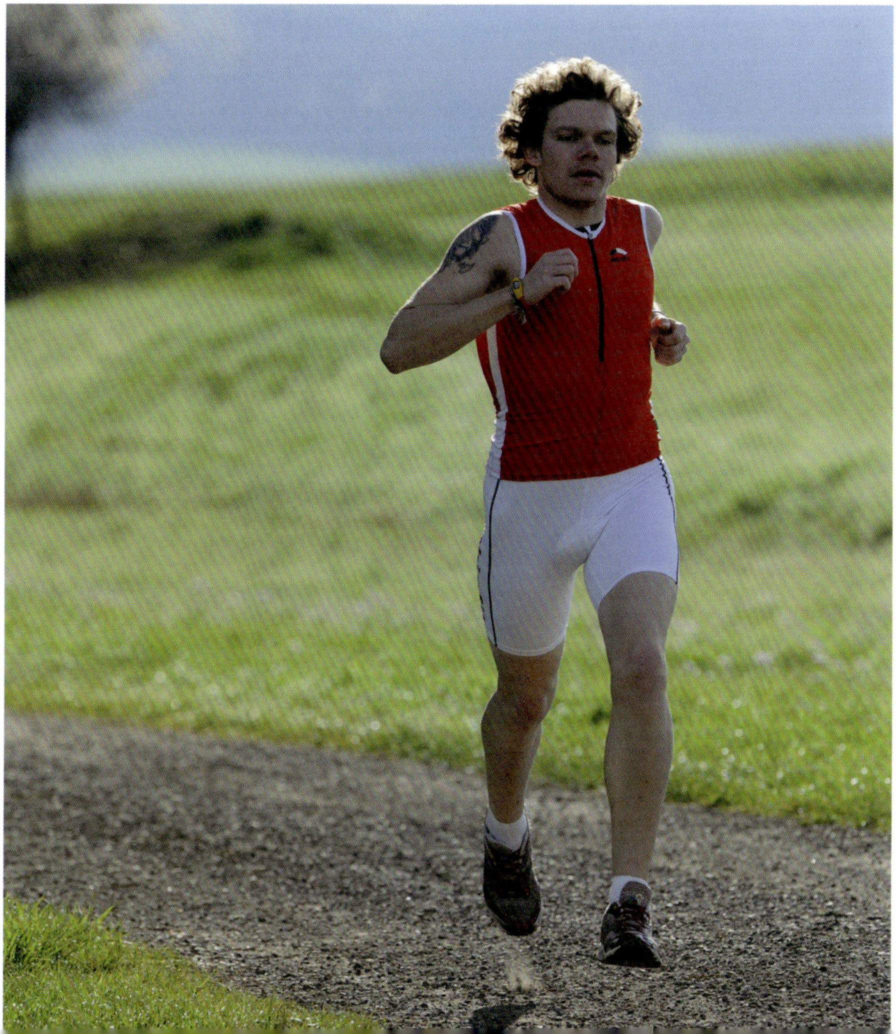

Einheit 95 Neue Pfade erkunden – leichter Querfeldeinlauf

→ Intensität: **65–75 % HFmax**
→ Umfang: **30–45 min**

Absolvieren Sie diese Einheit in einem Wald oder Wäldchen in Ihrer Nähe: Sie laufen mitten durch den Wald, ohne auf Wege und Pfade zu achten. Schonungen und Aufforstgebiete lassen Sie allerdings außen vor. Achten Sie auf ein konstantes, nicht zu hohes Tempo, denn diese Einheit ist nicht ohne! Durch den unebenen Untergrund und häufige kleine Anstiege absolvieren Sie nicht nur ein zusätzliches leichtes Beinkräftigungstraining, sondern Ihr Puls läuft auch Gefahr, rasch nach oben zu schießen. Beginnen Sie diesen Lauf also in einem wirklich lockeren Tempo – die intensivere Variante dieser Trainingseinheit steht erst später im Jahresverlauf auf dem Plan. Auch sollten Sie diese Einheit nicht kurz nach dem Hauptwettkampf durchführen, sondern erst nach einigen Wochen der Erholung absolvieren, wenn Ihr Körper sich wieder regeneriert hat.

Wichtig: Der Untergrund sollte recht trocken sein, laufen Sie nicht querfeldein oder mitten durch den Wald, wenn der Boden nass ist – Sie könnten ausrutschen oder umknicken.

Tipp

Probieren Sie gern auch mal querfeldein dirket in den Wald zu laufen. Auch wenn Sie die Strecken nicht kennen, wird Ihre GPS-Uhr Ihnen den Weg zurück zum Ausgangspunkt weisen.

Einheit 96 Training für Schlechtwettertage

→ Intensität: **70–100 % HFmax**
→ Umfang: **50–60 min**

Die Einheit ist gut für Schlechtwettertage im Herbst/Winter geeignet. Führen Sie dieses Training im Fitnessstudio durch, und zwar am besten direkt im Anschluss an ein Krafttraining.

5 min locker auf der Rolle einkurbeln
3 × 1 min mit hoher Trittfrequenz, 90–110 U/min, Pause jeweils 30 s mit normaler Trittfrequenz
5 × 10 s 100 %, Maximalsprint in mittelschwerem Gang, Pause jeweils 1 min
3 min locker pedalieren zur Erholung
4 × 3 min intensiv, Pause jeweils 2 min: ❶ 80–90 % ❷ 80–90 % ❸ 90–95 % ❹ 90–95 %
direkt aufs Laufband: **15 min** laufen, 70–100 %, Tempo alle 3 Minuten um 2 km/h steigern
5 min auslaufen

Nach dem Radpart gehen Sie direkt aufs Laufband. Sie beginnen bei leichtem Joggingtempo und erhöhen alle 3 Minuten die Geschwindigkeit um 2 km/h. Hier ein Beispiel für gut trainierte Athleten: Sie starten mit 12 km/h, nach 3 Minuten erhöhen Sie auf 14 km/h, nach weiteren 3 Minuten auf 16 km/h, schließlich auf 18 km/h und die letzten 3 Minuten laufen Sie dann bei einer Geschwindigkeit von 20 km/h.

Tipp

Es genügt, wenn Sie die Einheit einmal alle zwei Wochen ausführen, da sie recht intensiv ist – und direkt nach der Saisonpause sollten Sie nicht damit starten.

Einheit 97 Radpositionsvermessung

→ Umfang: **1–2 h**

Es gibt auch Notwendigkeiten für ambitionierte Triathleten, die nichts mit eigentlichem Training zu tun haben: Sitzposition und Fahrradergometrie sollten perfekt auf Sie abgestimmt sein, damit eine optimale Kraftübertragung gewährleistet ist und Sie aerodynamisch unterwegs sind. Mit einer guten Sitzposition können Sie auf der Radstrecke einige Minuten sparen. Gerade jetzt in der Übergangsphase haben Sie Zeit für solche Maßnahmen.

Inzwischen gibt es erprobte Messmethoden: Sensorplatten in den Schuhen und auf dem Sattel ermitteln die unterschiedlichen Druckpunkte im Fuß und den Satteldruck während der Pedalbewegung. Mithilfe spezieller Wattmessgeräte lässt sich herausfinden, inwieweit die Leistung des rechten Beins sich von der des linken unterscheidet. Die optimale Sitzposition können Experten nach der Analyse verschiedener Informationen sehr genau bestimmen.

Außerdem können so auch orthopädische Probleme, speziell im Rücken- und Kniebereich, frühzeitig erkannt werden, bevor es zu Verletzungen und Abnutzungserscheinungen oder Ähnlichem kommt. Verlassen Sie sich bei der Suche nach einem geeigneten Spezialisten nicht auf bunte Werbeprospekte, sondern lieber auf Empfehlungen, und prüfen Sie die angewendeten Methoden kritisch. Die Vermessung sollte mit Ihnen persönlich und auf Ihrem Rad durchgeführt werden. Ihre individuellen biomechanischen Voraussetzungen wie zum Beispiel Ihre Dehnbarkeit sollten bei der Vermessung unbedingt berücksichtigt werden, denn was nützt Ihnen die aerodynamischste Position, wenn Sie diese nicht über eine längere Zeit einnehmen können. Folglich spielen auch Ihre Wettkampfdistanzen eine Rolle: Ein Wettkampfrad für die Kurzdistanz stellt man aggressiver ein als eines für die Langdistanz.

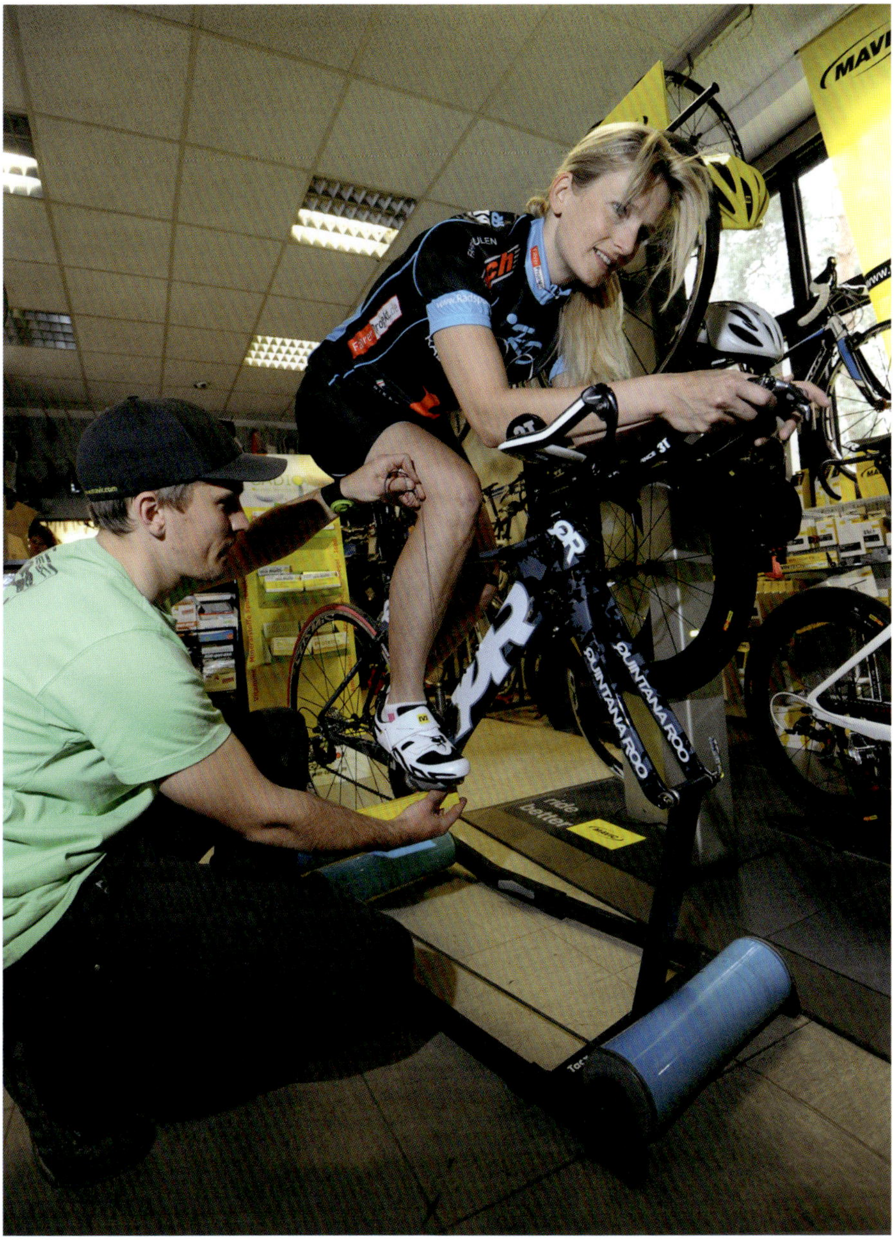

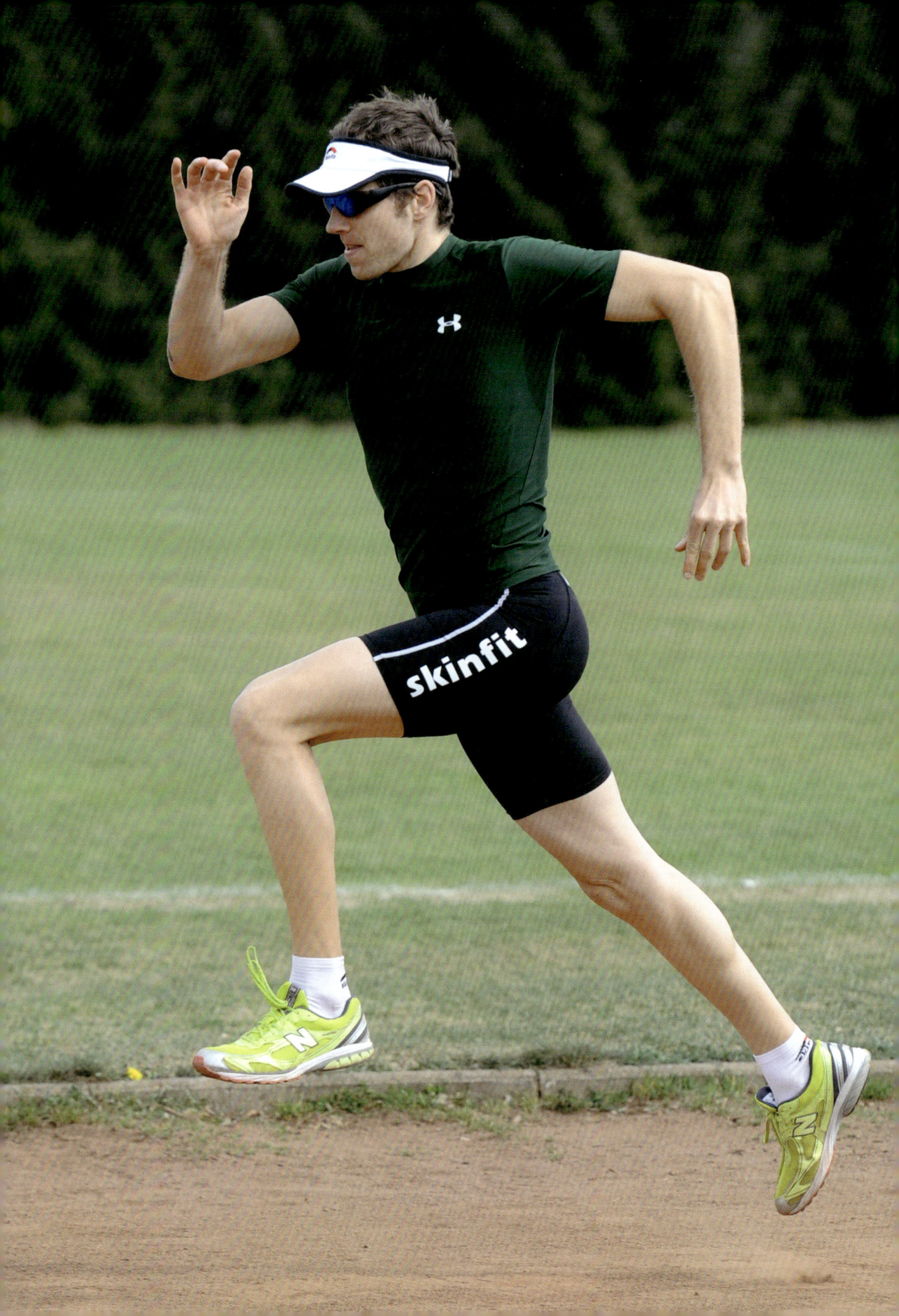
skinfit

Techniktraining

Triathleten sind die Universalmeister der drei beliebtesten Ausdauersportarten. Ihre Stärke liegt in der Kombination dieser Disziplinen. Es gibt kaum Athleten anderer Sportarten, die über eine solche Grundausdauer verfügen wie Triathleten. Der Preis dafür: Die wenigsten Triathleten beherrschen alle drei Sportarten technisch so gut, wie ein Spezialist es tut. Schließlich müssen Triathleten in der ihnen zur Verfügung stehenden Trainingszeit drei Sportarten gleichzeitig trainieren. Dennoch sollten auch Triathleten anstreben, die Technik der Einzeldisziplinen so gut wie möglich zu erlernen. Schließlich ist ein technisch versierter Athlet stets schneller unterwegs als einer, der die Technik weniger gut beherrscht. Eine gute Technik schlägt sich also unmittelbar in den Wettkampfleistungen nieder. Nicht zuletzt sinkt das Verletzungsrisiko deutlich, wenn Sie technisch sauber laufen, Rad fahren oder schwimmen.

Gerade in der Übergangstrainingsphase sollten Sie viel Zeit in technische Übungen investieren, denn hier steht Ihnen aufgrund des vergleichsweise geringen Trainingsumfangs genügend Zeit zur Verfügung. Im Umkehrschluss sollten Sie die Technik der einzelnen Sportarten beherrschen, bevor der Trainingsumfang ab der Grundlagenphase steigt, denn dann steht Ihnen für Techniktraining deutlich weniger Zeit zur Verfügung.

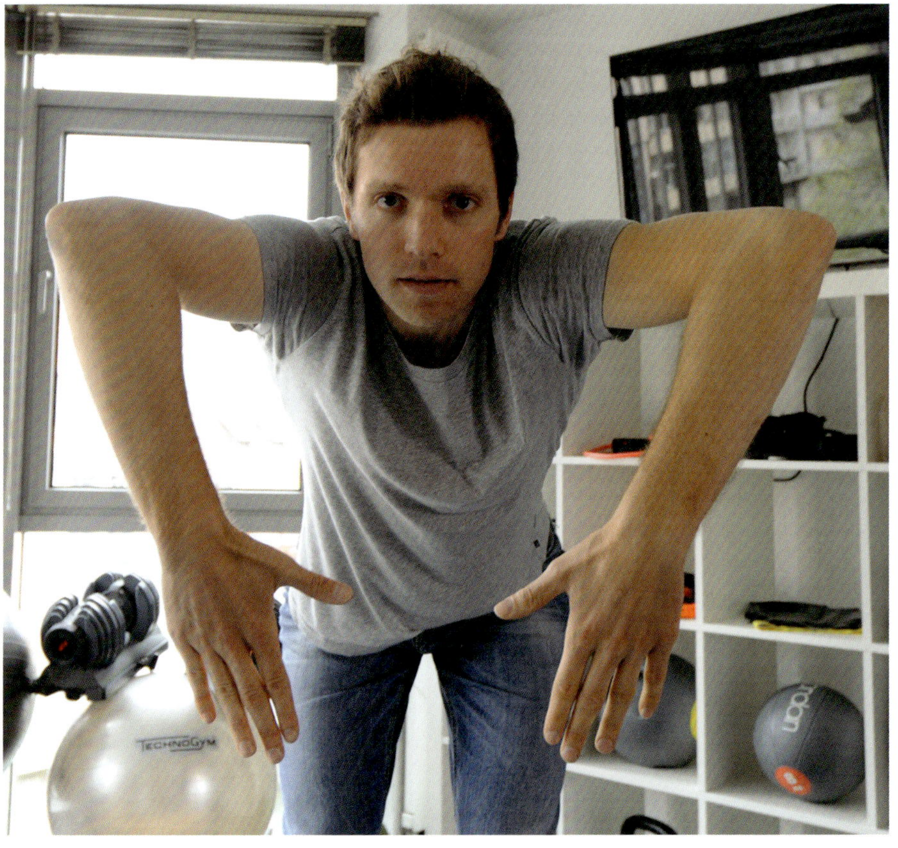

Einheit 98 Schwimmtechnik-Trockenübungen

Schwimmen ist die mit Abstand koordinativ anspruchsvollste Disziplin im Triathlon. Der Bewegungsablauf ist sehr komplex und bietet viele Fehlerquellen. Fehler in der Bewegungsausführung sind nur schwer zu korrigieren, wenn sie sich erst einmal eingeschliffen haben. Außerdem erfordert das Schwimmen ein gutes Wassergefühl – Sie befinden sich beim Schwimmen quasi in einem schwebenden Zustand und sehen nicht, was Ihre Arme und Beine machen. Und die eigene Wahrnehmung im Wasser täuscht erschreckend häufig! Aus diesem Grund ist es ratsam, die korrekte Kraultechnik zunächst einmal an Land zu üben. Im Folgenden finden Sie Übungen zum Perfektionieren des Bewegungsablaufs, sowohl für den Kraularmzug als auch für den Kraulbeinschlag. Wenn Sie diese Übungen vor dem Spiegel ausführen, können Sie auch gleichzeitig kontrollieren, ob Sie die Bewegungen technisch sauber ausführen.

Führen Sie zum Aufwärmen ein paar Armkreisbewegungen durch, dafür sollten ein bis zwei Minuten ausreichen. Das folgende Trockentraining können Sie prinzipiell jeden Tag für fünf bis zehn Minuten ausführen, je nachdem wie es Ihre Zeit zulässt. Unbedingt aber sollten Sie in der Übergangstrainingsphase zwei- bis dreimal in der Woche üben.

Einheit 98: Korrektes Anstellen der Hand: seitliche Kontrolle

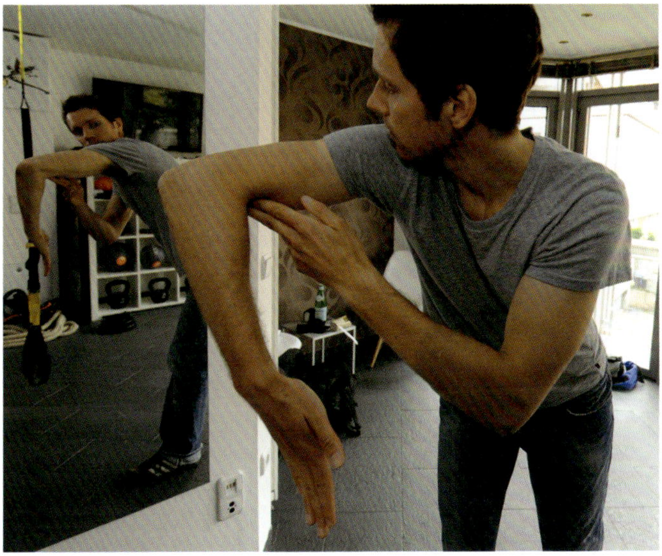

Wenn Sie nur eine Übung aus dieser Einheit ausführen, tun Sie Folgendes: Stellen Sie sich seitlich vor einen Spiegel. Nehmen Sie die Schultern hoch, als wenn Sie ohne Schutz durch den Regen laufen müssten. Halten Sie einen Arm gestreckt nach vorn und beugen Sie nun langsam das Ellbogengelenk, sodass sich ein 90-Grad-Winkel zwischen Ober- und Unterarm bildet. Die Schulter bleibt dabei zusammen mit Ihrem Ellbogen der höchste Punkt. Das Gleiche führen Sie nun mit dem anderen Arm durch, anschließend mit beiden Armen gleichzeitig.

Einheit 98: Korrektes Anstellen der Hand: frontale Kontrolle

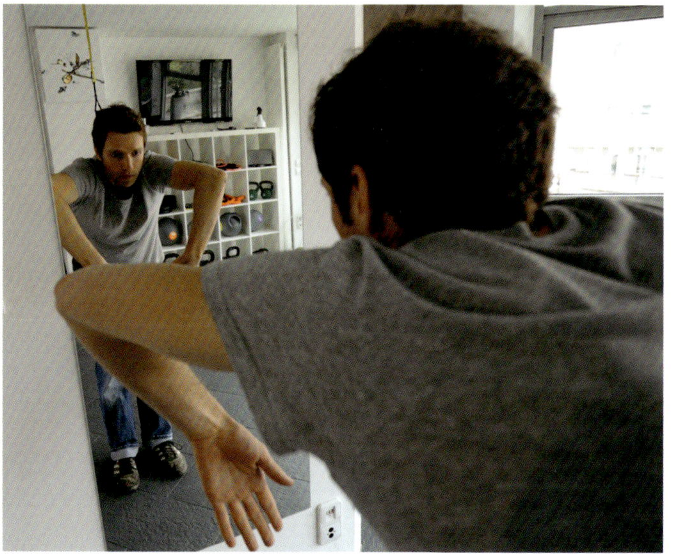

Es handelt sich um die gleiche Übung wie auf Seite 151, nur dass Sie sich dieses Mal von vorn im Spiegel kontrollieren und die Bewegung mit beiden Armen gleichzeitig ausführen. Die Schultern sind hochgezogen. Strecken Sie Ihre Arme nach vorn aus und winkeln Sie langsam die Unterarme an, sodass Ihre Hände sich unter dem Ellbogen befinden. Es entsteht ein 90-Grad-Winkel zwischen Ober- und Unterarm. Der Ellbogen bildet dabei zusammen mit der Schulter den höchsten Punkt. Die Beherrschung dieser Übung ist eine Grundvoraussetzung für schnelles Schwimmen.

Einheit 98: Armzug: seitliche Kontrolle

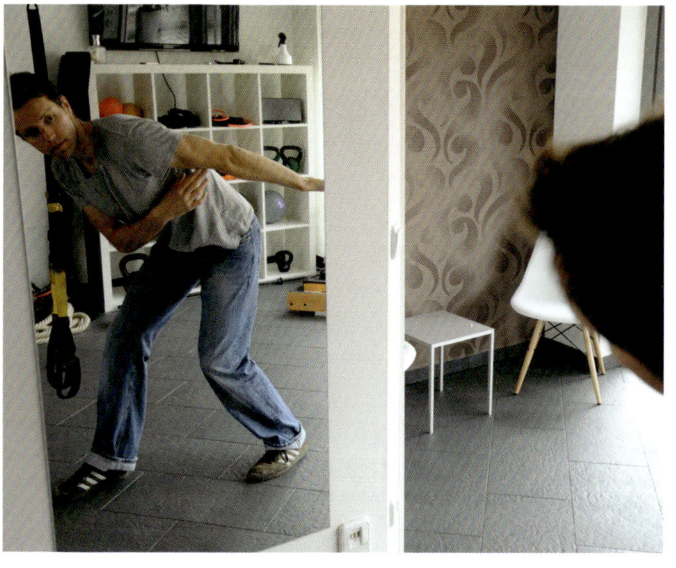

Nun führen Sie einen kompletten Armzug durch. Achten Sie dabei auf die korrekte Armhaltung. Sie ziehen den Arm bis zum Oberschenkel durch und wieder nach oben. Diese letzte Druckphase ist bei vielen Triathleten zu kurz, das heißt der Arm wird zu früh aus dem Wasser genommen. Beobachten Sie Ihre Handstellung kurz vor dem Beenden des Abdrucks. Die Handfläche sollte dabei nicht nach oben zur Decke zeigen, sondern in Richtung Verlängerung der Beine, also nach hinten gerichtet sein. Im Wasser drücken Sie sich dann nach hinten ab und erzielen beim Abschluss des Armzugs einen Geschwindigkeitsimpuls, der Sie besser gleiten lässt.

Einheit 98: Zugseiltraining

Wenn Sie die Trockenübungen dieser Einheit durchgeführt haben und den Bewegungsablauf beherrschen, dann erhöhen Sie den Widerstand bei der Bewegungsausführung, indem Sie ein Zugseiltraining absolvieren. Auch wenn Sie dafür Kraft aufwenden müssen, dient Zugseiltraining in erster Linie der Technikschulung und weniger dem Kraftaufbau. Beginnen Sie mit leichtem bis moderatem Zug, übertreiben Sie es nicht gleich: Wenn Sie die Übungen aufgrund der zu hohen Belastung nicht korrekt ausführen können, üben Sie lediglich falsche Technik.

Zugseile gibt es in verschiedenen Farben zu kaufen, je nach Farbe unterscheidet sich auch die Zugstärke. Beginnen Sie mit leicht dehnbaren Zugseilen und steigern Sie sich dann über einen längeren Zeitraum. Achten Sie bei der Durchführung der Übung stets auf die korrekte Armzugtechnik!

Befestigen Sie das Zugseil an einem festen Gegenstand, beispielsweise an einem Balkongitter oder an einem Türgriff. Greifen Sie in die Schlaufen, die Handflächen bleiben jedoch offen. Ihre Arme sind nach vorn ausgestreckt (a). Nehmen Sie die Schulter nach oben und beugen Sie langsam das Ellbogengelenk, sodass ein 90-Grad-Winkel entsteht. Die Handflächen bleiben geöffnet und stellen eine Verlängerung des Unterarms dar, Ihre Finger zeigen nun senkrecht nach unten (b). Drücken Sie Ihre Handflächen nach hinten ab (die Fingerspitzen zeigen weiterhin nach unten), unter dem Oberkörper durch und streifen in der Endstellung mit den Daumen die Oberschenkel (c).

3 × 30 Züge (beidarmig):

❶ langsam ausführen und auf korrekte Armstellung achten

❷ langsam beginnen und die Bewegungsgeschwindigkeit steigern, der kräftigste Bewegungsimpuls setzt ein, nachdem Sie die Arme angestellt haben (siehe Position b)

❸ schnelle und kraftvolle Bewegungsausführung – und auf die korrekte Armhaltung achten!

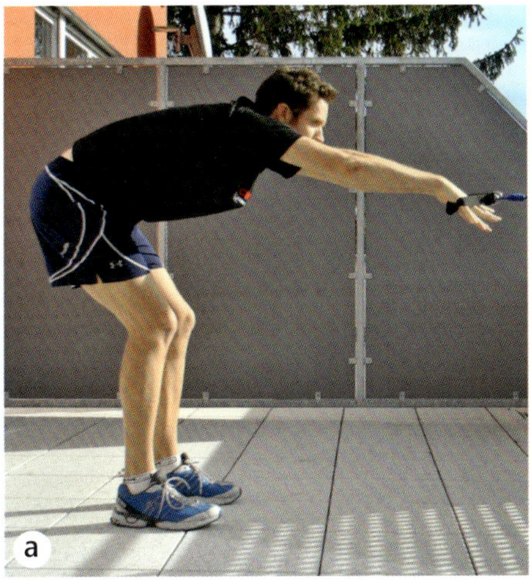
a

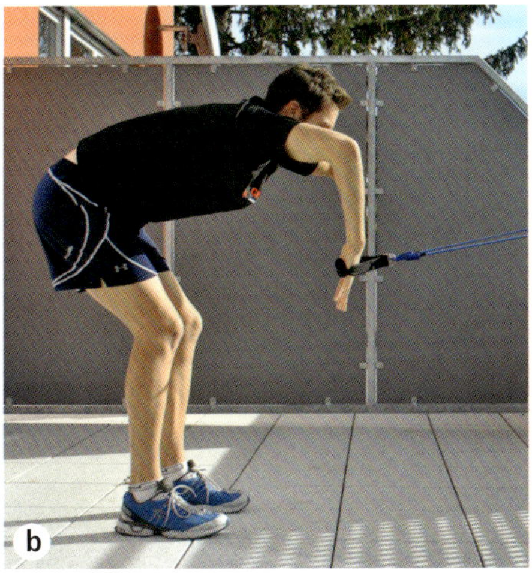
b

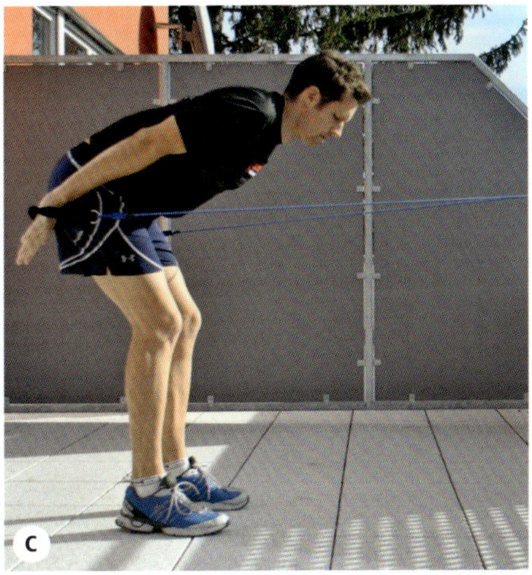
c

9

Techniktraining

Einheit 99 Schwimmtechnik

Eine effiziente Schwimmtechnik ist ein entscheidender Baustein für schnelles Schwimmen, auch beim Langdistanztraining, und sollte deshalb nicht unerwähnt bleiben. Natürlich können wir nicht alle Aspekte einer guten Schwimmtechnik beschreiben, denn damit können ganze Bücher gefüllt werden, aber wir werden hier einige aus unserer Sicht wichtigsten Aspekte der Technik des Kraulschwimmens beleuchten.

Zunächst bleibt festzuhalten, dass es zwar ein optimales Leitbild der Kraultechnik gibt, aber dieses individuell an die körperlichen Gegebenheiten jedes Einzelnen von uns angepasst werden muss. Wir alle bringen unterschiedliche biomechanischen Voraussetzungen mit: Schon allein in der Beweglichkeit unterscheiden sich Athleten stark voneinander. Auch bringen die fortschreitenden Lebensjahre oft altersbedingte Einschränkungen mit sich. Sie können sich also in Ihrem Training an dem von uns vorgestellten Leitbild orientieren, müssen dies aber letztendlich an Ihre Voraussetzungen anpassen. Ein guter Trainer wird immer darauf achten, wie weit er das Technikleitbild auf Sie übertragen kann und wo die Grenzen liegen. So gilt es, Ihre persönliche Technik in Bezug auf Zyklusweg, Frequenz, Krafteinsatz, Atemrhythmus und individueller Voraussetzungen zu optimieren.

Um eine Vorstellung des idealen Kraul-Armzugs zu erhalten, sehen wir uns auf der nächsten Doppelseite einen der ehemals besten Kraulschwimmer weltweit an: Paul Biedermann.

Einheit 99: Sculling auf Kopfhöhe

Dies ist für mich eine der wichtigsten Übungen zur Entwicklung des Wassergefühls. Legen Sie sich dazu in Bauchlage ins Wasser, Ihr Blick geht zum Beckengrund. Ihre Oberarme sind nach vorn ausgestreckt. Der Abstand Ihrer Arme ist dabei etwas weiter als Ihre Schultern. Ihre Ellbogen sind in einem 90-Grad-Winkel gebeugt und befinden sich auf Kopfhöhe. Ihre Fingerspitzen zeigen zum Boden. Ihre Arme befinden sich nun in der Position der hohen Ellbogenvorhalte. Bewegen Sie nun Ihre Hände und Unterarme im Wechsel einwärts und auswärts, wie eine Wischbewegung. Sie folgen dabei den Umrissen einer Acht.
Wichtig: Die Oberarme bewegen sich dabei nicht! Führen Sie die Bewegungen nicht zu hastig aus, sondern konzentrieren Sie sich darauf, wie Sie das Wasser an Händen und Unterarmen spüren. Zur Unterstützung des Vortriebs dürfen Sie einen leichten Beinschlag machen.

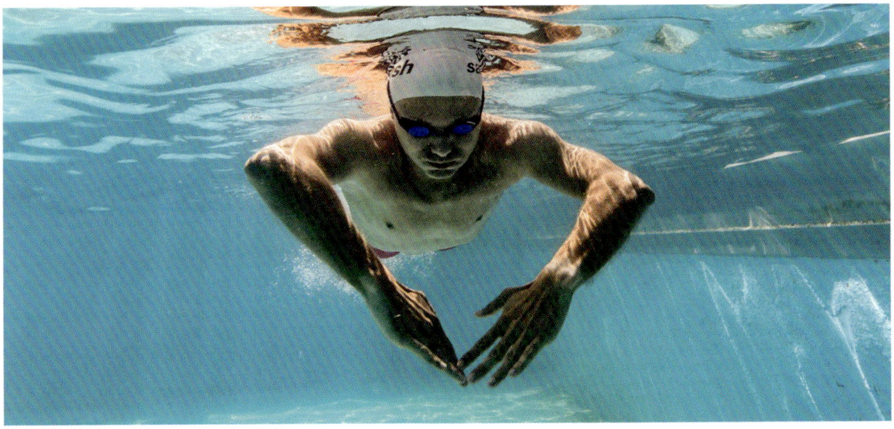

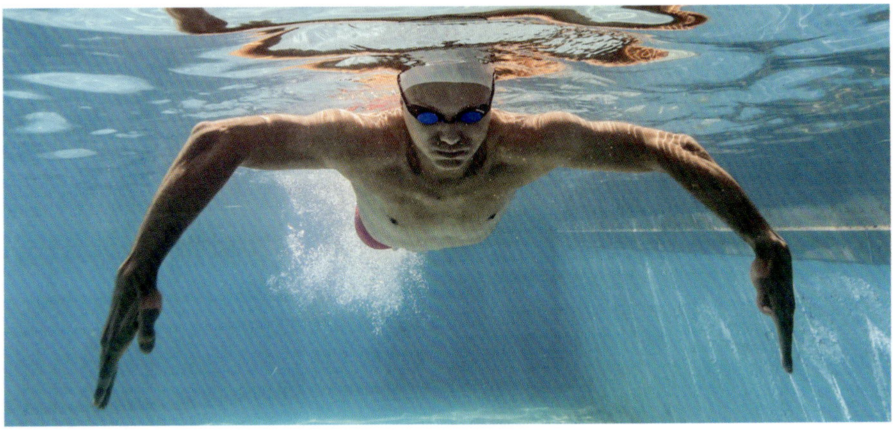

Einheit 99: Ein Armzyklus von Paul Biedermann

1 Eintauchen der Hand

Die linke Hand taucht etwa zwei Handspannen vor dem Kopf in Verlängerung der Schulterachse mit den Fingerspitzen zuerst ein. Dabei ist der Arm noch nicht vollständig gestreckt. Die Finger liegen leicht aneinander und die Hand ist zu einer flachen Schaufel geschlossen. Der rechte Arm ist währenddessen etwa auf Schulterebene in der Druckphase und sorgt für den Vortrieb. Gut zu erkennen ist zudem die Streckung in den Fußgelenken!

2 Aktive Streckung der Schulter nach vorn

Bevor die Zugphase startet, streckt Paul Biedermann die Schulter aktiv nach vorn. Hierbei werden zudem Luftblasen an den Händen und Armen abgestreift, sodass sich das Gefühl des Wasserfassens und des Sich-im-Wasser-Verankerns verbessert. Wichtig: Der Schwimmer gleitet hier nicht übermäßig passiv, was zu einem Geschwindigkeitsabfall führen würde, sondern streckt die Schulter nur aktiv nach vorn, um sich auf den anschließenden Zug vorzubereiten!

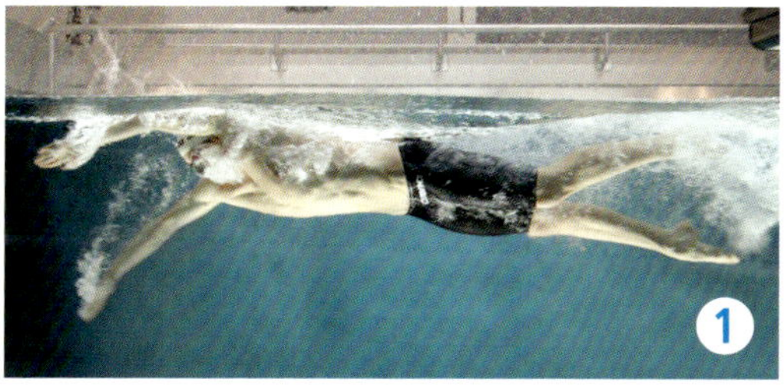

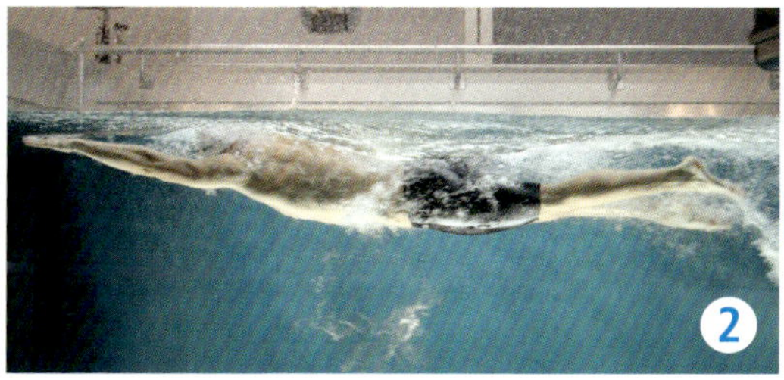

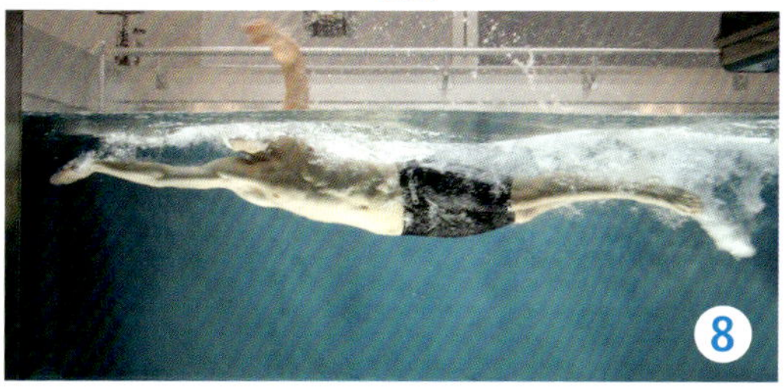

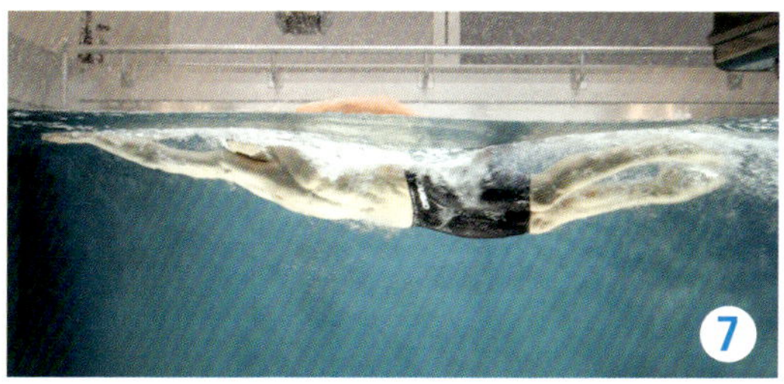

8 Überwasserphase

Der Arm schwingt nun entspannt und locker über Wasser nach vorn. Dabei wird der Ellbogen erst gebeugt – bekannt als hoher Ellbogen – und anschließend wieder gestreckt. Der Ellbogen ist stets der höchste Punkt des Arms und die Hände sind immer nahe der Wasseroberfläche und der Körperaußenlinie. Dadurch kann die Armmuskulatur entspannen und sich für den nächsten Zug erholen. Mit dem Eintauchen der Hand beginnt der Zyklus von vorn.

2 Aktive Streckung der Schulter nach vorn

Die Druckphase ist zu Ende, wenn das Ellbogengelenk fast vollständig gestreckt ist. Paul Biedermanns Hand nähert sich auf Höhe der Oberschenkelmitte der Wasseroberfläche. Durch Anheben des Schultergürtels unterstützt er das Herausnehmen von Oberarm, Unterarm und Hand. Dabei zieht er zuerst den Ellbogen in Richtung Decke aus dem Wasser. Gleichzeitig streckt er die passive Schulter aktiv nach vorn, um noch ein paar Zentimeter aus seinem Zug herauszuholen.

❸ Beginn der Zugphase: Wasserfassen

Nun beginnt der wichtigste Teil des Zugs: Paul Biedermann fasst das Wasser und „verankert" sich darin. Er beginnt damit, Hand und Unterarm gegen das Wasser nach hinten unten zu führen. Dies geschieht ohne großen Krafteinsatz, Schulter und Ellbogen bleiben ruhig. Achten Sie zudem auf die Kopfhaltung von Paul Biedermann: Sein Blick geht nach unten Richtung Beckengrund und der Kopf befindet sich nahezu vollständig unterhalb der Wasseroberfläche.

❹ Anstellen des Ellbogens: hohe Ellbogenvorhalte

Auf Bild 4 sehen Sie die Schlüsselstelle des Kraulzugs – die hohe Ellbogenvorhalte. Der linke Oberarm befindet sich immer noch nahezu unverändert in Verlängerung der Schulterachse. Das Ellbogengelenk ist 90 bis 100 Grad gebeugt und Hand und Unterarm sind gegen die Schwimmrichtung angestellt. Die Fingerspitzen zeigen zum Boden. Paul Biedermann ist im Wasser verankert und kann sich am Wasser nach vorn drücken. Achten Sie auch hier auf die Fixierung im Handgelenk – Hand und Unterarm bilden eine Einheit!

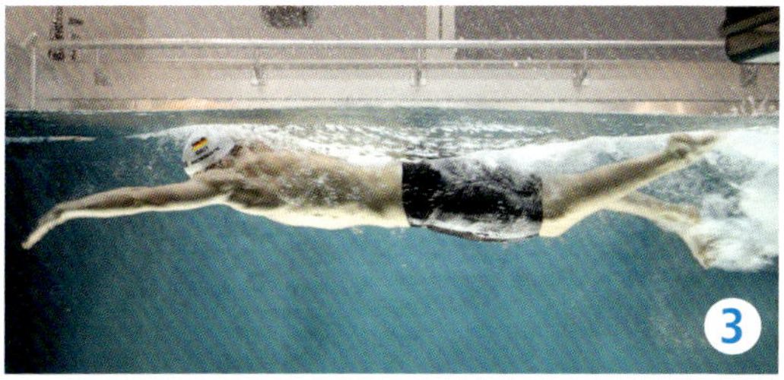

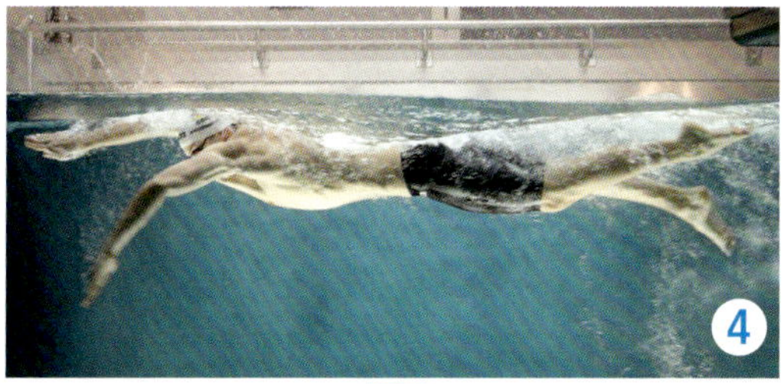

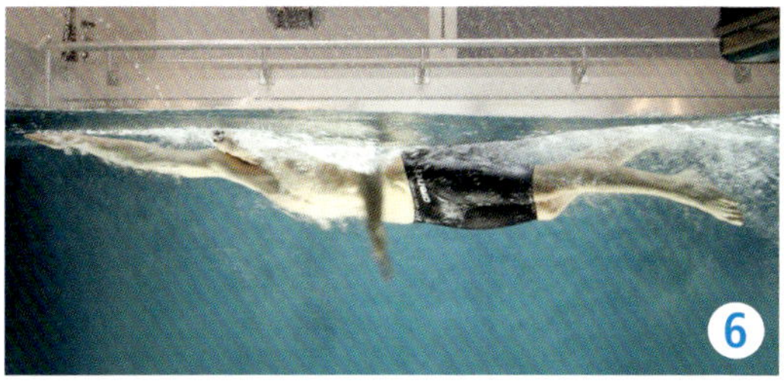

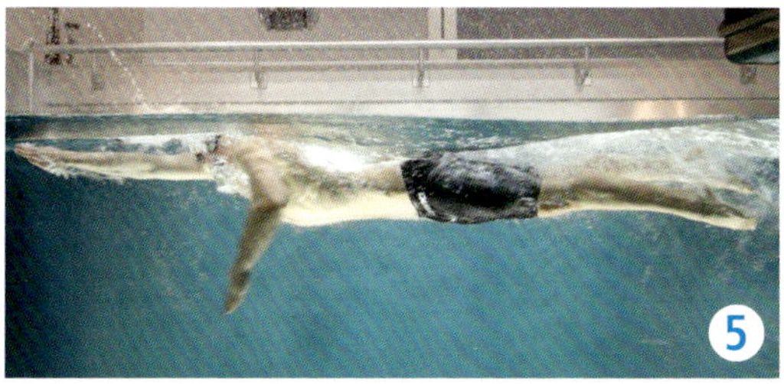

❻ Beschleunigung in der Druckphase

Nun wird der Winkel zwischen Oberarm und Unterarm langsam aufgelöst und der Arm nach hinten Richtung Oberschenkel geführt. Hierbei beschleunigt sich das Zugmuster unter Wasser noch, ist also progressiv. Gleichzeitig beginnt die Atmung. Der Kopf wird nur minimal zur Seite gedreht, der Blick geht zur Seite und nicht nach oben. Für Sie selbst ist ein guter Orientierungspunkt Ihre eigene Schwimmbrille: Nur das obere Brillenglas darf beim Atmen aus dem Wasser ragen.

❺ Beginn der Druckphase

Hier beginnt Paul Biedermann, seine Kraft einzusetzen. Er drückt sich mit Hand, Unterarm und Oberarm am Wasser nach vorn. Hand, Unterarm und Oberarm werden dabei nach wie vor in einer Einheit gegen das Wasser gestellt. Das Ellbogengelenk ist weiterhin in einem Winkel von 90 bis 100 Grad gebeugt. Dabei ist wichtig, dass sich die Hand stets tiefer als der Ellbogen befindet und damit gegen den vollen Wasserwiderstand arbeiten kann.

Einheit 99: Faustschwimmen

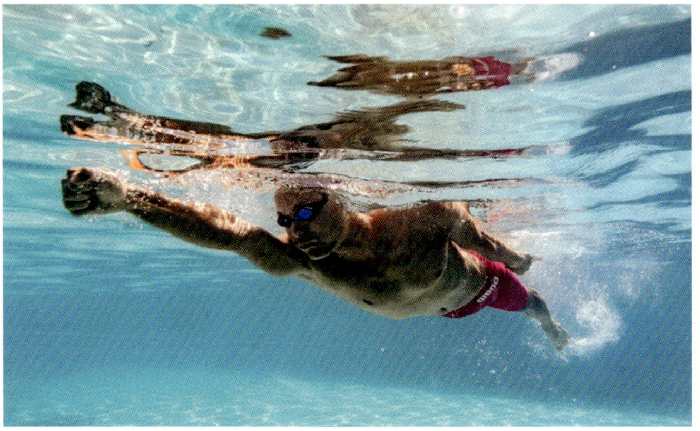

Schwimmen Sie Kraul und ballen Sie dabei Ihre Hände zu einer Faust. Ihre Antriebsfläche wird dadurch kleiner. Sie sollten sich nun darauf konzentrieren, Ihre Unterarme gut gegen das Wasser zu stellen (hohe Ellbogenvorhalte). Tun Sie das, werden Sie merken, dass Sie bei dieser Übung trotz der verkleinerten Handflächen gut vorwärts kommen können.

Einheit 99: Wasserschleifen

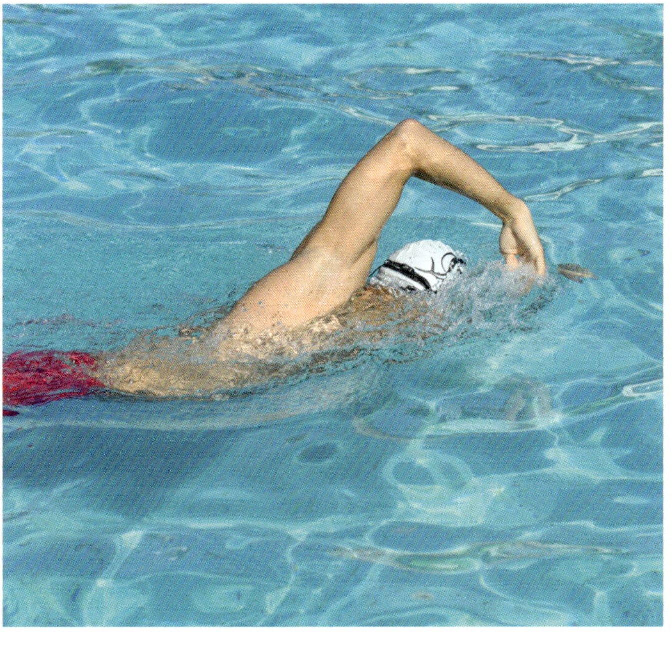

Diese Übung eignet sich perfekt, um eine entspannte Überwasserphase und Ihre Beweglichkeit im Schulterbereich zu trainieren: Schwimmen Sie Kraul und schleifen Sie in der Überwasserphase sanft mit Ihren Fingerspitzen über die Wasseroberfläche. Ziehen Sie dabei bewusst Ihren Ellbogen Richtung Decke. Führen Sie Ihre Hand auf einer möglichst geraden Linie eng an Ihrem Körper von hinten nach vorn. Vermeiden Sie seitliche Ausholbewegungen, die Ihren Körper ins Schlingern bringen. Da diese Übung auch die Erholung in der Überwasserphase betont, eignet sie sich gut dafür, sie in das Einschwimmen, Lockerschwimmen oder Ausschwimmen einzubauen.

Einheit 100 Radtechnik

Technikübungen auf dem Rad zielen auf eine effektive Kurbelbewegung ab. Es genügt nämlich nicht, lediglich die Pedale nach unten zu drücken: Je mehr Antrieb Sie auch in den anderen Phasen der Pedalumdrehung erzeugen können, desto schneller fahren Sie. Darüber hinaus lernen Sie durch Techniktraining, mit hoher Frequenz zu treten. Durch die geringere muskuläre Belastung haben Sie dann Vorteile beim abschließenden Lauf. Eine gewisse Gewöhnungsphase gehört allerdings dazu, zunächst ist das Fahren mit hoher Trittfrequenz relativ anstrengend.

Radtechniktraining sollte einen festen Platz im Trainingsplan haben. Absolvieren Sie es bei jeder längeren Ausfahrt im Rahmen des Warm-ups, vor allem die Übungen einbeiniges Treten, hohe Trittfrequenzen und Sprints. Versuchen Sie, in der Übergangs- und Grundlagenphase zwei- bis dreimal pro Woche an Ihrer Radtechnik zu feilen und in den intensiven Frühjahrs- und Sommermonaten einmal pro Woche.

Einheit 100: Einbeiniges Treten

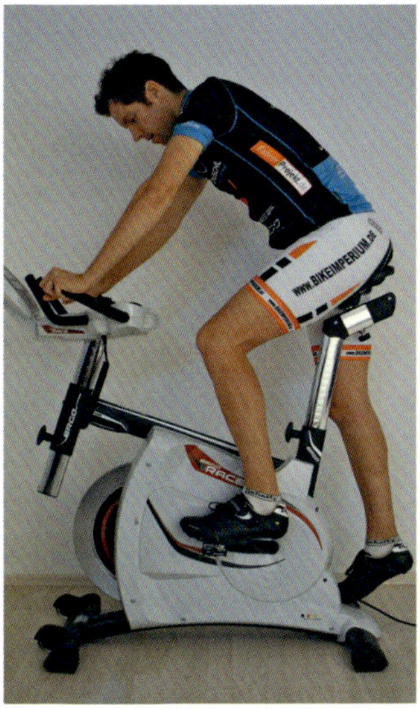

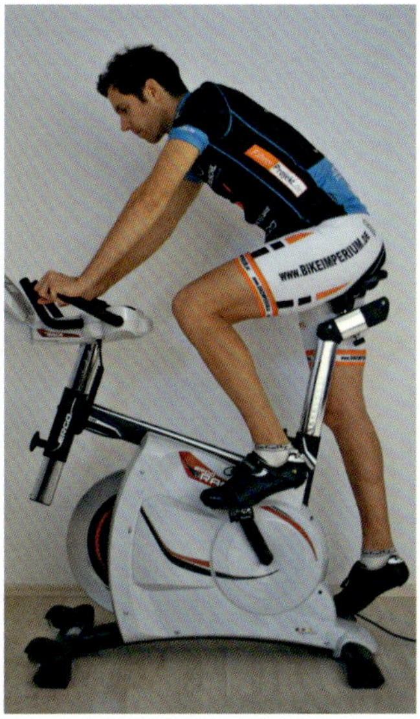

Diese Übung ist ideal für das Wintertraining auf der Rolle oder bei einer Tour auf ebener Strecke: Klicken Sie sich während der Fahrt auf der Ebene mit einem Bein aus und treten Sie nur noch mit dem anderen Bein weiter. Sie spüren anfangs einen Totpunkt, der Ihre Pedalumdrehung ruckartig unterbricht. Versuchen Sie nun, die Pedale von der unteren auf die obere Stellung zu ziehen und dann aktiv nach vorn zu schieben, um diesen Totpunkt zu vermeiden. Wählen Sie einen leichten bis mittleren Gang, es soll schließlich kein Krafttraining werden. Üben Sie regelmäßig, Sie werden mit der Zeit deutliche Fortschritte bemerken. Führen Sie die Übung 3 × 30 Sekunden für jedes Bein durch.

Einheit 100: Fahren in (ungewohnt) hoher Trittfrequenz

Dieses Training eignet sich besonders für die Übergangsphase und die Grundlagenphase im Winter.
Schalten Sie in einen sehr leichten Gang und erhöhen Sie Ihre Trittfrequenz auf über 110 Umdrehungen pro Minute. Wenn Sie keinen Trittfrequenzmesser haben, dann zählen Sie einfach, wie oft Ihr rechtes Bein innerhalb von 20 Sekunden nach oben geht, und multiplizieren diesen Wert mit 3. Führen Sie die Kurbelbewegung so durch, wie Sie es beim einbeinigen Treten geübt haben (siehe Seite 159).

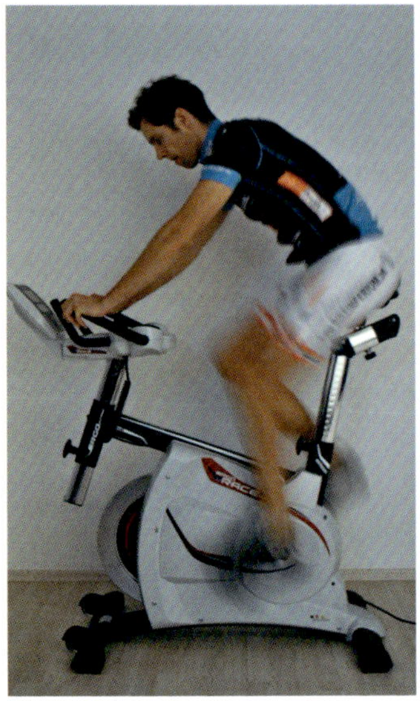

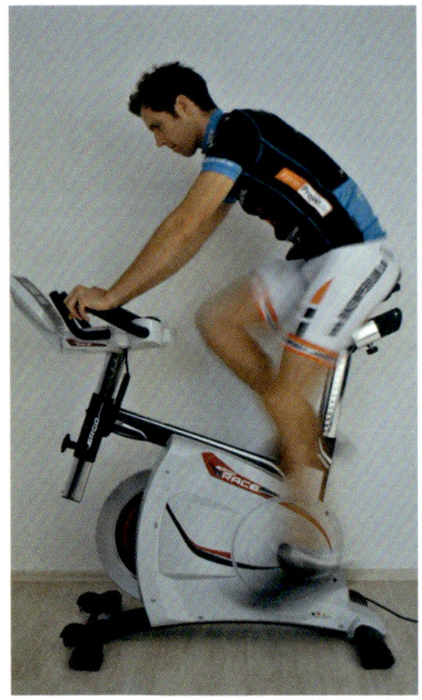

Beginnen Sie mit 3 × 3 Minuten und steigern Sie sich langsam auf 3 × 10 Minuten.

Einheit 100: Sprints

Mit Sprints erhöhen Sie ebenfalls die Trittfrequenz, nun allerdings in einem etwas schwereren Gang, was gleichzeitig Ihre Schnellkraft und damit letztlich Ihre Grundschnelligkeit erhöht.

Beenden Sie jede Technikeinheit mit ein paar kurzen Sprints. Dies können Sie das gesamte Jahr über machen.

Beginnen Sie mit 3–4 × 10 Sekunden Steigerungssprints und erhöhen Sie allmählich die Anzahl der Wiederholungen.

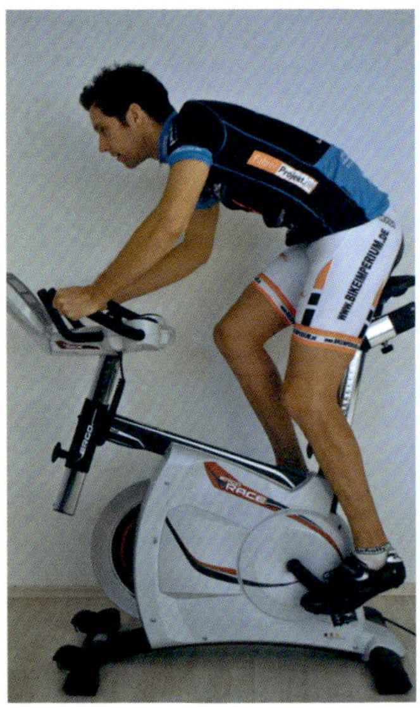

Einheit 101 Lauf-Abc

Das Lauf-Abc ist ein wichtiger Bestandteil des Lauftrainings und sollte den größten Teil des Jahres über in Ihrem Trainingsplan enthalten sein. Sie optimieren damit vor allem Ihre Lauftechnik. Das macht Sie nicht nur schneller, sondern beugt auch Verletzungen und Überlastungen vor, die durch eine schlechte Technik entstehen können.

Die auf den folgenden Seiten vorgestellten Übungen sollten zu Ihrem festen Repertoire zählen. Sie können das Lauf-Abc sehr gut im Zug Ihres Warm-ups durchführen und es so in eine reguläre Laufeinheit integrieren. In der Übergangstrainingsphase sollte das Lauf-Abc zwei- bis dreimal pro Woche auf dem Plan stehen, später im Jahr dann mindestens noch einmal pro Woche.

Im Anschluss an das Lauf-Abc bietet sich vor allem Schnelligkeits- oder Intervalltraining an. Ihr Körper kann die erlernten Bewegungsabläufe dann sofort umsetzen. Führen Sie das Lauf-Abc regelmäßig auch in einer Gruppe aus – so kann Sie jemand von außen bei der Ausführung beobachten und eventuell korrigieren.

Einheit 101: Fußgelenksarbeit

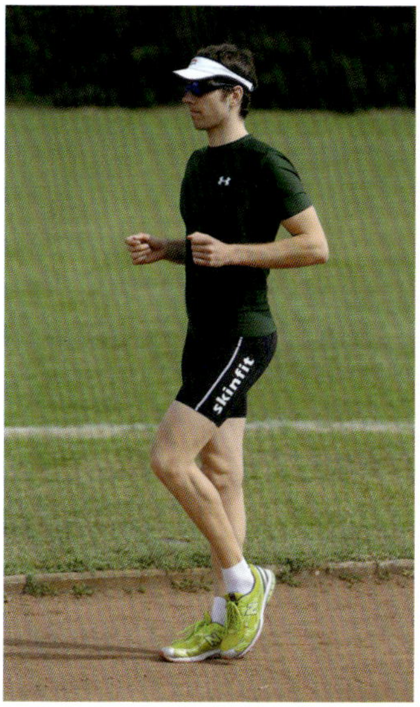

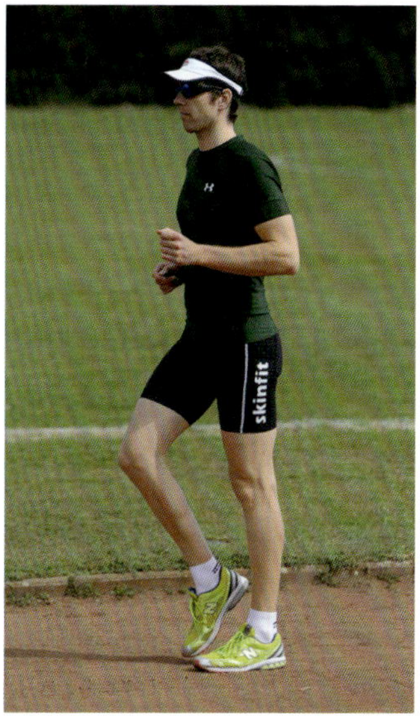

Sie stehen aufrecht und halten die Arme locker an der Seite. Sie bewegen sich lediglich auf der Stelle: Beugen Sie das eine Kniegelenk und lösen Sie die Ferse vom Boden, die Fußspitze sollte gerade noch Bodenkontakt haben. Nun senken Sie den Fuß wieder ab und setzen die Ferse auf den Boden, das Bein sollte jetzt vollständig gestreckt sein. Anschließend ist die andere Seite dran: Sie beugen das Knie und heben den Fuß, sodass die Fußspitze gerade noch den Boden berührt und die Ferse in der Luft hängt. Achten Sie darauf, dass Ihr Bein vollkommen gestreckt ist, sobald der Fuß abgerollt ist und vollständig auf dem Boden steht. Unterstützen Sie die Bewegung mit den Armen, indem Sie sie im Rhythmus mitschwingen.

Einheit 101: Hopserlauf

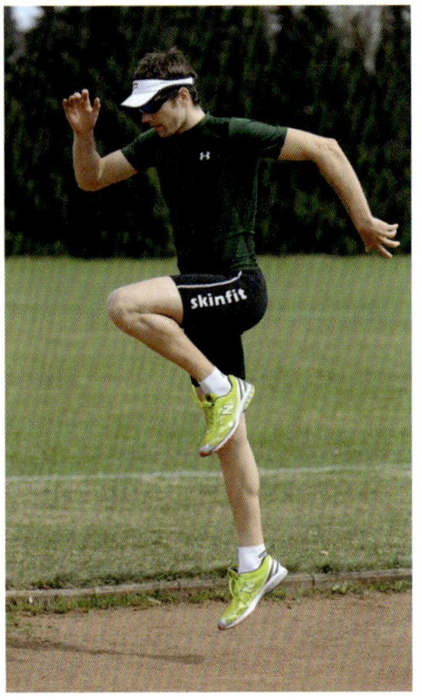

Sie bewegen sich vorwärts, indem Sie sich kräftig abwechselnd mit den Beinen vom Boden abstoßen. Bewegen Sie Ihre Arme mit. Wichtig ist, dass Sie das Sprungbein nach dem Abdruck komplett strecken und auch gestreckt lassen, wenn Sie in der Luft sind. Steigern Sie im Verlauf der Übung die Sprunghöhe, indem Sie sich immer kräftiger abstoßen. Sie kräftigen damit Ihre Laufmuskeln und verbessern die Beinstreckung in der Abdruckphase.

Einheit 101: Prellhopser

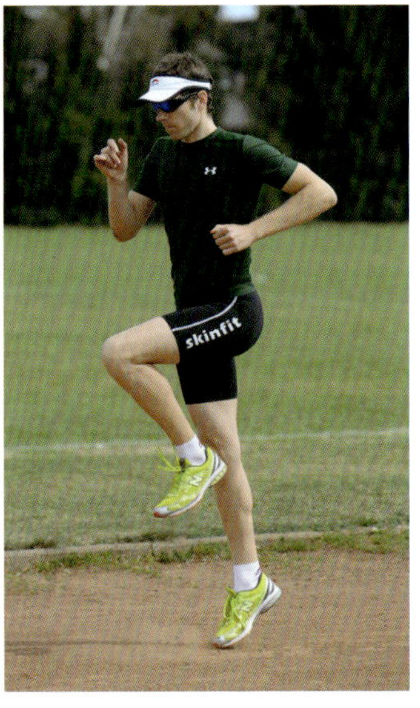

Diese Übung ist ähnlich dem Hopserlauf, nur koordinativ etwas anspruchsvoller, und Sie springen nicht so weit nach oben. Ihre Füße stehen nebeneinander auf einer Linie. Sie stoßen sich mit dem einen Bein kräftig ab und lassen es in der Luft gestreckt. Das andere Bein beugen Sie in der Hüfte und im Knie. Bei der Landung kommen beide Füße gleichzeitig auf dem Boden auf – und zwar direkt nebeneinander, auf gleicher Höhe! Direkt nach der Landung stoßen Sie sich mit dem anderen Bein in die Luft.

Einheit 101: Anfersen

Diese Übung unterstützt einen dynamischen Laufstil: Sie laufen langsam vorwärts und beugen das Kniegelenk jeweils maximal, sodass Sie mit der Ferse leicht das Gesäß berühren.

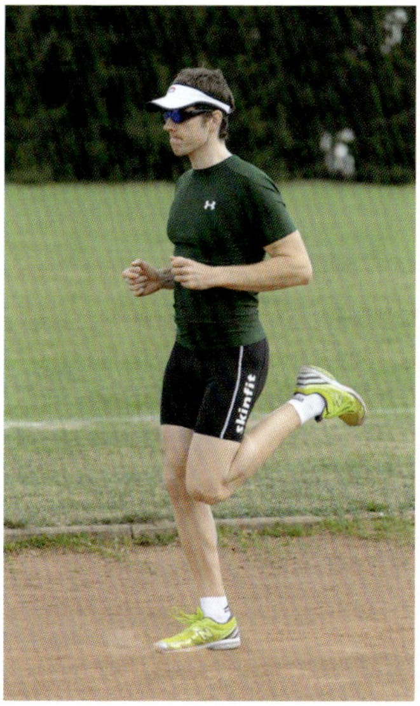

Einheit 101: Kreuzlauf

Laufen Sie seitwärts und setzen Sie dabei einen Fuß über den anderen. Spannen Sie Ihre Rumpfmuskulatur an und achten Sie darauf, die Füße vollständig abzurollen und nicht auf den Zehenspitzen zu laufen. Diese Übung schult vor allem Ihre Koordination und Beweglichkeit. Sie können die Übung auch steigern, indem Sie beim Übersetzen des Beins das Knie hochziehen. Die Bewegung kommt aus der Hüfte, die Schultern und der Kopf schauen dabei weiter geradeaus.

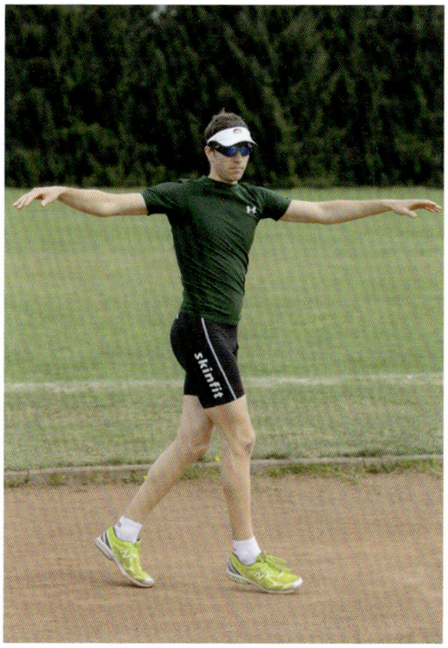

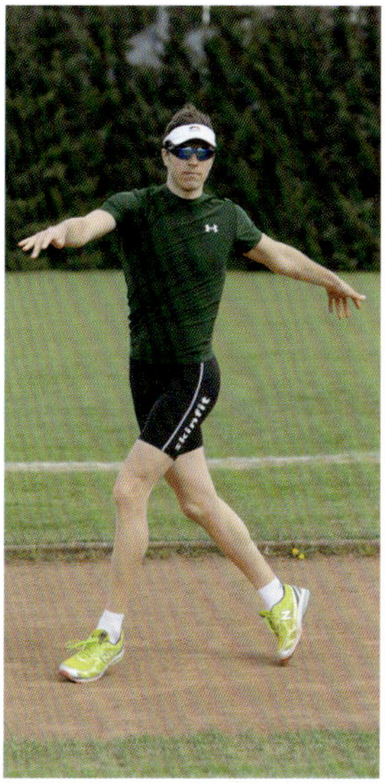

Einheit 101: **Kniehebelauf**

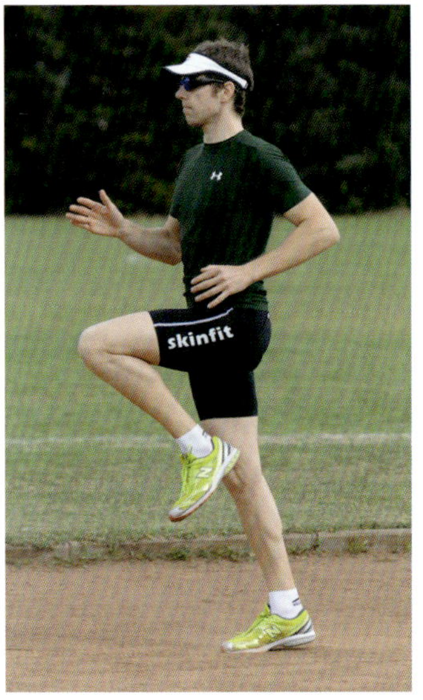

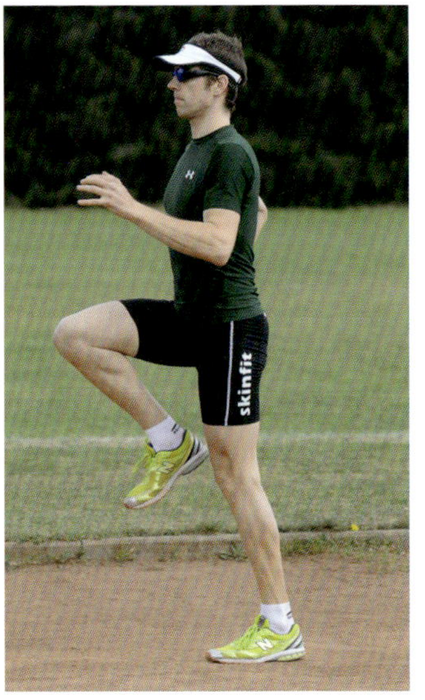

Heben Sie beim Laufen kräftig die Knie nach oben. Übertreiben Sie diese Bewegung ruhig. Das Ziel: Sie verinnerlichen, das Bein bewusst und deutlich beim Laufen anzuheben. Damit unterstützen Sie ebenfalls einen dynamischen Laufstil. Entwickeln Sie aus dieser Bewegung heraus einen Steigerungssprint und übertragen Sie das Gelernte sofort auf Ihren Laufschritt.

Einheit 101: **Sprunglauf**

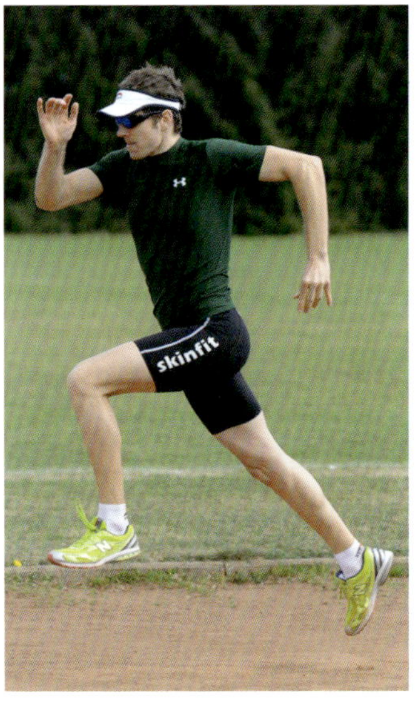

Aus dem Lauf heraus führen Sie drei lange Sprünge aus. Achten Sie auf einen deutlichen Kniehub. Unterstützen Sie die Sprungbewegung aktiv mit Ihren Armen. Nach den drei Sprüngen gehen Sie direkt in einen Steigerungslauf mit abschließenden Sprint über.

Einheit 101: **Steigerungslauf**

Laufen Sie locker los und steigern Sie Ihr Tempo über 100 Meter bis hin zum Sprint. Achten Sie auf eine angespannte Rumpfmuskulatur und bewegen Sie Ihre Arme bewusst mit. Nach einigen Metern sollten Sie mit langen, dynamischen Schritten laufen. Fortgeschrittene sollten aus all den oben vorgestellten Übungen heraus einen Steigerungslauf mit abschließenden Sprint entwickeln.

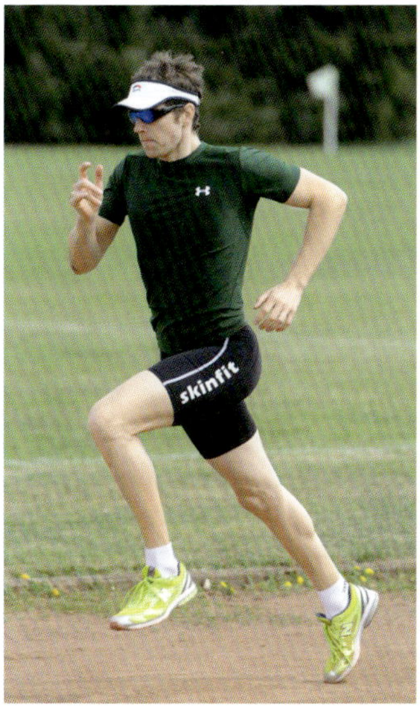

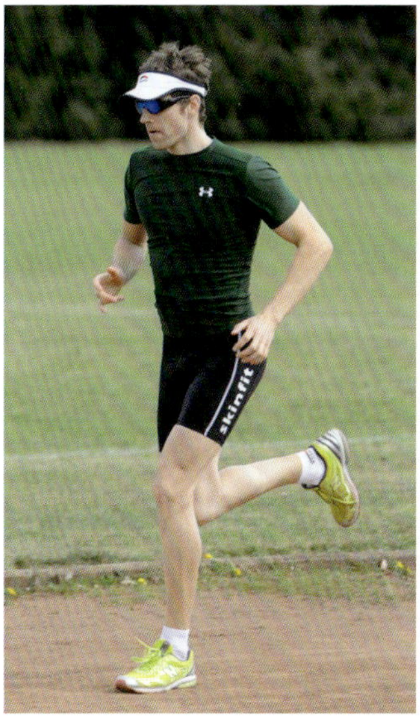

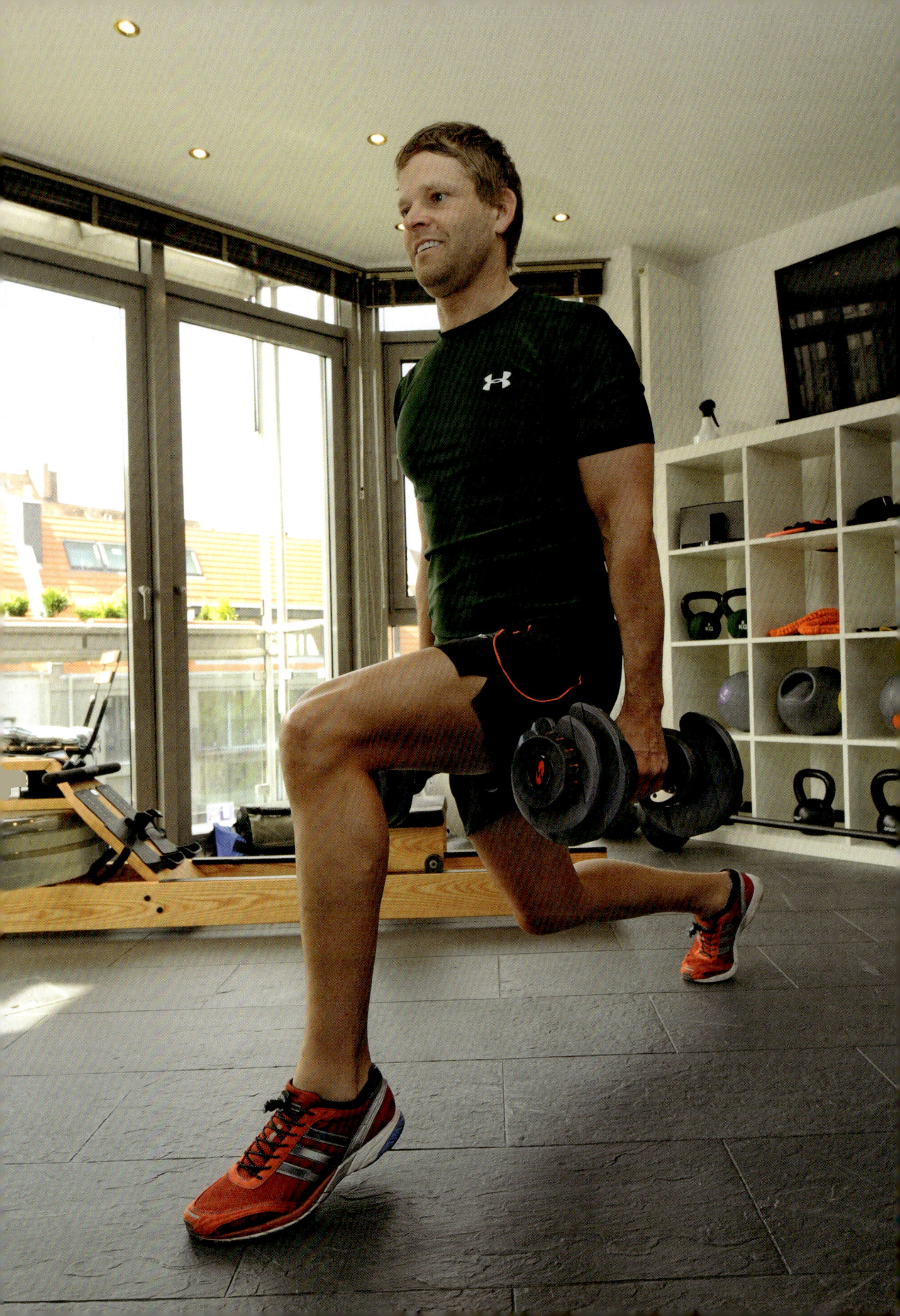

Athletiktraining

Athletiktraining sollten Sie das ganze Jahr über durchführen. Gerade wenn Sie relativ wenig Zeit für das Training zur Verfügung haben, werden Sie nur durch begleitendes Athletiktraining in der Lage sein, Ihr Leistungspotenzial auszuschöpfen. Für eine gute Technik beim Schwimmen, Radfahren und Laufen sind ein stabiler Rumpf und Körperspannung ebenso wichtig wie Beweglichkeit und Koordinationsfähigkeit.

Dieses Kapitel enthält Kraft- und Rumpfstabilisationstraining, einen Athletikzirkel sowie Sling-Training. Mit diesen Einheiten kräftigen Sie Ihre Muskulatur, halten sich beweglich und verbessern Ihre Koordination. Darüber hinaus beugen Sie muskulären Dysbalancen und Verletzungen vor. Von regelmäßigem Krafttraining profitieren übrigens vor allem Frauen und Männer ab 30; ab diesem Alter verlieren wir jedes Jahr geringfügig an Muskelkraft und sollten dem entgegenwirken. Und: Frauen müssen keine Angst vor ungewollten Muskelbergen haben, denn bei regelmäßigem Ausdauertraining ist es so gut wie unmöglich, großartig Muskelmasse aufzubauen.

Die Mitgliedschaft in einem Fitnessstudio lohnt sich nicht nur für regelmäßige Krafttrainingseinheiten: In fast allen Studios können Sie auch Radergometer und Laufbänder nutzen und sind so wetterunabhängig beim Trainieren.

Einheit 102 **Krafttraining**

Beim Krafttraining für Triathleten liegt der Fokus auf gelenkstabilisierenden Übungen, um Verletzungen an Sprung-, Knie- oder Hüftgelenk vorzubeugen. Führen Sie im Winter zweimal in der Woche ein Ganzkörperprogramm durch. Im Sommer genügt eine Trainingseinheit pro Woche.

Pro Trainingseinheit absolvieren Sie sechs bis zehn Übungen. Führen Sie von jeder Übung drei Sätze durch, ein Satz sollte 8 bis 10 Wiederholungen enthalten. Nach jedem Satz pausieren Sie 30 bis 40 Sekunden lang. Bevor Sie mit der nächsten Übung beginnen, setzen Sie eine etwas längere Pause von ein bis maximal zwei Minuten. Das Gewicht sollten Sie so einstellen, dass Sie nicht viel mehr als diese Wiederholungsanzahl ausführen können. Könnten Sie noch deutlich mehr als 8 bis 10 Wiederholungen absolvieren, dann haben Sie Ihre Kraftausdauer trainiert – und an der arbeiten Sie ausreichend bei jeder Schwimm-, Rad- oder Laufeinheit, sobald die Intensität etwas ansteigt. Je nach Wiederholungszahl setzen Sie nämlich unterschiedliche Reize:

2–4 Wiederholungen: Entwicklung der Maximalkraft
5–12 Wiederholungen: Kraftaufbau
> 12 Wiederholungen: Entwicklung der Kraftausdauer

Wärmen Sie sich vor einem Krafttraining mindestens fünf Minuten lang auf. Bevor Sie mit einer Übung beginnen, führen Sie jeweils zwei bis drei kurze Sätze ohne Gewicht durch! Mehr als 45 bis 60 Minuten sollte ein Krafttraining nicht dauern. Anschließend bietet es sich an, ein Rumpfstabilisationstraining zu absolvieren. Da Ihr Körper sich nach einiger Zeit an einen Trainingsreiz anpasst, sollten Sie die Übungen ungefähr alle acht Wochen einmal durchwechseln.

Einheit 102: Latziehen

Je breiter Sie greifen, desto schwieriger wird diese Übung. Ziehen Sie die Stange gleichmäßig nach unten bis auf Kinnhöhe. Achten Sie darauf, die Ellbogen hinter dem Körper zu lassen. Variieren Sie die Breite Ihres Griffs, um verschiedene Muskelpartien anzusprechen. Diese Übung kräftigt unter anderem Ihre Schwimmmuskulatur.

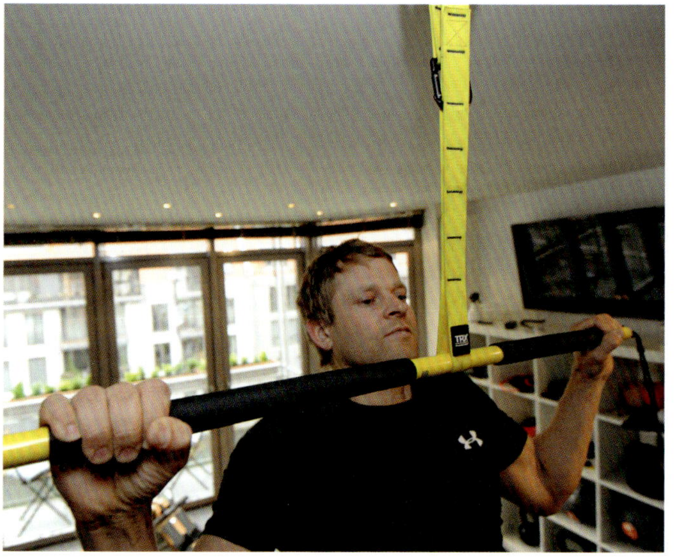

Einheit 102: Ruderzug

Der Oberkörper ist gerade und die Rumpfmuskulatur angespannt. Ihre Hände sind nach vorn ausgestreckt und halten die Griffe. Nun ziehen Sie Ihre Arme gleichzeitig eng am Körper vorbei nach hinten. Achten Sie darauf, dass Sie die Bewegung bis ganz nach hinten ausführen. In der Endkontraktion ziehen Sie Ihre Schulterblätter aktiv zusammen.

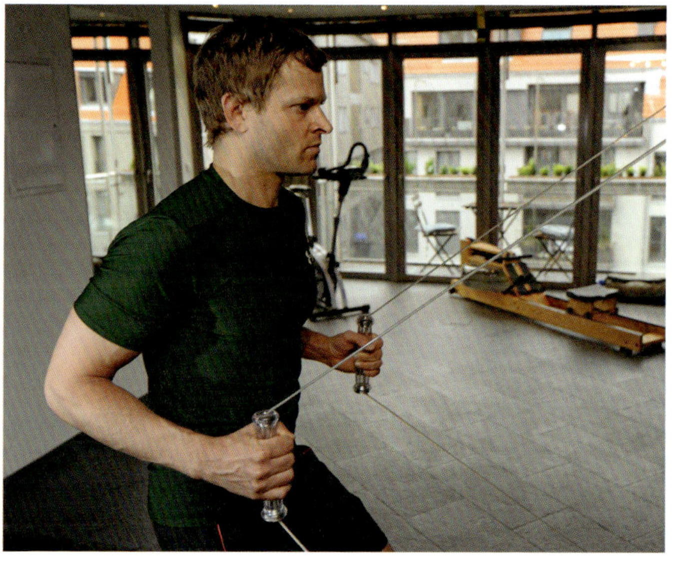

Einheit 102: **Bankdrücken**

Wenn Sie diese Übung auf einem Gymnastikball anstatt einer Bank absolvieren, aktivieren Sie Ihre Rumpfmuskulatur zusätzlich. Trainieren Sie allein, dann führen Sie diese Übung besser an der Maschine durch. Beim Absenken der Hanteln stoppen Sie die Bewegung kurz vor der Brust und drücken das Gewicht dann wieder nach oben.

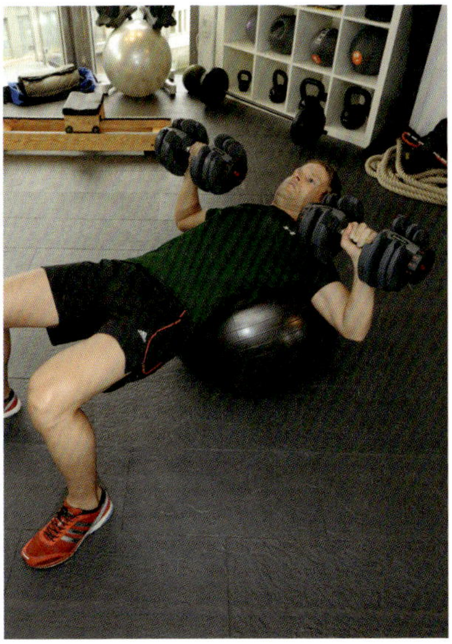

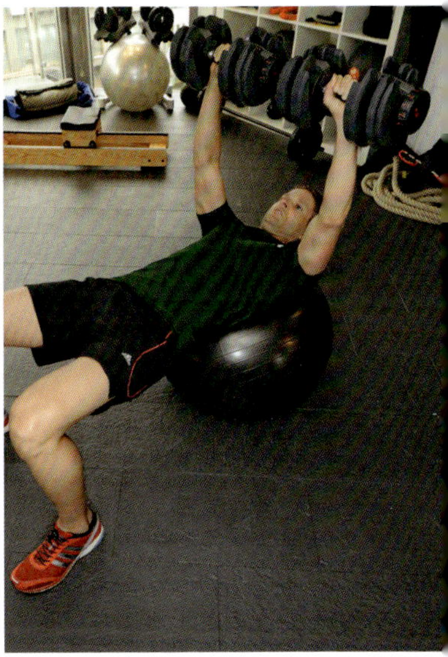

Einheit 102: **Schulterheben**

Heben Sie die Gewichte seitlich nach oben in die Waagerechte. Je gestreckter Ihre Arme dabei sind, desto schwieriger wird die Übung.
Wenn Sie diese Übung im Telemarkstand absolvieren, so aktivieren Sie zusätzlich Ihre Bein- und Rumpfmuskeln. Sollte Ihnen das schwerfallen, können Sie die Übung auch im Stehen ausführen.

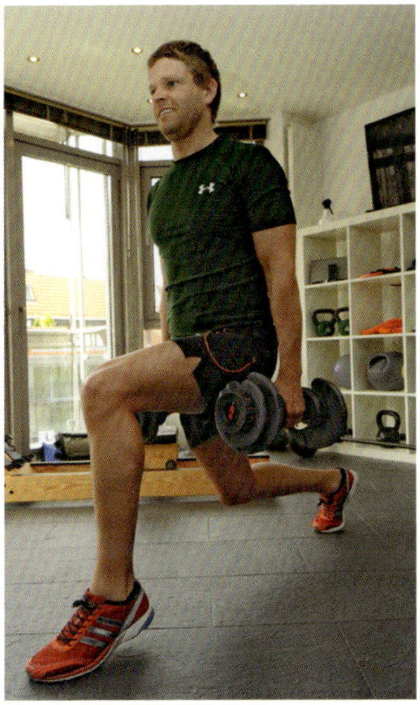

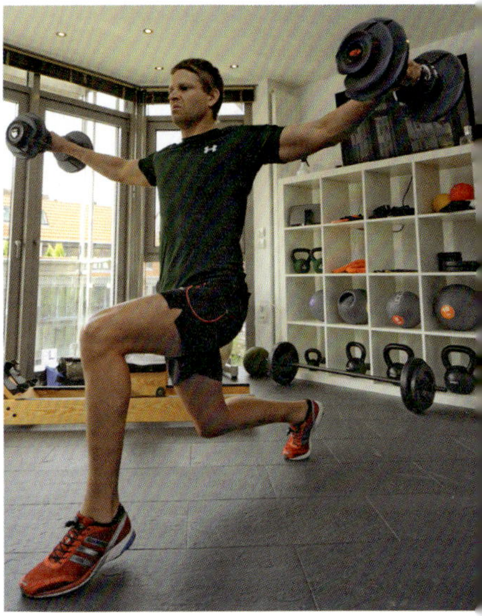

Einheit 102: **Trizepsdrücken**

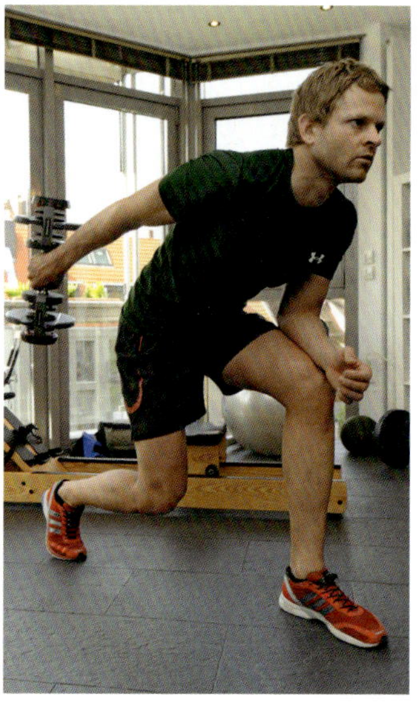

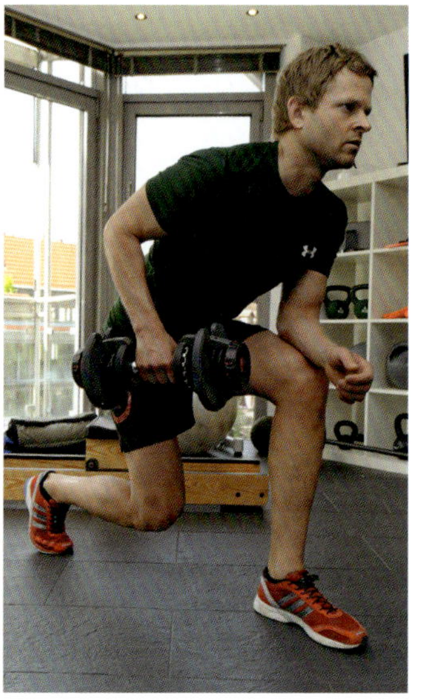

Stellen Sie sich in den Telemark-Stand, in der Hand halten Sie eine Hantel. Spannen Sie nun Ihre Rumpfmuskeln an und drücken Sie das Gewicht nach hinten, ähnlich der Abdruckbewegung beim Schwimmen. Der Oberarm bleibt dabei eng am Körper und bewegt sich nicht. Allein der Unterarm sorgt für die Bewegung. Nehmen Sie bei der Übung die Schultern nach hinten. Alternativ können Sie diese Übung auch mit Seil oder Trizepsstange ausführen.

Einheit 102: **Beinpresse (Kniebeuge mit Gewicht)**

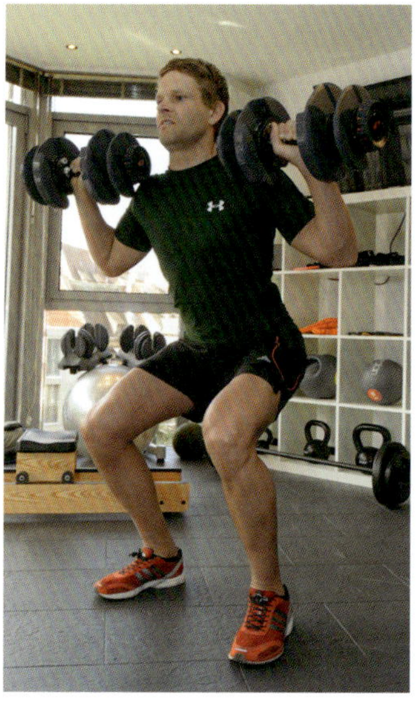

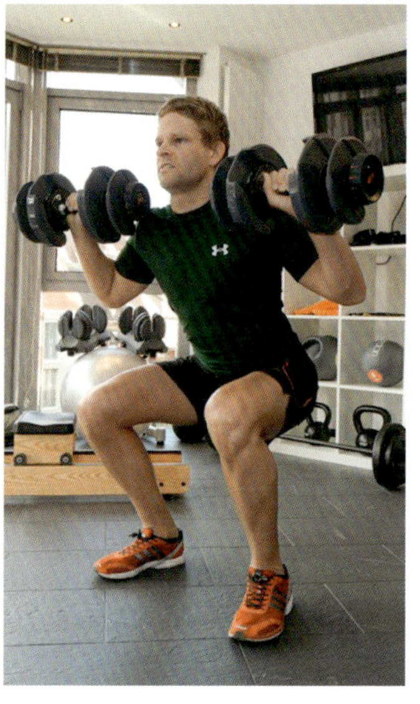

Der Klassiker für schnelle Radsplits! Stellen Sie sich mit den Beinen etwas mehr als schulterbreit auf und halten Sie zwei Hanteln in den Händen, in etwa auf Schulterhöhe. Ihre Fußspitzen sind leicht nach außen gedreht. Gehen Sie nun kontrolliert in die Hocke, bis Ihre Oberschenkel parallel zum Boden ausgerichtet sind. Wenn Sie dazu tendieren, während der Bewegung mit den Knien nach innen oder außen auszuweichen, nehmen Sie leichtere Gewichte. Achten Sie auch darauf, nicht mit den Knien über die Fußspitzen hinauszukommen.

Bei dieser Übung wird fast die komplette Beinmuskulatur trainiert. Wenn Sie also nur eine Übung für die Beine durchführen, dann diese. Fortgeschrittene können alternativ auch Kniebeuge mit der Langhantel absolvieren.

Einheit 102: Beinstrecker

Diese Übung kräftigt Ihre Muskeln oberhalb der Kniescheibe. Sie können diese Übung mit dem Zugseil durchführen, wie auf den Bildern rechts zu sehen. Anfänger sollten aber die entsprechende Maschine im Studio verwenden.
In der Ausgangsposition ist das Knie gebeugt. Ober- und Unterschenkel sind entspannt und bilden einen Winkel von 90 Grad. Versuchen Sie nun, das Bein zu strecken, indem Sie den Unterschenkel nach oben drücken. Die Bewegung kommt nur aus dem Unterschenkel.

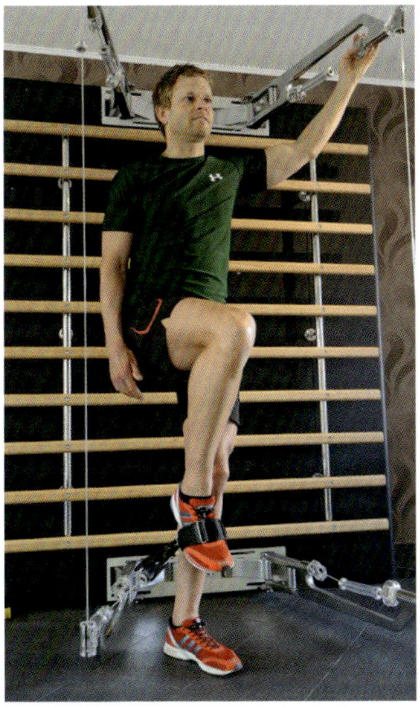

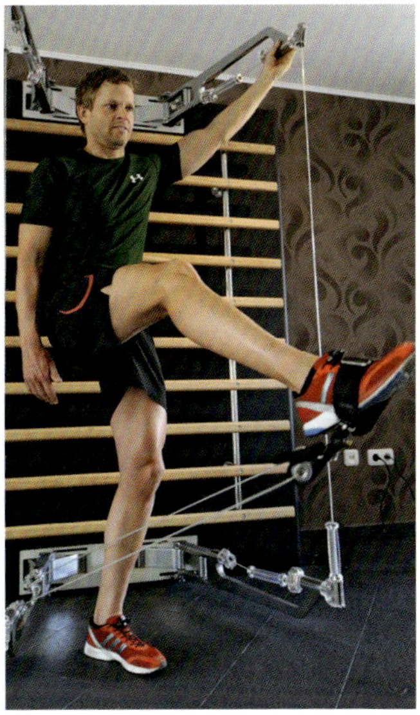

Einheit 102: Wadenpresse

Stellen Sie sich aufrecht hin, die Beine schulterbreit auseinander. In jeder Hand halten Sie eine Hantel. Nun drücken Sie sich allein durch die Kraft Ihrer Waden nach oben. Die Fußspitzen bleiben dabei immer am Boden, allein die Ferse wird angehoben.

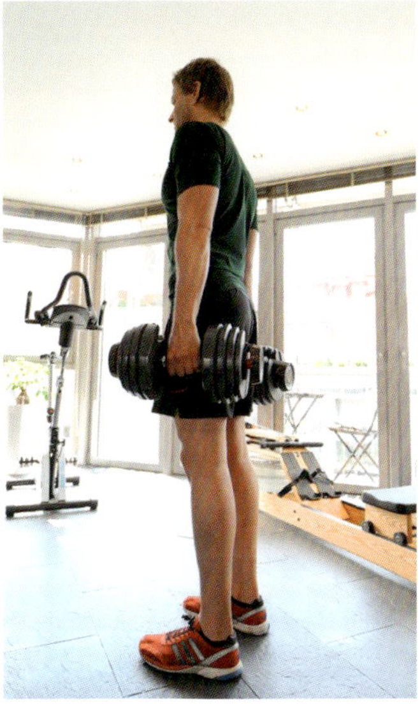

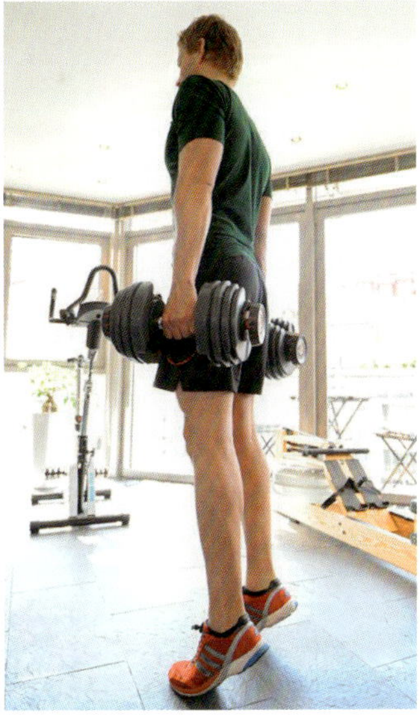

Einheit 103 Rumpfstabilisationstraining

Ein kräftiger Rumpf ist für Triathleten unerlässlich. Mit einer starken Rumpfmuskulatur können Sie die Bewegungsabläufe in allen drei Disziplinen optimieren und beugen Verletzungen vor. Kräftige Rumpfmuskeln ermöglichen eine bessere Wasserlage beim Schwimmen, eine aerodynamischere Sitzposition beim Radfahren und die notwendige Körperspannung auch auf den letzten Laufkilometern. Kurzum: Ein gut trainierter Rumpf macht Sie schneller! Aus diesem Grund sollte mindestens zweimal, besser dreimal in der Woche ein Rumpfstabilisationstraining auf Ihrem Programm stehen.

Führen Sie von jeder Übung drei Sätze mit jeweils 20 Wiederholungen aus. Steigern Sie im Bedarfsfall die Anzahl der Wiederholungen.

Nach jedem Satz pausieren Sie 30 Sekunden lang. Bevor Sie die nächste Übung beginnen, pausieren Sie für 1 Minute.

Einheit 103: Crunches

Legen Sie sich auf den Rücken und stellen Sie die Füße auf. Spannen Sie die Rumpfmuskulatur an und strecken Sie Ihre Hände so weit wie möglich nach oben zur Decke. Sinken Sie anschließend wieder in die Ausgangsposition.

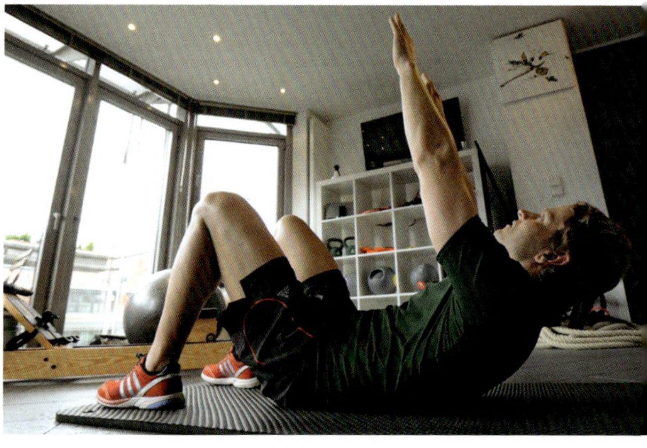

Einheit 103: Käfer

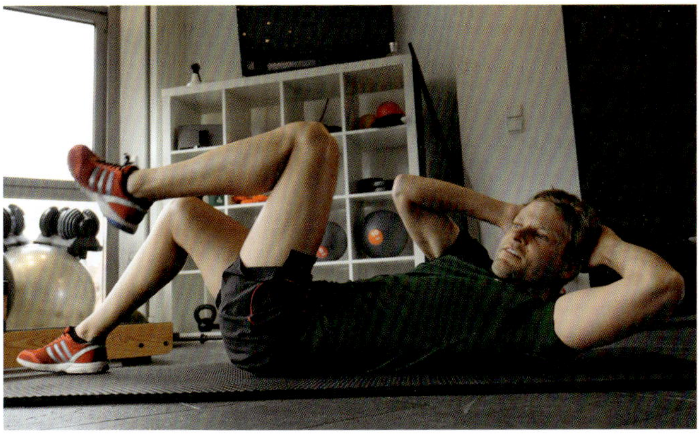

Legen Sie sich auf den Rücken und stellen Sie die Füße auf. Verschränken Sie die Hände hinter dem Kopf. Winkeln Sie das linke Bein an und ziehen Sie Ihren rechten Ellbogen diagonal zum Knie. Anschließend winkeln Sie das andere Bein an und führen den linken Ellbogen zum rechten Knie. Um den Schwierigkeitsgrad zu erhöhen, können Sie das inaktive Bein auch vom Boden heben und ausstrecken.

Einheit 103: Brücke

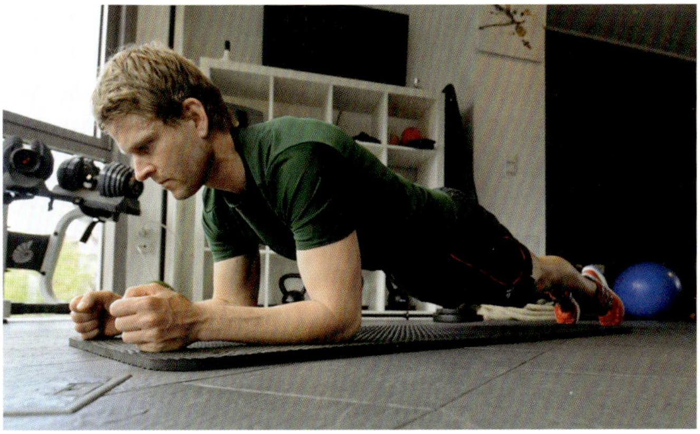

Gehen Sie in den Unterarmstütz und halten Sie diese Position. Achten Sie darauf, dass Sie die Rumpfmuskulatur anspannen und nicht in ein Hohlkreuz verfallen. Halten Sie die Position für 3 x 1 Minute. Zur Steigerung der Übung können Sie nun Ihren Körper leicht nach vorn und hinten bewegen.

Einheit 103: **Seitliche Brücke**

Gehen Sie in den Seitarmstütz und spannen Sie die Rumpfmuskulatur an, sodass Ihre Haltung stabil ist. Legen Sie Ihren freien Arm quer über den Bauch, die Hand an die Taille. Dann strecken Sie die Hand nach oben Richtung Decke und führen sie wieder zurück in die Ausgangsposition.

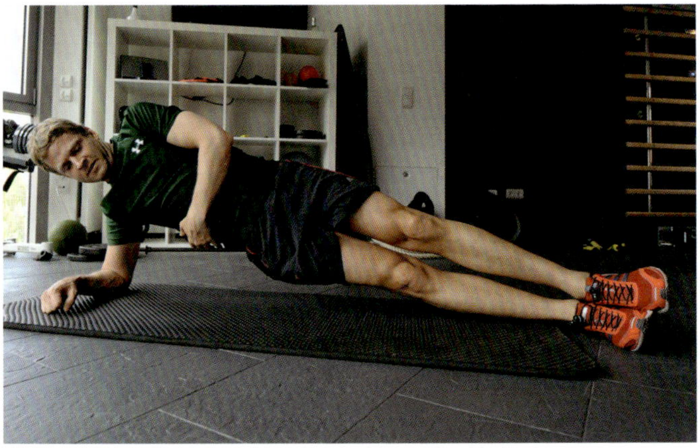

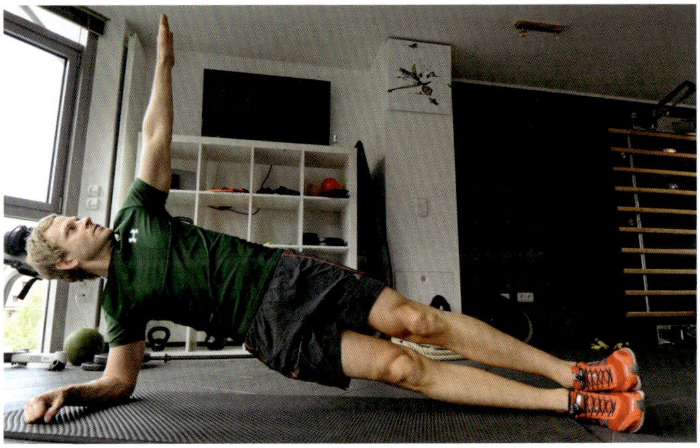

Einheit 103: **Dynamische Brücke**

Begeben Sie sich in den Seitarmstütz und spannen Sie die Rumpfmuskulatur an, sodass Ihre Haltung stabil ist. Ihren freien Arm strecken Sie nach oben Richtung Decke. Dann führen Sie den Arm vor dem Bauch unter Ihrem Oberkörper durch. Dies fordert verstärkt die seitliche Rumpfmuskulatur.

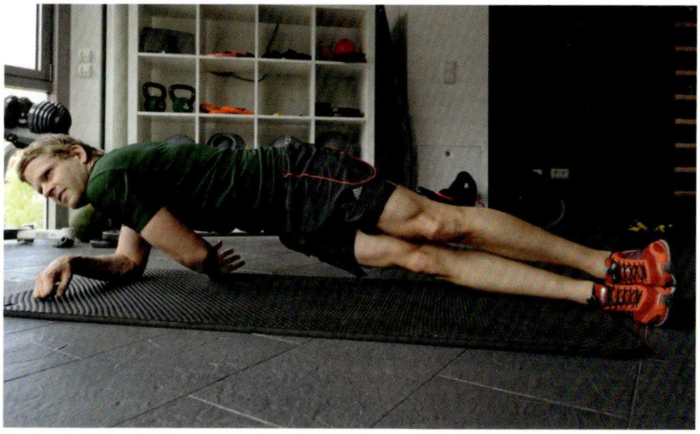

Einheit 103: **Reverse Bridge**

Sie liegen auf dem Rücken, die Füße sind aufgestellt und Ihre Arme liegen neben dem Körper. Heben Sie nun langsam das Becken an und spannen Sie zeitgleich Ihre Bauchmuskeln an. Rumpf und Oberschenkel sollten eine gerade Linie ergeben. Verharren Sie in der Position. Heben Sie abwechselnd ein Bein an und strecken Sie es nach vorn in Verlängerung des Oberschenkels aus. Achten Sie unbedingt darauf, stabil im Rumpf zu bleiben und nicht mit dem Gesäß abzusinken.

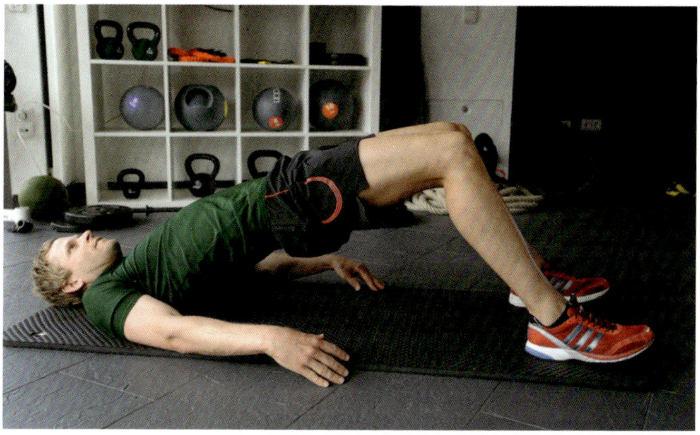

Einheit 104 Athletikzirkel

Zusätzlich zum regelmäßigen Krafttraining ist es ratsam, einmal pro Woche einen Athletikzirkel durchzuführen. Dieser Zirkel kräftigt Ihren Körper und verbessert Ihre Koordinationsfähigkeit. Es handelt sich um ein ideales Training für Ausdauersportler, denn im Gegensatz zum Kraft- oder Rumpfstabilisationstraining enthält es auch eine Ausdauerkomponente: Der Puls bleibt aufgrund der Belastungsintensität und der kurzen Pausen in den oberen Bereichen. Diesen Zirkel können Sie auch zu Hause durchführen, beispielsweise als Aufwärmprogramm vor einer Lauf- oder Radeinheit.

Sie führen jede Übung 30 Sekunden lang durch. Anschließend folgt eine Pause von 30 Sekunden, in der Sie zur nächsten Übung wechseln. Den kompletten Zirkel absolvieren Sie zwei- bis dreimal direkt nacheinander. Wenn Sie die Übungen ernsthaft ausführen, handelt es sich um eine sehr intensive Einheit, und daher reicht eine Einheit pro Woche aus.

Einheit 104: Seilspringen

Absolvieren Sie schnell hintereinander flache Sprünge ohne Zwischensprung. Halten Sie dabei Ihren Rumpf angespannt und geben Sie 30 Sekunden lang Gas. Ihre Arme bleiben an der Körperseite, die Bewegung kommt aus den Handgelenken.

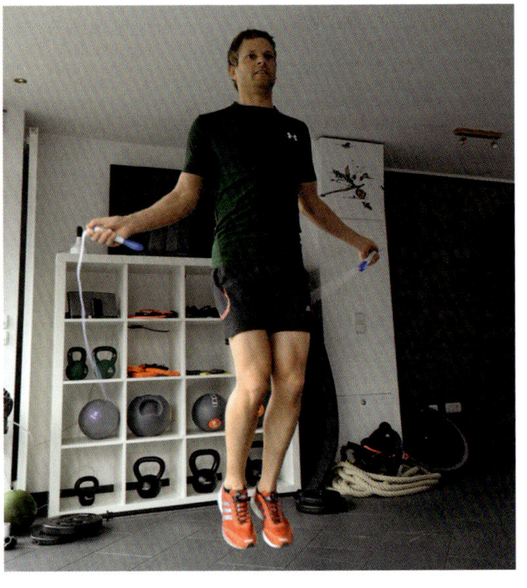

Einheit 104: Crunches

Legen Sie sich auf den Rücken und stellen Sie die Füße auf. Spannen Sie die Rumpfmuskulatur an und strecken Sie Ihre Hände so weit wie möglich nach oben zur Decke. Sinken Sie anschließend wieder in die Ausgangsposition.

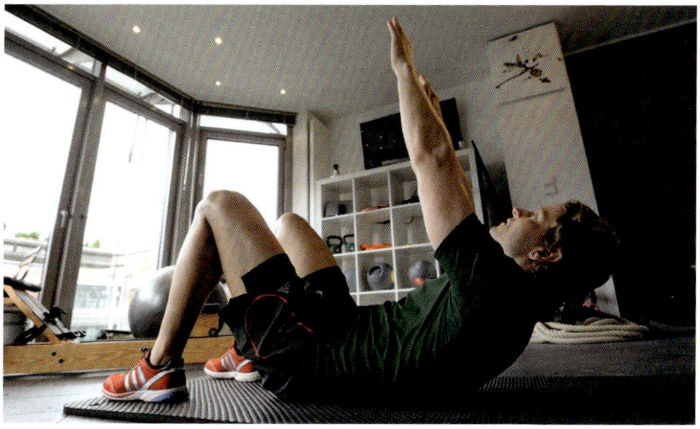

Einheit 104: Liegestütze

Begeben Sie sich in die Liegestützposition, die Arme sind mehr als schulterbreit aufgestellt. Spannen Sie den Rumpf an und senken Sie den Oberkörper ab, bis Ihre Brust fast den Boden berührt. Halten Sie diese Position und drücken Sie sich wieder nach oben.
Ihr Körper sollte während der gesamten Bewegung eine gerade Linie bilden. Vermeiden Sie unbedingt ein Hohlkreuz.

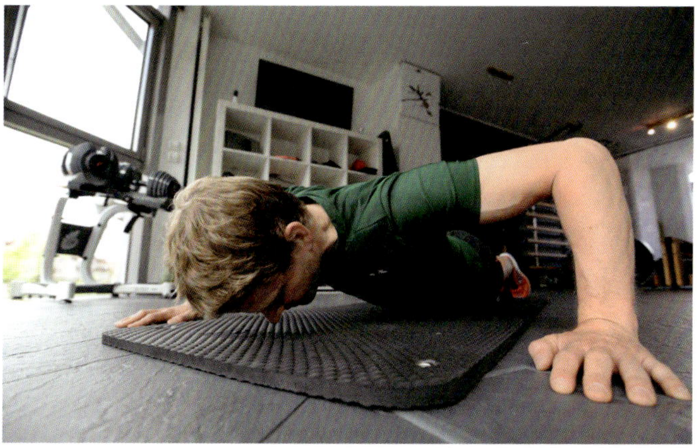

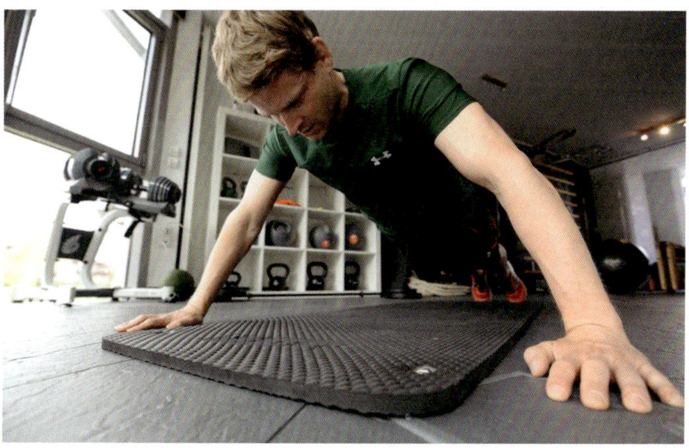

Einheit 104: **Reverse Bridge**

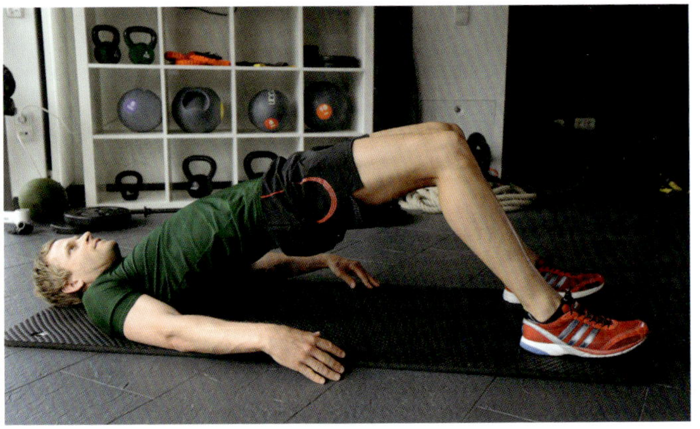

Sie liegen auf dem Rücken, die Füße sind aufgestellt und Ihre Arme liegen neben dem Körper. Heben Sie nun langsam das Becken an und spannen Sie zeitgleich Ihre Bauchmuskeln an. Rumpf und Oberschenkel sollten eine gerade Linie ergeben. Verharren Sie in der Position. Heben Sie abwechselnd ein Bein an und strecken Sie es nach vorn in Verlängerung des Oberschenkels aus. Achten Sie unbedingt darauf, stabil im Rumpf zu bleiben und nicht mit dem Gesäß abzusinken.

Einheit 104: **Hampelmann**

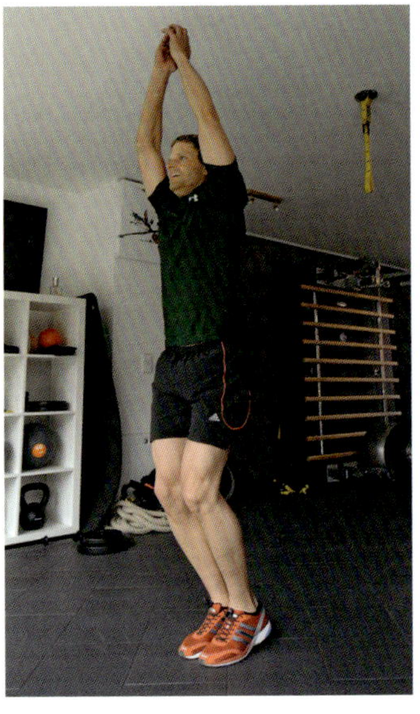

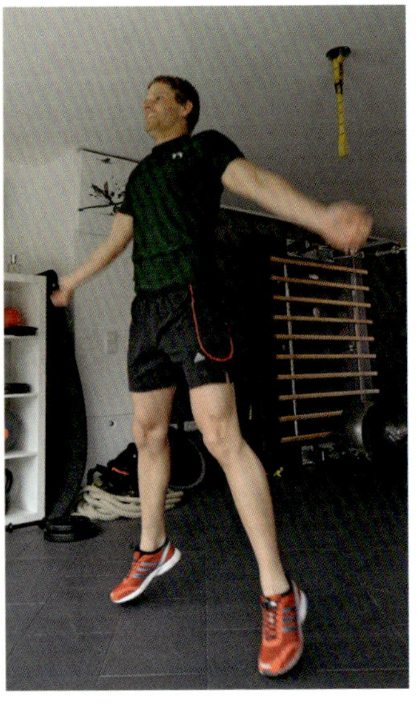

Stellen Sie sich aufrecht hin und spannen Sie die Bauchmuskulatur an. Springen Sie nun in die Grätsche und wieder in den Stand zurück. Dabei vollführen Sie mit den Armen Hampelmannbewegungen zur Seite und über den Kopf.

Einheit 104: **Klimmzüge**

Je breiter Sie die Stange fassen, desto schwerer wird es. Ziehen Sie sich langsam nach oben, bis Ihr Kinn auf Höhe der Stange ist.
Praktisch: Es gibt drehbare Stangen für den Hausgebrauch, die Sie problemlos an jedem Türrahmen platzieren können.

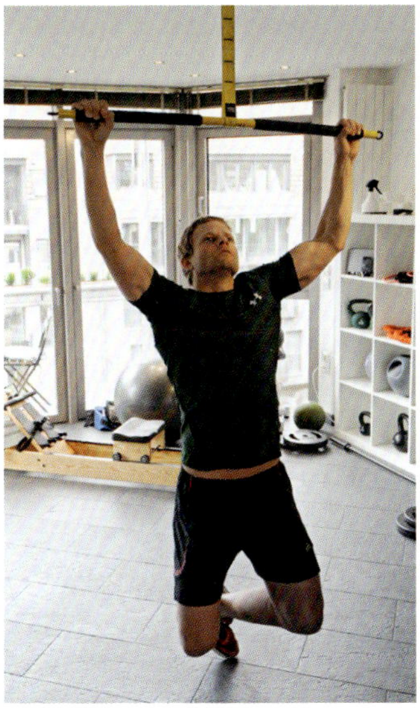

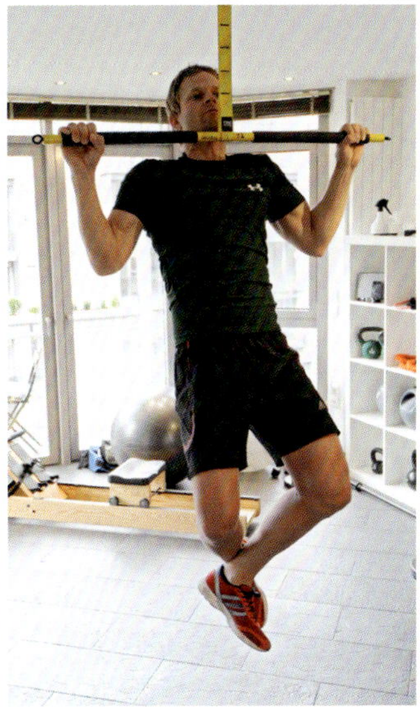

Einheit 104: **Hürdensprünge**

Springen Sie aus dem Stand mit beiden Beinen ab, und zwar über eine Serie von fünf imaginären Hürden. Achten Sie auf einen explosiven Absprung. Die fünf Sprünge sollten direkt nacheinander absolviert werden.

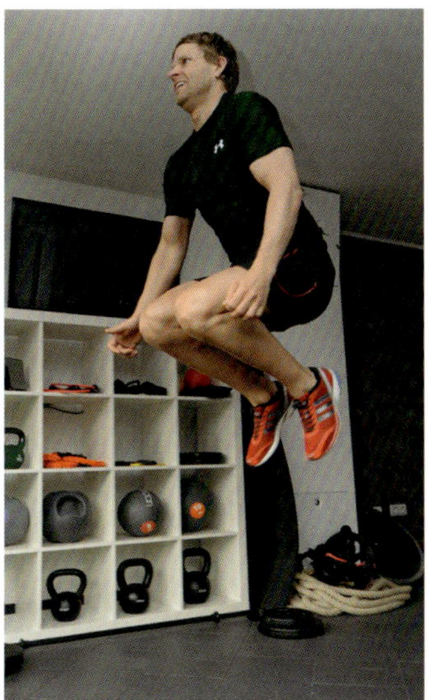

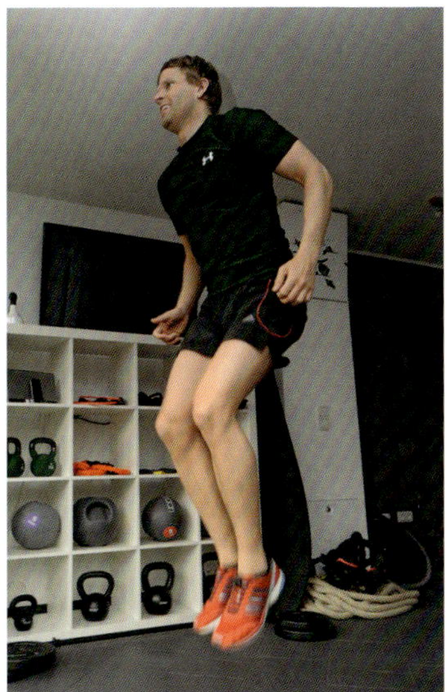

Einheit 104: **Telemarksprünge**

Die Ausgangsposition ist der Telemarkstand. Das linke Bein steht vorn, das rechte hinten. Springen Sie nach oben und landen Sie wieder im Telemarkstand, sodass nun Ihr rechtes Bein vorn steht. Sobald Sie stabil stehen, springen Sie wieder nach oben ab und landen im Telemarkstand, immer abwechselnd mit dem linken und dem rechten Bein vorn. Achten Sie darauf, dass Ihr vorderes Knie nicht über die Fußspitze hinausragt.

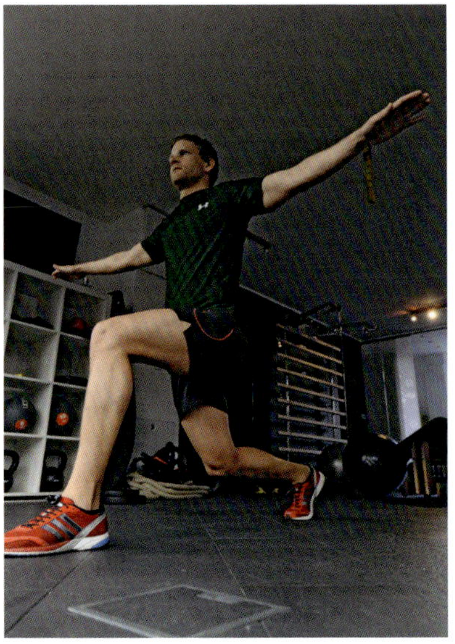

Einheit 104: **Strecksprünge**

Aus der Hocke heraus stoßen Sie sich mit beiden Beinen ab und springen so weit wie möglich nach oben. Unterstützen Sie Ihren Sprung über die Armbewegung zusätzlich.

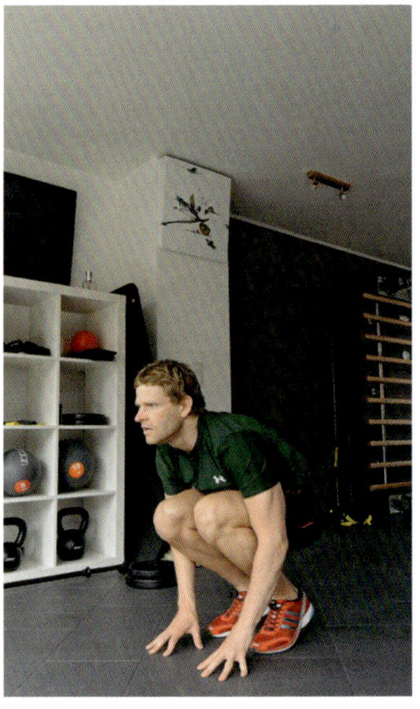

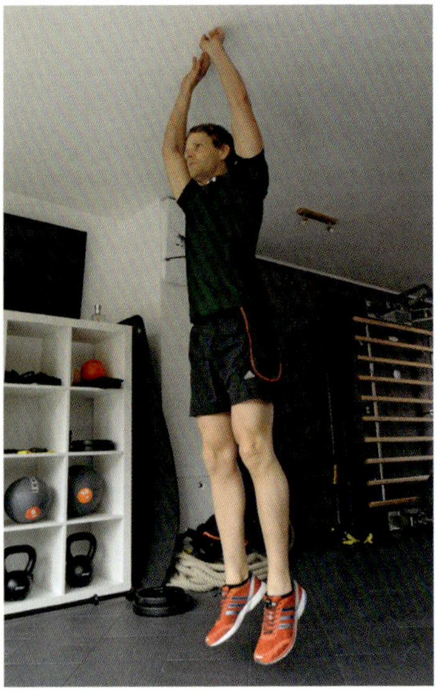

Einheit 105 Sling-Training

Der Sling-Trainer ist ein erstklassiges Ganzkörpertrainingsgerät. Aufgrund der frei hängenden Schlingen müssen Sie bei jeder Übung die gesamte Rumpfmuskulatur anspannen. Und von einer Stärkung dieser Muskulatur profitieren Triathleten in jeder Disziplin. Sie sollten das Schlingen-Training allerdings erst ausführen, wenn Sie alle Rumpfstabilisations- und Athletikzirkel-Übungen aus diesem Kapitel beherrschen. Für Anfänger ist der Sling-Trainer weniger geeignet, da eine starke Rumpfspannung nötig ist, um die Übungen korrekt ausführen zu können.

Achten Sie bei den folgenden zehn Übungen auf einen stabilen Stand, bevor Sie loslegen. Absolvieren Sie von jeder Übung 10 bis 20 Wiederholungen.

Einheit 105: Ruderzug

In der Ausgangsposition befinden Sie sich in Schräglage. Ihre Arme sind gestreckt und Sie halten die Schlaufen auf Brusthöhe. Ihre Fersen befinden Sie vor Ihnen auf dem Boden. Je weiter Sie sich nach hinten lehnen, desto höher wird der Widerstand, den Sie überwinden müssen. Ziehen Sie die Schlingen auf Brusthöhe zu sich heran und führen Sie die Schulterblätter hinten zusammen.

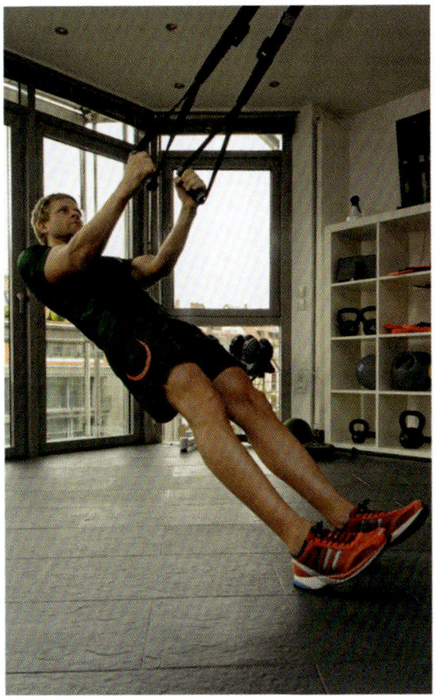

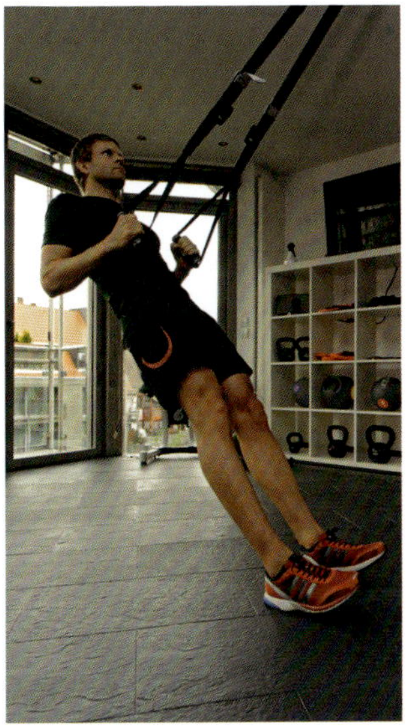

Einheit 105: **Schulterzug**

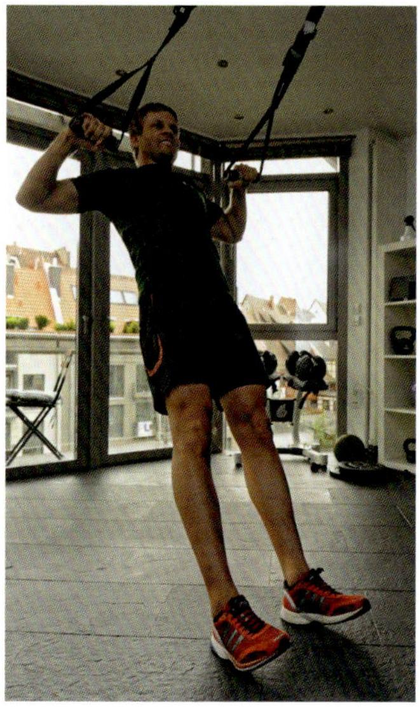

Greifen Sie in die Schlaufen und lehnen Sie sich nach hinten in eine Schräglage. Die Arme halten die Schlaufen auf Schulterhöhe. Ihre Fersen befinden Sie vor Ihnen auf dem Boden. Ziehen Sie die Schlingen auf Schulterhöhe zu sich heran und führen Sie die Schulterblätter hinten zusammen. Dadurch kräftigen Sie nicht nur Ihren oberen Rücken, sondern auch die Schultermuskulatur.

Einheit 105: **Liegestütz**

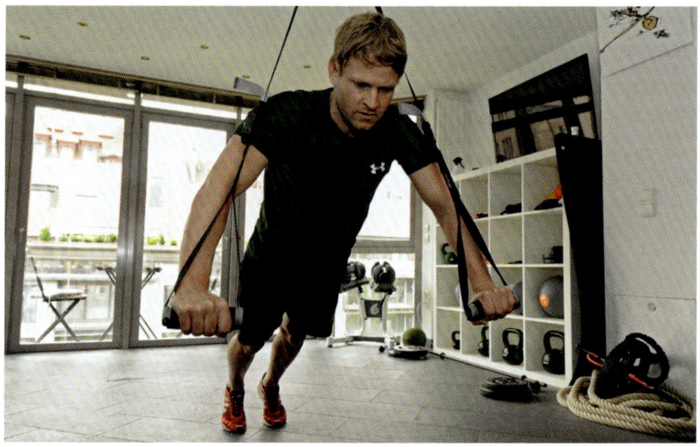

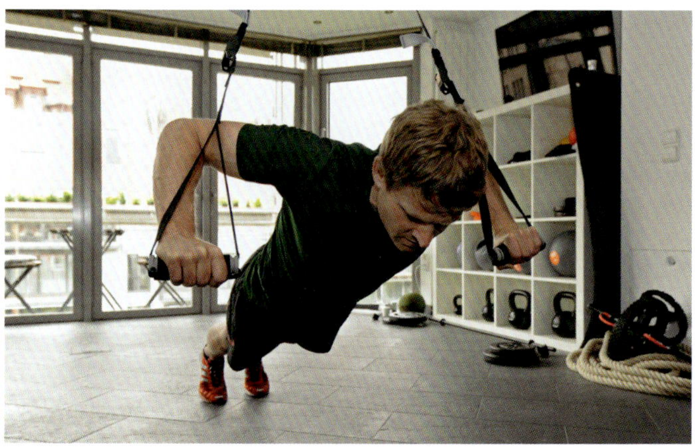

Gehen Sie mit den Händen in den Schlingen in Liegestützposition. Je weiter Sie Ihre Beine auseinanderstellen, desto stabiler stehen Sie. Senken Sie langsam den Oberkörper ab, indem Sie im Ellbogengelenk nachgeben. Halten Sie die Position kurz und drücken Sie sich wieder nach oben. Wenn Sie die Übung steigern möchten: Destabilisieren Sie Ihre Lage und heben Sie ein Bein in die Luft.

Einheit 105: Trizeps

Sie halten die Schlaufen über dem Kopf, das Trainingsgerät ist hinter Ihnen fixiert. Die Arme sind nur leicht gebeugt. Nun lassen Sie sich langsam nach vorn sinken, bis Ihr Kopf sich auf Höhe Ihrer Ellbogen befindet. Drücken Sie sich nun nur mithilfe der Unterarme wieder nach oben in die Ausgangsposition.

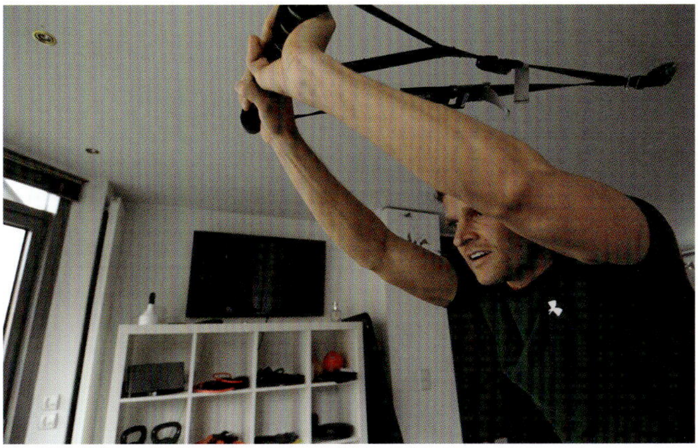

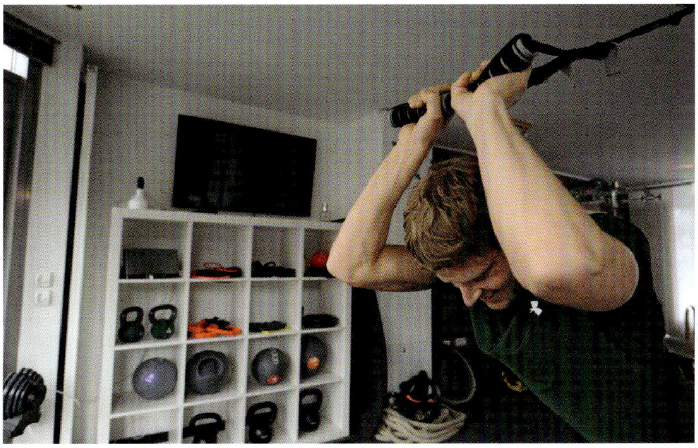

Einheit 105: **Seitheben**

Sie halten sich mit einer Hand an der Schlaufe fest, der andere Arm zeigt in Richtung Boden. Führen Sie nun Ihre freie Hand bis zum Schlingenseil und aktivieren Sie dabei die seitlichen Bauchmuskeln. Wechseln Sie nach drei Wiederholungen auf die andere Seite.

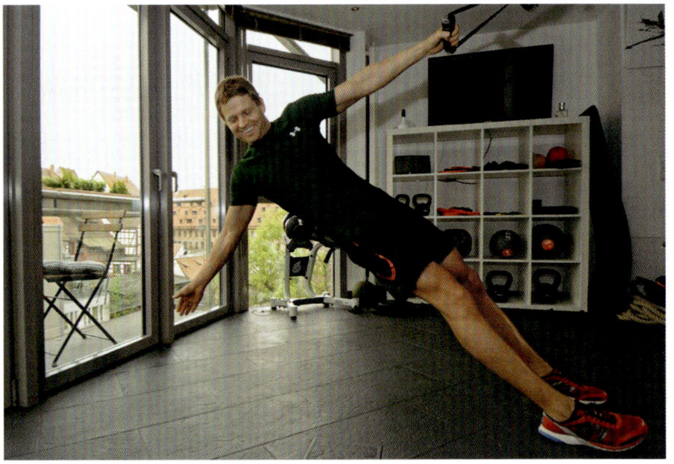

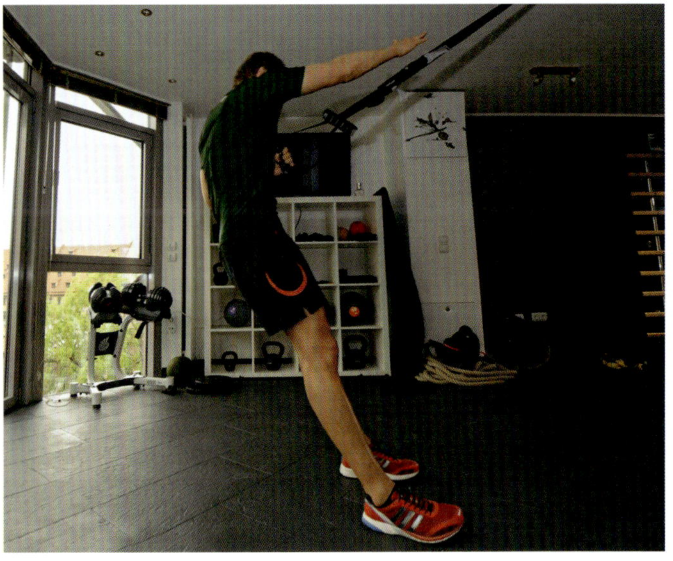

Einheit 105: **Bizeps**

Greifen Sie in die Schlaufen und lehnen Sie sich nach hinten, sodass Sie sich in Schräglage befinden. Ihre Fersen befinden sich vor Ihnen auf dem Boden. Die Arme sind gestreckt und Ihre Handflächen zeigen nach oben. Ihre Oberarme bleiben in dieser Position und Sie ziehen sich lediglich mithilfe Ihrer Unterarme nach vorn. Erinnern Sie sich: Je mehr Schräglage Sie haben, desto schwieriger wird es.

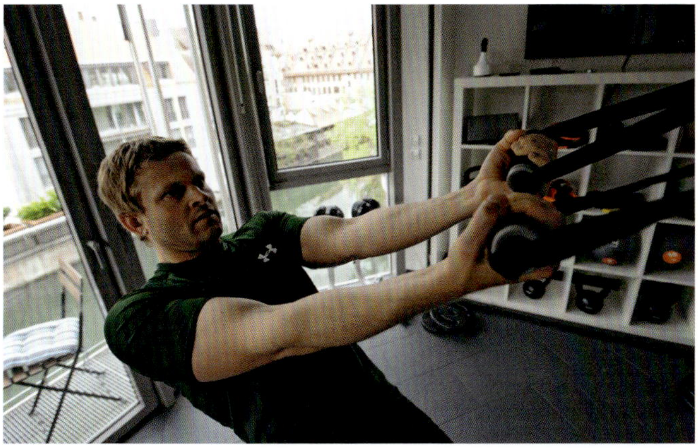

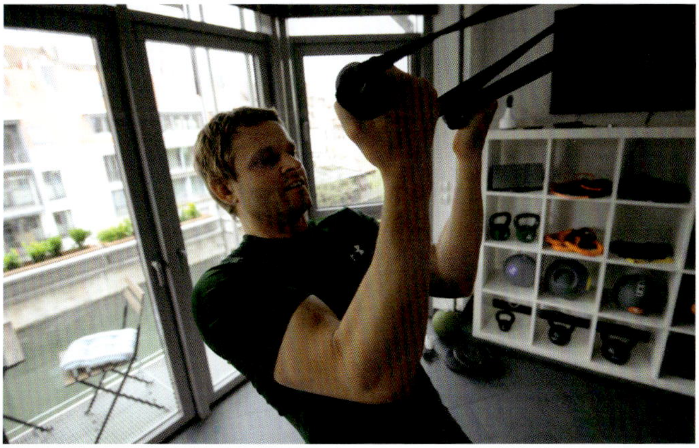

Einheit 105: **Beintraining**

Greifen Sie mit den Händen in die Schlingen und heben Sie ein Bein an. Machen Sie nun eine Kniebeuge, das freie Bein führen Sie dabei nach hinten. Nach drei Wiederholungen wechseln Sie das Bein.

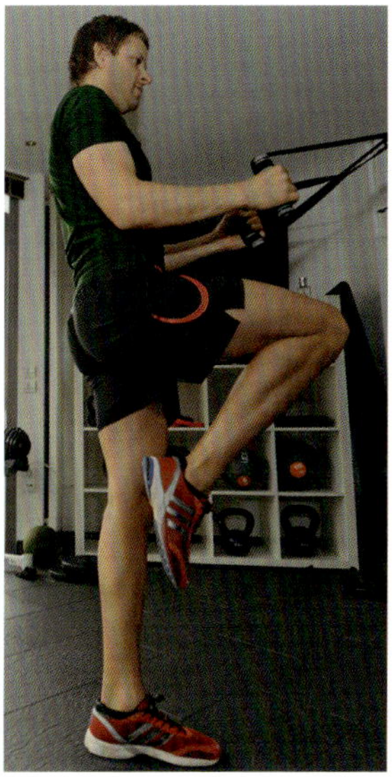

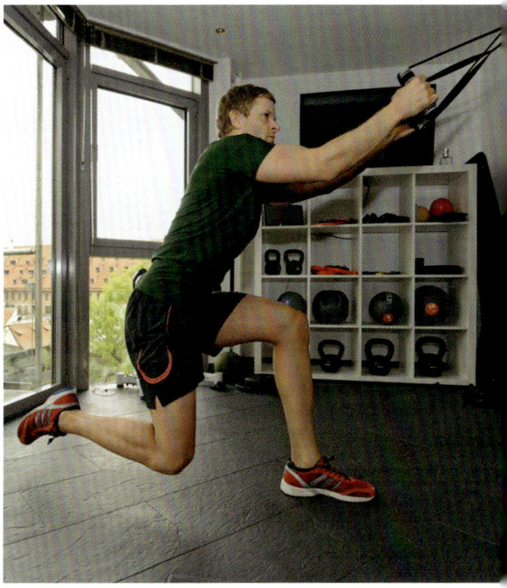

Einheit 105: **Brücke**

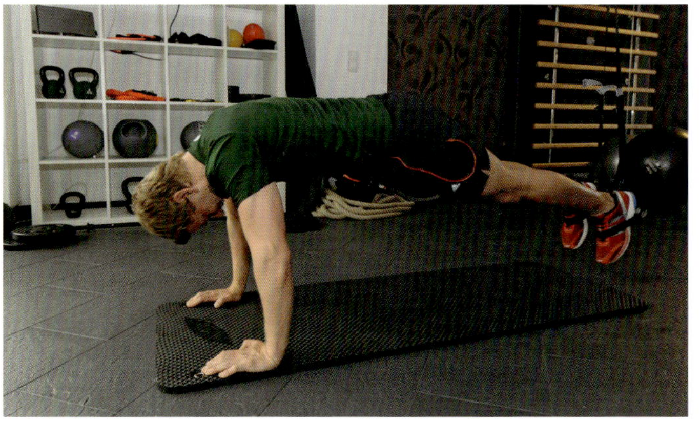

Die Schlaufen sollten für diese Übung fast bis auf den Boden reichen. Ihre Füße liegen in den Schlaufen, sodass sie in der Luft hängen, Ihr Oberkörper liegt auf dem Boden. Spannen Sie unbedingt Ihre Rumpfmuskulatur an. Nun drücken Sie sich nach oben in die Liegestützposition, ohne dabei ins Hohlkreuz zu fallen. Halten Sie diese Position für 30 bis 60 Sekunden. Sobald Sie die Spannung nicht mehr halten können, lassen Sie sich vorsichtig nach unten sinken. Setzen Sie dabei die Knie zuerst auf den Boden und gehen Sie dann mit dem Oberkörper nach unten. Keinesfalls ins Hohlkreuz fallen! Wenn Sie diese Übung nicht richtig ausführen, kann Sie Ihren Rücken belasten, achten Sie dabei immer auf die Körperspannung!

Einheit 104: **Dynamische Brücke**

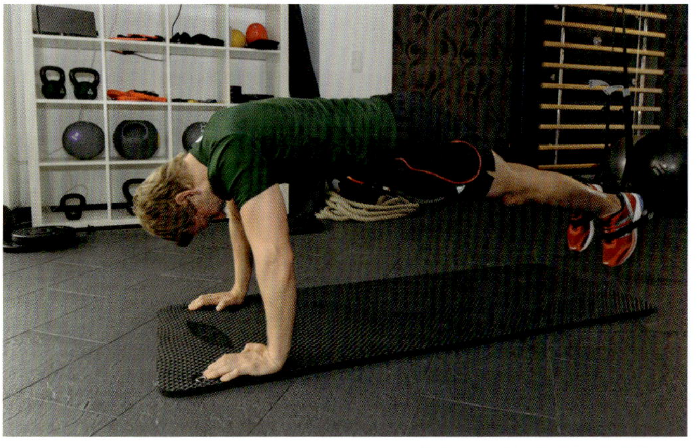

Begeben Sie sich in Liegestützposition, die Füße liegen in den Schlaufen. Nun ziehen Sie Ihre Beine zum Oberkörper. Fortgeschrittene tun dies mit gestreckten Beinen. Achten Sie auch bei dieser Übung auf eine angespannte Rumpfmuskulatur. Diese Übung ist extrem anstrengend, aber unglaublich effektiv für die Bauchmuskeln.

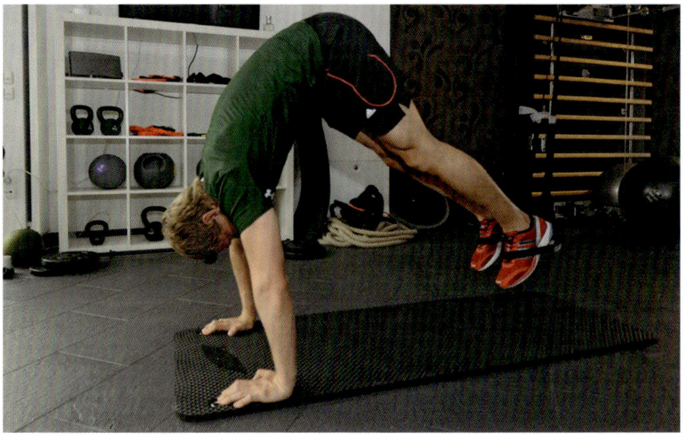

Einheit 105: **Seitliche Brücke**

Begeben Sie sich in den Seitstütz. Die Füße liegen in den Schlaufen. Spannen Sie bewusst die Rumpfmuskulatur an. Ziehen Sie die Beine zum Körper und begeben Sie sich wieder in die Ausgangsposition.

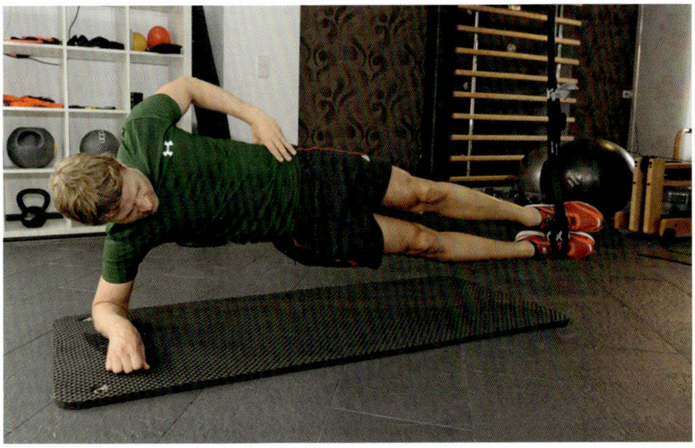

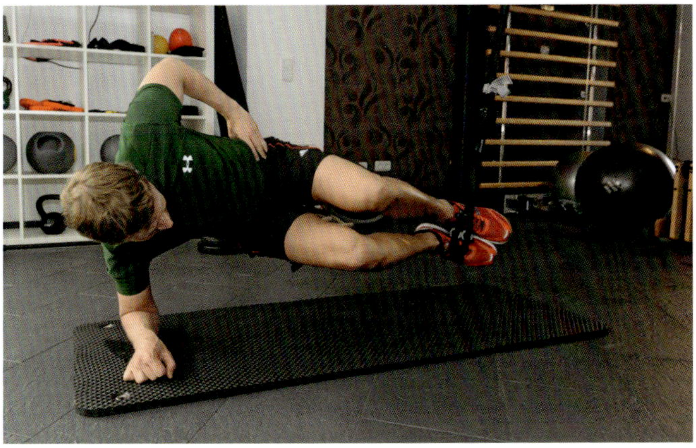

Einheitenverzeichnis

Kapitel 7

Tapering

Kapitel 8

Übergangstraining

Kapitel 9

Techniktraining

Kapitel 10

Athletiktraining

EBENFALLS ERSCHIENEN

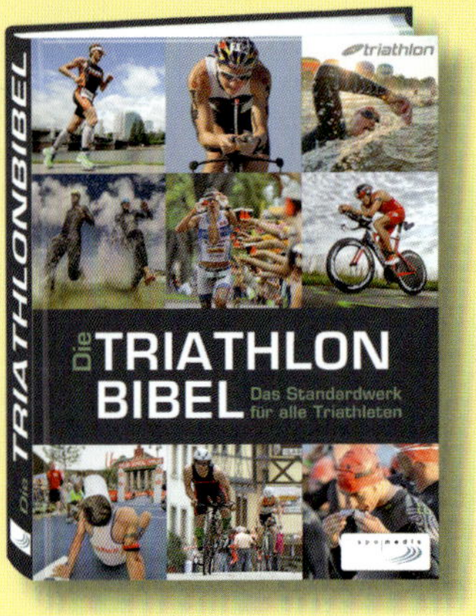

Die Triathlonbibel
Das Standardwerk für alle Triathleten
ISBN 978-3-95590-050-2

Allen, Coggan, McGregor
Wattmessung
im Radsport und Triathlon
ISBN 978-3-667-11959-9

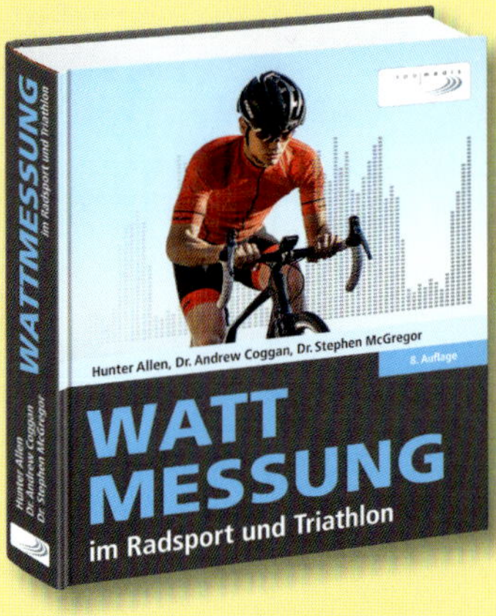

Haftungsausschluss

Die Trainingshinweise, medizinischen Informationen und sonstigen Empfehlungen stellen die Meinungen und Erfahrungen des Autors dar. Er hat diese nach bestem Wissen und Gewissen überprüft. Die Anleitungen können jedoch eine Trainingsbetreuung und/oder eine individuelle medizinische Beratung nicht ersetzen. Weder der Autor noch der Verlag oder sonstige beteiligte Firmen, Personen oder Institutionen können deshalb für eventuelle Schäden, die aus den im Buch gegebenen Hinweisen hervorgehen könnten, eine Haftung übernehmen.

Die spomedis-Philosophie

Richtig betriebener Ausdauersport ist gesund. Diese Tatsache hat nicht nur Bedeutung für den einzelnen Athleten, sondern auch für unsere gesamte Bevölkerung: Auf der einen Seite werden die Menschen immer älter, auf der anderen die Mittel für ihre Gesunderhaltung immer knapper. Wussten Sie, dass jeder Deutsche statistisch gesehen fast 20 Arzneimittelpackungen pro Jahr aufbraucht? Nur eine wesentlich stärkere Betonung des Präventionsgedankens kann hier langfristig und nahezu kostenneutral Abhilfe schaffen. Das Team von spomedis möchte seinen eigenen kleinen Beitrag zum Ausweg aus diesem Dilemma leisten: Die Menschen zum Sport motivieren und Ihnen Tipps für das gesunde Sporttreiben mit auf den Weg geben – das ist unsere Auffassung einer modernen, aber anderen Medizin. Diesen Gedanken, der gleichermaßen im Gesundheits-, Breiten-, Leistungs- und Spitzensport gilt, verfolgen wir in unseren zahlreichen Buch- und Zeitschriftenprojekten.

Unser Motto lautet

Laufe nie in den Fußstapfen eines anderen! Wenn du immer nur die ausgetretenen Pfade anderer benutzt, dann lässt du erstens keine eigenen Spuren zurück. Zweitens wirst du deinen Vorgänger nie überholen. Und drittens kommst du immer nur dort an, wo andere längst waren.